베트남
비즈니스
수업

베트남
비즈니스
수업

이지연
지음

글로벌 마켓에서
새로운 먹거리를 찾는
도전자들을 위한 안내서

더퀘스트

현지인의, 현지인에 의한, 현지인을 위한 사업

"사랑하면 알게 되고, 알면 보이나니 그때 보이는 것은 전과 같지
않으리라."

유홍준의 《나의 문화유산답사기》에 나오는 말이다. 나는 베트남
을 사랑해 알게 되었고, 그만큼 '전과 다른 특별한 것'을 보게 되었
다. 그리고 지금 이 책을 펼친 당신과 함께 직접 보지 않으면 알 수
없을 현재 진행형의 베트남을 만나러 가려 한다.

나는 베트남과 세 번의 인연을 맺었다. 첫 번째 인연은 베트남에
뚜레쥬르를 오픈하며 이루어졌다. 비전을 비즈니스로 디자인하는,
일명 '비자이너Bizigner'로 2005년부터 시장조사를 시작했다. 2006년
'베이커리 카페'로 콘셉트를 잡아 사업계획을 수립했고 2007년 뚜
레쥬르 1호점을 플래그십으로 오픈했다. 이때만 해도 글로벌 브랜
드가 거의 들어와 있지 않아서 뚜레쥬르는 현지 상류층과 현지에서
일하는 외국인들에게 큰 인기를 끌었다.

두 번째 인연은 2013년 베트남 지역전문가로 활동하며 맺어졌다. 문화인류학자처럼 베트남 사람들의 삶 속으로 들어가 200여 명의 현지인을 대상으로 설문 조사와 인터뷰를 진행하며 '베트남 소비자 라이프스타일'을 연구했다. 이를 위해 베트남어를 배웠고, 외국인으로는 최초로 베트남어로 강의하는 호찌민 경제대학원 최고경영자과정에도 참여했다. 그리고 베트남과 주변 국가인 라오스, 미얀마, 캄보디아, 태국의 1~2선 도시를 포함해 총 32개 지역을 방문하며 지역별 소비자 연구도 진행했다.

세 번째 인연은 바로 이 책을 쓰고 있는 지금 이 순간이다. '베트남 실질 GDP 성장률' 그래프에 따르면 베트남은 2012~2013년 최저 수준의 경제성장률을 보인 이래 지속적으로 성장해왔다. 물론 코로나19(이하 코로나)의 여파로 베트남 역시 다른 나라들처럼 경제성장률이 하락했으나 상대적으로 여전히 성장세를 보여주고 있다. 이는 평상시 마스크를 쓰는 생활문화의 영향도 있지만 국가적 위기가 발행할 때마다 함께 힘을 모으는 국민성, 대외적 교역에 적극 나서는 정부의 노력 등으로 베트남이 코로나에 성공적으로 대응하고 있기 때문으로 보인다.

코로나와 같이 예측하기 힘든 대외적 변수는 앞으로도 계속 발생할 것이다. 또 나비효과처럼 국지적 변화가 전 세계적으로 미치는 영향력은 더욱 강력해질 것이다. 이러한 시기에 필요한 것은 어

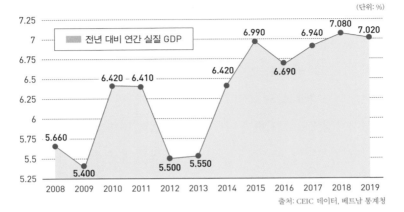

베트남 실질 GDP 성장률

(단위: %)

전년 대비 연간 실질 GDP

연도	값
2008	5.660
2009	5.400
2010	6.420
2011	6.410
2012	5.500
2013	5.550
2014	6.420
2015	6.990
2016	6.690
2017	6.940
2018	7.080
2019	7.020

출처: CEIC 데이터, 베트남 통계청

떤 상황에도 흔들리지 않는 정체성, 변화하는 외부 세계에 빠르게 적응하는 유연성이다. 이런 측면에서 베트남은 우리가 주목해야 할 나라이다.

그래서 나는 15년 이상 베트남을 추적 관찰해오며 발견한 '변하지 않는 베트남 사람들의 본질'과 '변화하는 베트남 라이프스타일'을 소개하는 책을 쓰기 시작했다. 위기 상황에서도 여전히 성장 잠재력을 품고 있는 베트남에서 외국인인 우리가 시행착오를 줄이고 함께 성장할 수 있는 최선의 방법은 무엇일지 생각하게 되었고, 그것은 바로 '현지인의, 현지인에 의한, 현지인을 위한' 사업 철학과 노하우를 배우는 것이라는 답을 얻었다. 당연한 말이지만 우리가 놓치

아세안 주요국의 GDP 성장률 및 인플레이션 전망

(단위: %)

국가	GDP 성장률					인플레이션				
	2019년	2020년		2021년		2019년	2020년		2021년	
		4월	6월	4월	6월		4월	6월	4월	6월
동남아 전체	4.4	1.0	-2.7	4.7	5.2	2.1	1.9	1.0	2.2	2.3
인도네시아	5.0	2.5	-1.0	5.0	5.3	2.8	3.0	2.0	2.8	2.8
말레이시아	4.3	0.5	-4.0	5.5	6.5	0.7	1.0	-1.5	1.3	2.5
필리핀	6.0	2.0	-3.8	6.5	6.5	2.5	2.2	2.2	2.4	2.4
싱가포르	0.7	0.2	-6.0	2.0	3.2	0.6	0.7	-0.2	1.3	0.8
태국	2.4	-4.8	-6.5	2.5	5.0	0.7	-0.9	-1.3	0.4	0.7
베트남	7.0	4.8	4.1	6.8	6.8	2.8	3.3	3.0	3.5	3.5
아시아 개도국	5.1	2.2	0.1	6.2	6.2	2.9	3.2	2.9	2.3	2.4

출처: 출처: ADB(2020sus 6월 18일). "Developing Asia to Grow Just 0.1% in 2020-ADB."

는 부분이 여기에 있다. 베트남 고객을 가장 잘 아는 건 글로벌 기업도, 한국에서 기 진출한 한국 기업도 아닌 베트남 기업이라는 것이다.

그래서 대표적인 베트남 기업들을 조사하기 시작했다. 처음에는 영향력이 큰 빈 그룹^{Vin Group}, 비나밀크^{VinaMilk}, 마산 그룹^{Masan Group} 등의 대기업이 떠올랐다. 그러나 이들 대부분은 1975년 베트남 통일 후 정부 지원으로 성장했기 때문에 주목할 만한 스토리를 가지고 있지 않았다. 반면 급격한 시장의 변화 속에서 태동기를 거치고 있는 베트남 스타트업 기업들의 이야기는 매우 흥미진진하고 드라마틱했다. 창업자의 사업 철학과 당찬 비전은 모두의 가슴을 뛰게 만들기에 충분했다. 몇 년 전까지만 해도 스타트업은 베트남 사람들에게 생소한 단어였지만, 최근 관련 생태계가 조성되면서 양상이 달라졌다. 정부와 지자체의 적극적 지원으로 스타트업은 붐을 일으키는 중이다. 스타트업 기업은 누구보다도 기민하게 베트남 소비자들의 변화를 파악하고, 현지인의 시선으로만 알 수 있는 그들의 니즈와 불편을 발견해 솔루션을 제공하고 있다.

이 책에서 소개하는 14명의 베트남 스타트업 창업자를 통해 우리는 최근 베트남 시장 현황과 소비자 트렌드뿐만 아니라 베트남에서 비즈니스를 하기 위한 생생한 인사이트도 얻을 수 있다.

베트남을 읽는 일곱 가지 키워드

15년간 인연을 맺으면서 발견한 베트남의 본질은 네 가지로 요약할 수 있다. 가족주의, 자존심과 체면, 자연주의, 포용이다. 베트남 사람들이 일상생활에서 보이는 말과 행동은 이 네 가지 특성에 대입해보면 쉽게 이해가 된다.

더불어 디지털 경제에서 비롯된 세 가지 글로벌 보편적 키워드가 있다. 편리, 경험, 혁신이라는 가치다. 이 세 가지 키워드는 베트남 사람들의 라이프스타일을 빠르게 현대화, 도시화할 뿐만 아니라 베트남을 글로벌 무대로 도약하게 만드는 원동력이기도 하다.

베트남의 일곱 가지 키워드를 이해하고 이와 관련된 가치를 제공하는 스타트업의 사업 모델을 분석해보면 베트남에서의 성장 기회를 발견할 수 있다. 이제는 '제품 중심'의 시대가 아닌 '고객 중심'의 시대다. 내 고객이 누구인지, 어떤 가치를 추구하는지 아는 것이 사업의 출발점이다. 이 책이 베트남 진출을 준비하는 기업의 기획자나 마케터에게 유용한 가이드북인 이유다. 이미 베트남에 진출해 있는 기업이라면 이 책을 통해 고객가치의 이해를 넘어 더 큰 시너지를 내기 위한 잠재적 파트너와의 연결 기회를 찾게 될 것이다.

또 베트남 여행을 준비하는 사람들에게도 이 책은 새로운 가이드북이 될 수 있다. 여행은 아는 만큼 보이고 보이는 만큼 여행의 즐거움이 커지기 때문이다. 이 책에 소개된 장소들을 따라가며 베트남의 일곱 가지 키워드를 직접 마주해보는 재미와 의미를 느껴보길 바란다.

베트남에서 당신과 당신의 사업도 성장시키고 싶은가? 그렇다면 베트남에 도착하기 전 이 책을 끝까지 읽자. 일곱 가지 핵심 키워드를 이해하고 현지 유망 스타트업의 핵심 전략까지 습득한다면, 성공을 위한 에너지와 자신감으로 목표 지점에 도달할 수 있을 것이다.

씬짜오, 베트남!

CONTENTS

본문에 앞서

다양한 계층이 공존하는 베트남

많은 사람들이 베트남을 20~30년 전의 한국이라고 쉽게 단정 짓는다. CEIC 데이터에 따르면 2019년 베트남 1인당 GDP는 2,726달러였는데 이는 1985년 한국의 1인당 GDP와 유사하다. 산술적으로 비교하면 그럴 듯하지만 1인당 GDP는 국내총생산을 인구수로 나눈 값이기 때문에 실제 모습을 반영하는 데는 한계가 있다.

베트남을 한국의 20~30년 전이라 생각한 사람들은 다양한 계층 중 시골 지역에 집중했을 수 있다. 또는 소득 수준이 낮거나 나이 많은 사람들이 속한 계층을 만났을 가능성이 높다. 이들은 마치 과거의 한국처럼 현대 유통망보다는 재래시장을 이용하며 생필품 중심의 소비를 한다. 또한 유교의 영향이 고스란히 남아 있어 남아 선호 사상과 이웃 공동체 문화를 중시한다.

반면 호찌민과 하노이에 사는 직장인이나 기업가, 젊은 세대 또는 중산층 이상의 소득 수준을 가진 사람들은 한국 사람들의 라이프스타일과 별반 다르지 않다. 바쁜 업무와 육아로 타임푸어족^{Time} poor族이 된 그들은 시간을 아껴주는 온라인 쇼핑을 선호하고 웰빙 라이프를 위해 요가와 헬스를 하며 여행도 자주 다닌다. 또, 해외 유학파들은 새로운 기술을 배우고, 그를 바탕으로 사업 아이템을 가지고 고국으로 돌아와 다양한 스타트업 기업을 설립하며 베트남의 미래 혁신을 주도하기까지 한다.

베트남은 2007년 WTO 가입을 계기로 본격적으로 문호를 개방하면서 도시를 중심으로 현대화가 진행되고 있다. 백화점, 슈퍼마켓 같은 현대식 유통업체와 글로벌 기업이 도시에 집중됨에 따라 젊은 세대는 교육과 성장 기회를 찾아 도시로 몰려들었다. 도시의 젊은이들은 소득이 증가함에 따라 더 나은 삶을 향한 욕구가 커져 글로벌 트렌드나 상품을 실시간으로 접하고 소비하고 있다. 베트남의 도시에 사는 젊은 층들의 라이프스타일은 우리와 차이점보다 유사점이 더 많다.

베트남의 주요 소비층: 땀 엑스(8X), 찐 엑스(9X)

2019년 초 하노이 롯데백화점이 1만 5,132명의 고객 데이터를 분석한 결과 고객의 평균 나이는 35세였다. 주요 고객은 2030세대

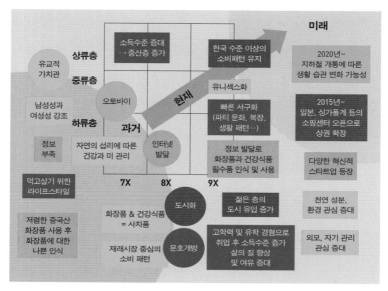

다양한 계층이 공존하는 베트남 시장

베트남 인구수는 한국의 두 배이며 면적은 세 배나 더 넓지만 도시화율은 한국보다 낮다. 도시화율에 연령, 소득, 교육 등의 변수가 더해지면 베트남은 매우 다양한 계층으로 세분화되어 과거와 현재는 물론 미래까지도 공존하는 듯 보인다.

로 전체 고객의 72%를 차지하며 그중 60%가 회사원이었다. 이 데이터에 따르면, 하노이의 회사원 린^{Linh}은 3,000만 동(약 150만 원)의 월급을 받는다. 급여의 46%는 자신을 위해 쓰는데 그 내역은 쇼핑 20%(약 30만 원), 극장이나 공연 등 여가 생활 13%(약 19만 5,000원), 외식 10%(약 15만 원), 피트니스 3%(약 4만 5,000원)다. 반면 저축 비율은 16%(약 24만 원) 수준이다.

외국계 기업이 늘어나면서 젊은 세대들의 이직 기회가 많아지고 수입도 오르고 있다. 이러한 상황에서 린은 미래를 위한 저축보다는 성공한 여성이라는 이미지를 가꾸기 위해 자신에게 많은 투자를 하고 있는 것이다.

현재 베트남의 2030세대인 1980~1990년대생들은 경제 발전의 영향으로 이전 세대보다 부유한 환경에서 자라났다. 이들은 각자의 취향에 맞는 자신만의 '작은 사치'를 위해 지갑을 연다.

베트남에서는 1980년대생을 땀 엑스[8X, Tám X], 1990년대생을 찐 엑스[9X, Chín X]라고 부른다. 이들 중 트렌드를 이끄는 세대는 찐 엑스이고 땀 엑스는 트렌드 팔로워[Trend follower]에 가깝다. 그런데 인터뷰를 해보면 1990년대 초반생조차 1990년대 후반생들과 세대 차이를 느낀다고 말한다. 글로벌 시장에서 정의한 Z세대처럼 디지털 환경에서 자라난 1990년대 후반생들은 같은 찐 엑스이지만 1990년 초반생들과 차이를 보이는 것이다. 그렇다면 베트남의 땀 엑스와 찐 엑스는 글로벌시장에서 주목하는 밀레니얼 및 Z세대와 어떤 유사점과 차이점이 있을까?

글로벌 밀레니얼 세대들과 달리 땀 엑스는 이전 세대의 영향을 받아 베트남의 전통을 간직하고 있고, 찐 엑스 중 1990년대 초반생들은 Z세대와 유사하지만 땀 엑스처럼 전통적인 면을 동시에 지니고 있는 것이 특징이다. 하지만 1990년대 후반에 태어난 찐 엑스는 디지털 네이티브라는 공통점으로 글로벌 Z세대와 거의 비슷하다.

땀 엑스와 찐 엑스의 공통점

베트남의 시장 개방, 외국인 투자 증대, 디지털화 등 외부 환경의 변화로 이전 세대보다 더 많은 혜택을 누리며 성장기를 보낸 땀 엑스와 찐 엑스는 이전 세대와 구분되는 세 가지 공통점이 있다.

첫째, 이전 세대보다 더 나은 교육과 직업 기회를 누리고 있다. 베트남이 1986년 도이머이^{Đổi mới} 정책으로 시장 개방을 본격화하면서 베트남 경제는 빠르게 성장하기 시작했다. 그 결과 소득이 증가해 교육에 더 많은 투자를 할 수 있게 되었고 교육 수준에 맞는 일자리를 찾아 일할 수 있는 기회 또한 많아졌다.

둘째, 디지털 연결 사회에 살고 있는 이들은 이전 세대보다 더욱 커진 정보 접근성을 누리고 있다. 따라서 트렌드와 정보를 빠르게 흡수하며 매우 개방적이다. 주도적으로 원하는 것을 찾고, 능동적으로 자신의 가치관에 부합하는 브랜드를 찾는 스마트한 소비를 한다. 또한 SNS를 통해 사람들과 교류하는 것을 선호하고 인터넷 서핑을 하며 보내는 시간이 많다. 이들은 TV, 라디오, 잡지 등 전통적

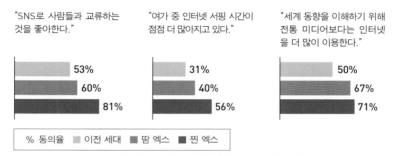

땀 엑스, 찐 엑스의 SNS 이용 추이

"SNS로 사람들과 교류하는 것을 좋아한다."

53%
60%
81%

"여가 중 인터넷 서핑 시간이 점점 더 많아지고 있다."

31%
40%
56%

"세계 동향을 이해하기 위해 전통 미디어보다는 인터넷을 더 많이 이용한다."

50%
67%
71%

% 동의율 ▨ 이전 세대 ■ 땀 엑스 ■ 찐 엑스

출처: 칸타월드패널, 베트남 4대 도시 40세 미만 인구를 대상으로 한 '라이프스타일 조사 2017'

인 매체보다 인터넷에서 정보를 얻는 것을 선호한다.

셋째, 이전 세대보다 높은 소득 수준으로 더 윤택한 삶을 살아가고 있다. 이전 세대가 먹고살기 바빴다면 이들은 여행, 건강에 대한 투자나 다양한 취미 활동을 하는 데 더 많은 시간을 보낸다. 세련된 안목으로 브랜드, 디자인, 패키지를 소비하며 자신의 정체성과 취향을 드러낸다.

교육기회, 정보 접근성, 높은 소득수준으로 베트남의 황금 인구를 구성하고 있는 땀 엑스와 찐 엑스는 베트남의 성장을 이끌고 있는 주요 계층이다.

베트남의 소비 잠재력

베트남 소비자들은 소득이 낮아 가격에 민감하다고 알려져 있다. 대학을 갓 졸업한 베트남 신입사원은 월 700~1,200만 동, 한화로 약 35~65만 원을 받는다. 적은 수입으로 생필품을 구입한 후 남은 돈으로 여가 생활을 즐기기 위해서는 가격을 따질 수밖에 없다.

하지만 직급과 연차에 따른 임금 상승률이 매우 높아 통상적으로 매니저 직급에 오르면 신입사원 월급의 세 배에서 다섯 배를 받을 수 있다. 최근 외국인 투자^{FDI}가 증가하면서 외국계 기업이 인재 유치를 위해 베트남 직원들의 급여를 올리고 있어 외국 유학 경험 여부, 외국계 기업 근무 경력에 따라 임금 수준은 더욱 빠르게 상승하고 있다.

2019년 기준 외국계 기업 중 소비재 직군의 영업과 마케팅 부문 월 급여 테이블을 보면 7~12년 차 이상의 간부급이 되면 4,000달러 이상의 급여를 받는 것으로 나타난다. 그래서 호찌민과 하노이의 외국계회사 밀집 지역의 소비 수준은 한국과 흡사한 것을 볼 수 있다. 참고로 베트남은 직군별로 급여 차이가 심하다. 특히 마케팅과 IT 직군 급여가 상대적으로 높은 편이다.

소득이 증가한 베트남 사람들은 삶의 질 개선을 위해 가치 있는 상품을 소비하려 한다. 그들은 과거에 비해 재정 상황이 나아진 것

소비재 직군 월 급여 테이블

(단위: 달러)

구분	직위	연차	호찌민		하노이	
			최저급	최고급	최저급	최고급
영업	영업수장	10~15	6,000	10,000	4,000	10,000
	본부장	8~12	3,500	5,000	3,500	6,000
	지점장	3~7	1,500	3,000	1,500	3,000
	트레이닝 매니저	5+	2,500	4,000	2,000	3,500
마케팅	CMO	8~15	7,000	15,000	7,000	10,000
	본부장	6~10	7,000	10,000	3,000	4,000
	마케팅 매니저	7+	4,000	6,000	2,000	3,000
	브랜드 매니저	3~8	2,000	3,500	1,200	2,000
	대리	1~3	700	1,500	700	900
소매점	본부장	7~10	4,000	6,500	3,000	4,000
	운영 매니저	5~7	2,000	4,000	1,500	4,000
	카테고리 매니저	5~7	2,000	3,000	1,500	3,000
	판매 사원	1~3	500	800	500	1,000

출처: 퍼스트 얼라이언스, 베트남 2020 급여 테이블 가이드

을 체감하고 있다. 나라의 경제 전망 또한 밝기 때문에 미래는 더욱 풍요로워질 것이라는 긍정적 기대를 가지고 있다. 소비자 조사 기관인 닐슨Nielsen이 2019년 동남아 주요 국가의 5년 전 대비 개인소득 개선 체감도를 조사한 결과에 따르면 베트남 응답자 중 86%가 개인소득이 개선되었다고 답해 최고 수준을 기록했다. 참고로 같은

'5년 전보다 재정적으로 더 나아졌다'고 느끼는 소비자 비중

(단위: %)

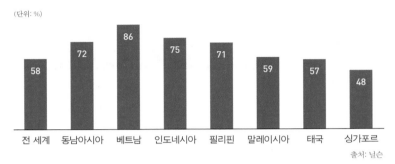

전 세계 58
동남아시아 72
베트남 86
인도네시아 75
필리핀 71
말레이시아 59
태국 57
싱가포르 48

출처: 닐슨

소비력에 대한 소비자 인식

(단위: %)

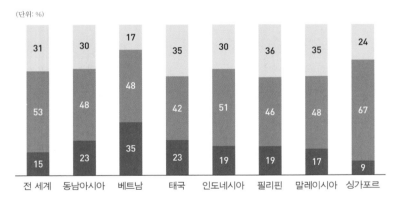

전 세계 31 / 53 / 15
동남아시아 30 / 48 / 23
베트남 17 / 48 / 35
태국 35 / 42 / 23
인도네시아 30 / 51 / 19
필리핀 36 / 46 / 19
말레이시아 35 / 48 / 17
싱가포르 24 / 67 / 9

단지 음식, 주거 등 생활 필수품만 소비할 여력이 있다
편안하게 살고 있고 원하는 것을 살 능력이 있다
경제적 자유가 있다

출처: 닐슨

조사 결과 동남아 평균은 67%, 2위인 인도네시아는 75%가 개인소득이 개선되었다고 말했다*.

2010년대: 소득 증가에 따른 라이프스타일 변화

2010년대 초반부터 FPT, 테저이지동^{Thế Giới Di Động}(모바일 월드^{Mobile world}) 같은 휴대전화 및 컴퓨터 등을 판매하는 매장이 베트남 전역에서 생겨나기 시작했다. 스마트폰이 보급된 시점과 맞물린다. 이 시기 현지인들의 집에 가보면 침대, 냉장고, 가스레인지, TV만 있을 뿐이었다. 먹고 자기 위해 필요한 생필품에 해당되는 가전만 있는 집이 대부분이었다. 즉 TV도 바닥에 놓여 있는 집이 많았다. 외적으로 보여줄 수 있는 상품에 대한 수요는 높았지만, 밖으로 드러나지 않는 주거 공간에 대한 수요는 낮았다.

하지만 2010년대 중반에는 전자 제품 매장 자리에 소파, 식탁, 수납장 등을 판매하는 가구 매장이 들어섰다. 소득 증가에 따라 주거 공간에 투자하는 트렌드가 생겨난 것이다. 최근 베트남 사람들은 페이스북에 잘 꾸며놓은 집의 인테리어를 자주 노출하고 있는데 거

---

*   출처: 닐슨 〈What's next in Southeast Asia〉, 2019년 3월.

실에는 대형 TV, 소파, 티 테이블, 화분, 액자, 조명 등이 잘 갖춰져 있다. 몇 년 전과 확연히 다른 모습이다.

2010년대 후반이 되자 교통 체증이 눈에 띄게 증가하기 시작했다. 2013년에는 호찌민에서 가장 먼 거리도 자동차로 30분이면 닿을 수 있었지만 이제는 소요 시간이 두 배 이상 증가했다. 좁은 도로에 차량 수가 늘어났기 때문이다. 코트라에 따르면 2019년 베트남 자동차 등록 대수는 400만 대로 자가 차량 보유율은 인구 대비 4%다. 그랩^{Grab} 등의 차량 공유 서비스가 증가하면서 연간 자동차 등록 대수는 우버 진출 전인 2013년 9만 6,696대에서, 2019년 30만 5,893대로 증가 추세다.*

물론 베트남을 대표하는 운송 수단은 오토바이다. 여전히 도로에는 오토바이가 가득하다. 하노이와 호찌민에 지하철이 개통된다해도 당장은 노선이 다양하지 않아 오토바이 이용자가 줄어드는 데는 큰 영향을 미치지 못할 것으로 예상된다. 변수는 오히려 증가하는 자동차 보유율이다. 자동차 수가 늘어날수록 전통의 강자였던 오토바이 수는 점차 줄어들 것으로 보인다.

2018년 준공한 호찌민의 '빈컴 랜드마크 81$^{Vincom Landmark 81}$' 1층에는 람보르기니와 벤틀리 등 슈퍼카가 전시된 적이 있다. 전시장의 비

---

*   trading economics.com, Vietnam Domestic Motor Vehicles Sales

최근 베트남의 쇼핑몰과 도로 곳곳에는 고급 차량들이 눈에 띄게 늘었다.

싼 임대료를 감안할 때 호찌민의 고급 차량 수요가 어느 정도인지 짐작이 간다.

요약하자면 2010년대 베트남 사람들은 소득 증가에 따라 휴대폰과 노트북을 구입을 통한 '작은 과시'를 시작했다. 이후 삶의 질 개선을 위해 주거 공간에 대한 투자를 늘렸고, 최근에는 윤택하고 편리한 삶을 가져다주는 '마이카 시대'로 향하며 라이프스타일 트렌드가 변화하고 있다.

2020년대: 새로운 시대를 이끌어갈 다양한 콘텐츠

베트남의 2010년대는 '하드웨어' 측면에서 짧은 시간 안에 가시적인 발전을 이룬 시기였다. 2010년 비텍스코^{BITEXCO} 파이낸셜 타워,

2014년 이온 몰AEON mall, 2015년 SC 비보 시티SC Vivo City, 2016년 다카시마야Takashimaya, 2018년 빈컴 랜드마크 81 등 굵직굵직한 규모의 쇼핑몰 프로젝트가 진행되었고 백화점, 슈퍼마켓 등 다양한 글로벌 유통업체들이 베트남으로 진입했다.

하지만 자세히 들여다보면 쇼핑몰과 유통 채널을 채우고 있는 콘텐츠들의 차이는 거의 느낄 수 없다. 즉, 베트남 소비자의 높아진 욕구를 채워줄 '소프트웨어'는 여전히 부족한 상황이다.

1인당 GDP가 5,000달러 이상이 되면 결핍(needs)에 의한 생필품 중심의 소비에서 욕구(wants)에 의한 사치품 소비로 소비 패턴도 달라지게 된다. 경제 중심 도시인 호찌민의 1인당 GDP는 6,670달러, 수도인 하노이는 5,150달러*로 베트남 평균보다 높다. 글로벌 브랜드들이 본격적으로 베트남에 진출하기 시작한 시기도 호찌민의 1인당 GDP가 5,000달러를 넘어선 시점 전후였다.

글로벌 브랜드는 의식주 중에서 쉽게 지갑을 열 수 있는 분야인 식음료 산업부터 진출하기 시작했다. 2013년에는 스타벅스, 2014년에는 맥도날드가 들어왔다. 그다음 순서는 의식주 중 '의'에 해당하는 패션산업이 연이어 진출했다. 2016년 자라, 2017년 H&M, 2019년 유니클로가 1호점을 오픈했다. 또 중국과 동남아시

---

* 출처: 〈10년 만에 돌아온 베트남 인구센서스〉, 윤보나, 베트남 호찌민 무역관, 2020년 4월 16일.

장에서 대표적인 헬스&뷰티 스토어 왓슨스도 2019년 1월 호찌민에 첫 매장을 열었다. 이어 의식주 중 마지막 '주'에 해당하는 글로벌 가구 인테리어 업체인 이케아는 앞으로 3~5년 안에 하노이에 매장을 오픈할 계획이며, 대표적인 라이프스타일 브랜드 무인양품^{muji}은 2020년 7월, 호찌민 꽉슨 백화점에 개점하였다.

지금까지 베트남 중상층 소비자들은 베트남 현지시장에서 원하는 브랜드나 상품이 없기 때문에, 해외시장에서 직접 조달해 사용하고 있다. 주로 외국에 나가는 친구나 친척에게 부탁하는 식이다. 여기서 사업 기회를 얻은 개인 소상공인들은 직접 외국에 나가 다양한 물건을 소량으로 들여와 판매하고 있다. 이렇게 핸드캐리로 들여온 상품들을 페이스북이나 인스타그램을 이용해 홍보하면, 고객들은 그들의 오프라인 매장에 찾아가서 직접 확인하고 상품을 구입한다.

글로벌 브랜드들이 선방하는 이유는 새로운 콘텐츠에 목마른 중산층 이상의 소비자들이 있기 때문이다. 뚜레쥬르 1호점도 베트남에 오픈하자마자 예상보다 두 배 이상 높은 매출을 올렸고, 현재 베트남 자라 1호점 매출은 서울의 최대 매출을 내는 매장보다 높다. 맥도날드 1호점 오픈일에는 오픈을 기다리는 사람들이 문전성시를 이뤘으며 다음 사진에서 볼 수 있듯 유니클로 오픈일에 많은 인파가 몰려들었다.

2019년 베트남 유니클로 1호점 오픈 당일의 모습. 매장 안팎으로 장사진이 펼쳐졌다.

2020년대에는 창의적이고 다양한 콘텐츠로 베트남 시장을 공략해야 한다. 베트남에서 도시^{Urban}에 사는 인구는 전체 인구의 40%로, 도시보다 비도시^{Rural}에 사는 인구가 더 많다. 60%의 비도시 지역은 아직 미개척된 잠재시장이라 할 수 있다. 비도시 지역에는 15세 이상 취업자 수뿐 아니라 취업자 비중도 도시보다 높다. 이제는 4차 산업혁명으로 온·오프라인이 연결되기 때문에 비도시 지역까지도 얼마든지 영역을 확장할 수 있다.

베트남의 현지 기업인들은 이미 비도시 지역을 선점하기 위해 준비하고 있다. 이곳에는 스마트폰으로 세계와 연결된 찐 엑스뿐만

구분	도시	비도시
15세 이상 취업자 수	17,565,000명	37,095,000명
15세 이상 취업자 비중	51.9%	59.20%

출처: 베트남 통계청, 2019

아니라, 더 좋은 상품을 이용하고 싶지만, 도시에 가야만 구입할 수 있어 혜택을 보지 못하는 사람들이 많기 때문이다.

베트남에 '지금' 진출해야 하는 세 가지 이유

베트남에는 지금 그 어떤 때보다 콘텐츠가 필요하다. 스타트업 창업자들에게 '베트남에 왜 지금 진출해야 하는지'를 인터뷰한 결과 세 가지 결론을 내릴 수 있었다.

첫째, 베트남에서 한류는 '여전히' 강하다. 최근 수많은 글로벌 기업들이 베트남에 들어오면서 한국 브랜드와 아이템이 다양한 옵션 중 하나로 전락하지 않았냐는 우려의 목소리가 나오고 있다. 하지만 베트남 기업인들은 현지 소비자들이 꾸준히 관심을 갖고 소비하는 한국 콘텐츠에 높은 수요를 가지고 있다. 한류 자체가 베트남 시장에서 가질 수 있는 '핵심 경쟁력'인 것이다.

둘째, 한류를 선호하는 주요 고객인 밀레니얼과 Z세대 비중은

'지금'이 가장 높다. 동남아 4개국 인구 피라미드를 살펴보면 현재 베트남은 주요 소비자이자 경제 중추에 해당하는 25~40세 인구 비중이 가장 높은 '인구 황금기'에 있다. 반면 필리핀과 인도네시아는 10대 이하 인구가 가장 많은 구조로 인구 황금기를 맞으려면 10~20년이 더 소요될 것이다. 반면 태국은 40세 이상의 인구 비중이 가장 높아 이미 고령화 사회에 접어들었다고 볼 수 있다.

셋째, 디지털로 연결된 4차 산업혁명의 영향으로 베트남 진출을 위한 비용과 시간이 절대적으로 감소하기 시작했다. 베트남 스타트업 중에는 테크 기반 사업이 특히 많다. 예를 들면 한국과 베트남을 왕래하는 여행자들의 트렁크를 활용한 공유 경제 모델도 있고 인플루언서의 소셜 네트워크에서 상품을 바로 구매할 수 있는 챗봇 서비스도 등장했다.

이들은 기존 시장을 지배하던 규칙을 뒤엎기도 하고 필연적이라고 여겨지던 장애 요소들을 깔끔하게 정리해 판매자와 구매자, 심지어 정부까지 만족시키는 해결책을 제공하고 있다. 이런 스타트업에 한국 정부와 벤처캐피털들도 투자 중이므로 베트남 진출을 고려하는 기업들은 이들과의 협력 모델도 충분히 고려해볼 수 있다.

동남아 4개국 인구피라미드

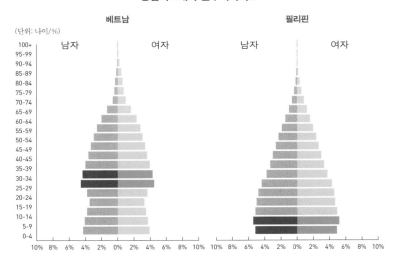

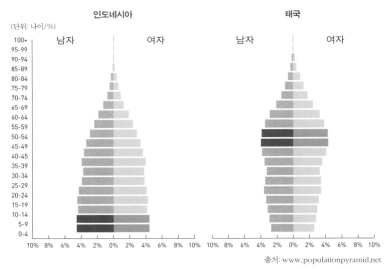

출처: www.populationpyramid.net

어떻게 콘텐츠를 개발할 것인가

해외 사업의 핵심은 글로컬라이제이션[Glocalization], 즉 세계적 보편성[globalization]과 지역 특수성[localization]의 결합에 있다. 따라서 베트남 시장에 진출하기 위해서는 베트남의 본질을 이해하고 여기에서 우리와 같은 보편적 욕구를 찾아내 접목해야 한다.

앞서 살펴본 대로 베트남은 다양한 계층이 공존하는 사회이고 인구 피라미드에서 밀레니얼과 Z세대의 비중이 가장 높으며 여성의 사회적 영향력이 크다. 또한 아시아 개발 은행[ADB]에 따르면 2021년 베트남은 다시 6~7%대로 경제성장률이 회복할 것으로 전망하고 있으며 미개척된 잠재시장이 전체의 60%에 달한다. 특히 현재 베트남에는 라이프스타일을 다채롭게 해줄 콘텐츠의 수요가 높으며 이 중 한류 선호도 또한 높다. 그렇다면 우리가 한국에서 당연하게 누리고 있지만 베트남에는 없는 것은 무엇일까? 이 질문에 대한 답이 새로운 콘텐츠가 될 수 있다.

베트남에서 한류에 따른 선호도가 높은 품목 중 하나는 화장품이다. 그런데 한국 화장품 수요가 많다고 해서 모든 한국 화장품이 성공하는 것은 아니다. 어떤 화장품이 성공했을까? 성공 사례로 베트남 사람들의 본질과 맞닿아 있는 '자연주의' 콘셉트로 접근한 이니스프리를 들 수 있다. 자연주의는 앞으로 소개할 베트남을 제대로 알기 위한 일곱 가지 키워드 중 하나다. 이렇게 먼저 베트남의 본질을 이해한 뒤 베트남 소비자의 욕구를 충족시키고 문제를 해결하는 가치를 제안해야 베트남시장에 성공적으로 진입할 수 있다. 베트남 진출 이후 좀처럼 고전을 면치 못하던 스타벅스도 현지화를 위해 베트남 전통 커피인 카페 쓰어다를 판매하고 있으며 웰빙 트렌드에 따라 차를 소비하는 고객이 늘어나자 차 메뉴에도 힘을 쏟는 등 다각도로 글로컬라이제이션을 위해 노력 중이다.

외국인이 베트남에서 사업을 한다는 것은 쉽지 않다. 많은 글로벌 기업이 처음 베트남에 진출할 때는 브랜드의 유명세로 인해 주목을 받는다. 하지만 시간이 지나면서 초기 목표도 달성하지 못한 채 철수하는 경우가 비일비재하다. 이러한 리스크를 줄이는 방법은 두 가지다. 하나는 앞서 말한 글로컬라이제이션, 즉 베트남 사람들의 특수성에 글로벌 보편적 가치를 반영한 콘텐츠를 제공하는 것이다. 다른 하나는 '진입 시점' 전략과 '사업 확대 시점' 전략을 세분화해 단계별로 유연하게 접근하는 것이다.

두 가지 방법을 적용하려면 베트남 시장을 제대로 이해해야 한다.

우리와 베트남이 공유하는 보편성을 알면 접근하기 쉽다. 다만 보편성의 맥락을 찾아내려면 먼저 베트남의 본질을 이해해야만 한다.

이를 위해 1~4장에서는 베트남만의 특수성과 관련된 키워드를, 5~7장에서는 세계시장에서 보편적으로 공유되는 메가트렌드 중 베트남에서 가장 떠오르고 있는 키워드를 중심으로 풀어낼 것이다.

모든 장은 크게 두 개의 파트로 구성되어 있다. 먼저 각 장의 트렌드 키워드가 도출된 배경, 즉 베트남의 문화와 특징을 설명할 것이다. 이어서 각 장의 키워드를 실제 비즈니스에 반영하여 성공한 브랜드와 스타트업 기업을 소개한다. 기업 선정 기준은 '베트남 젊은 세대에게 가장 트렌디할 것', '베트남의 특수성이 잘 반영되어 있을 것', '새로운 비즈니스 모델일 것'으로 삼았다. 각 기준에 가장 맞춤한 기업을 두 곳씩 선정했고, 해당 기업을 이해할 수 있는 대표적인 특징을 도입부에 '해시태그(#)'로 표시했다.

그리고 각 장의 뒤에는 '함께 알기'라는 코너를 마련하여 이 책에서 다룬 일곱 개의 대표적인 키워드 외에 더 알아두면 좋을 베트남의 특징을 추가로 설명했다. 현지에서 직접 조사하고 엄선한 내용인 만큼 유용한 정보가 되리라 생각한다.

자, 이제 본격적으로 베트남 비즈니스 수업을 시작해보자. 당신이 가진 비전을 비즈니스로 디자인해보자!

★

CHAPTER 1

가족주의

독일 사회학자 막스 베버^{Max Weber}는 라이프스타일을 '한 계층이 공유하는 생각이나 행동 특성'이라 했다. 베트남 사람들이 공유하는 생각이나 행동의 중심에는 언제나 '가족'이 있다. 따라서 베트남의 라이프스타일을 알고 싶다면 '가족주의'를 먼저 이해해야 한다.

베트남 사람들에게 가족의 개념은 우리가 일반적으로 생각하는 것보다 좀 더 광범위해서 종적으로는 조상부터 후손까지, 횡적으로는 직계가족뿐만 아니라 친척과 이웃까지 포함된다. 베트남 여성들이 전쟁에 나가 싸운 이유도 현재의 가족뿐만 아니라 후손들에게 온전한 나라를 물려주고자 하는 마음 때문이었다. 이는 '대를 이어야 한다'는 유교 사상의 영향도 있지만 혹독한 자연환경과 수많은 전쟁에 맞서 싸워온 역사 속에서 부모, 형제, 친인척을 잃으면서도 이웃과 함께 공존해온 공동체 문화가 확대되어 나타난 것이다. 후손들을 더 좋은 환경에서 살게 해주고 싶다는 사명감으로 사업을 시작한 베트남 스타트업 CEO들도 이와 같은 베트남 사람들의 DNA를 공유하고 있다.

베트남의 라이프스타일 연구를 위해 현지인 200여 명에게 삶에서 가장 중요한 것이 무엇이냐는 질문을 했을 때 남녀노소를 불문하고 응답자의 대다수가 '가족'이라고 대답했다. 고향을 떠나 한국과 미국을 오가며 하고 싶은 일에 도전하고 있는 30대 초반 탄냐^{Thanh Nha}에게도 같은 질문을 했다. 가족보다는 친구들과 더 많은 시간을 보내는 그녀이기에 '친구' 또는 '나 자신'과 같은 대답을 예상했지만 그녀 역시 '가족'이 가장 중요하다고 답했다.

가족과 친구의 중요도를 추가로 물어보았다. 탄냐는 조금도 주저하지 않고 '가족이 80%, 친구는 20%'라고 말하며 친구라 말한 20% 안에서도 중요도가 다르다고 했다. 나는 그녀의 이러한 가치관이 매우 놀라워 다른 베트남 사람들에게도 같은 질문을 해보았는데 대부분 탄냐의 의견에 동의했다. 베트남 사람들에게 가족은 어떤 의미일까?

가족은 생명을 이어갈 수 있는 근원이다. 정글이나 다름없는 주변 환경과 혹독한 기후, 야생동물 사이에서 생존해야 했고 1,000년 동안 중국의 통치와 프랑스, 미국, 일본 등 이민족의 침략에서도 살아남아야만 했다. 기나긴 굴곡의 세월을 통과하면서 결국 믿을 건 가족밖에 없다는 진리가 베트남 사람들의 무의식에 DNA처럼 각인되어 세대를 거치며 전해진 것이다.

가족 중심의 라이프스타일

베트남 사람들에게 가족은 삶의 중심이다. 내 가족에게 이로운 선택인가? 내 가족을 행복하게 만드는 일인가? 내 가족의 삶을 더 좋게 하는 일인가? 상품 구매처럼 자잘한 일이든 인생의 진로 결정처럼 중대한 일이든 모든 선택의 기준은 가족이다. 이러한 가족 중심 라이프스타일은 일상 곳곳에서 쉽게 찾아볼 수 있다.

예를 들어 베트남 사람들은 아침은 밖에서 간단히 사 먹더라도 저녁은 가급적 가족과 함께 먹는 걸 매우 중요시한다. 이러한 관습을 잘 파악한 한 조미료 브랜드는 신혼부부의 일상생활을 광고에 담았다. 퇴근 후 집에서 밥을 잘 먹지 않는 남편 때문에 고민하던 아내는 광고 제품의 조미료를 사용해 저녁을 준비한다. 그러자 남편이 아내와 함께 저녁을 먹기 위해 곧장 집으로 돌아온다는 내용이었다. 단순한 스토리의 이 광고는 엄청난 히트를 쳤다. 저녁은 가족과 함께하는 베트남 식문화를 잘 이해했기 때문이다.

베트남 사람들에게 슈퍼마켓은 가족과 함께 방문하는 일종의 놀이터이자 휴양지다. 덥고 습한 베트남의 기후 특성상 에어컨이 잘 갖춰진 슈퍼마켓은 장을 보고 식사를 하고 책을 사고 볼링을 치고 영화도 볼 수 있는 여가 공간이다. 베트남에서는 가족 단위로 슈퍼마켓을 방문하는 일이 일반적이라 쿱마트^{Co.opMart}, 롯데마트, 이마트 등 현대식 대형마트들은 고급스러운 어린이 놀이방을 편의 시설로 제공하고 있다.

베트남에는 출퇴근 시간 외에도 러시아워가 있는데 바로 초등학교와 중학교 등하교 시간이다. 등하교하는 아이들과 마중 나온 부모들의 오토바이로 교통 체증이 일어나는 학교 근처에는 편의점들이 속속 생겨나 아이들과 부모들을 함께 공략하고 있다.

특히 6월 1일*은 베트남의 어린이날로, 이날의 풍경 또한 주목할 만하다. 자녀를 생각하는 부모 마음은 전 세계 어느 곳이나 같겠지만 전쟁 탓에 자손이 귀했던 조부모의 마음까지 더해진 베트남에서 어린이날은 도시 전체가 들썩일 만큼 아이들을 위한 다양한 행사가 가득한 대목 중의 대목이다.

유교, 여전한 남아 선호와 재산상속 문화

혹독한 자연환경, 전쟁 외에도 유교는 베트남의 가족주의를 한층 더 강화한 요인이다. 2019년 베트남 신생아 성비는 1.12:1다. 생물학적 성비가 1.05;1인 것을 감안할 때 여성 대비 남성의 비율이 심

---

* 베트남은 한국과 달리 1925년 제네바에서 제정한 국제 어린이날을 기념하고 있다.

각하게 높다.* 과거, 전쟁으로 남자들의 숫자가 많이 줄었기 때문에 대를 잇기 위한 남아 선호 사상이 여전히 강하다. 베트남 여성들에게 결혼 후 아이를 낳지 않는다는 건 상상도 할 수 없는 일이다. 만약 결혼한 딸이 아이를 낳지 못하면 부모의 체면이 깎인다 하여 불효로 간주된다.

단, 재산상속 문화는 지역에 따라 차이가 있는데 베트남 북부 지방은 중국의 영향을 많이 받아 한국처럼 장남이 부모님을 모시지만 남부 지방은 막내아들이 부모님을 모시고 재산도 상속받는 경우가 많다. 프랑스가 통치했던 남부는 좀 더 자유롭고 편안한 라이프스타일을 지니고 있어 부모가 원하는 자녀와 함께 살기 때문이다.

집집마다 놓여 있는 재단

베트남의 가족주의에는 자녀에 대한 내리사랑은 물론이고 치사랑도 포함된다. 부모에 대한 효심은 더 나아가 조상 숭배로 이어져 몇 세대를 거슬러 올라가기도 한다.

한국에도 명절이나 제사 때 조상을 기리는 풍습이 남아 있지만

---

* trading economics.com, Vietnam Literacy Rate, Adult Female(% Of Females Ages 15 And Above)

가정집 재단 모습.

독재와 불교 탄압에 대항해 분신한 틱꽝득 스님.

베트남에서는 일상생활에서 조상을 기린다. 베트남에서는 집집마다, 가게마다 크고 작은 재단이 놓인 것을 쉽게 볼 수 있다. 그 대상은 조부모를 비롯해 호찌민, 관우, 틱꽝득 스님(1963년 베트남에서 독재정치와 불교 탄압에 대항해 분신, 소신공양하며 불교 투쟁을 함) 등 존경하는 인물까지 다양하다. 때로는 민간신앙으로 재신, 부엌신 등을 모시며 가정의 건강과 부를 기원하기도 한다.

'관혜'를 쌓아야 비즈니스가 된다

베트남의 한 사업 파트너와 협력 관계 체결을 협의한 뒤 저녁 식사에 초대된 적이 있다. 식사 후 파트너는 고급 술을 궤짝으로 들고 왔는데 계약서에 도장을 찍기 전이므로 비즈니스의 본 라운드에 들어가기 전 '관혜^{quan hệ}'를 쌓자는 의미였다. 베트남에 가면 베트남 법을 따라야 하는 법, 베트남에서 비즈니스를 성공시키기 위해서는 관혜를 구축해야 한다.

관혜란 '관계'를 뜻하는 베트남어로 가족주의의 범위를 공동체로 확장한 말이다. 관혜는 신뢰를 기반으로 이루어지며 관혜를 통한 정보 교류나 인맥 형성은 사업뿐만 아니라 일상생활에도 매우 뿌리 깊게 자리하고 있다.

현재 베트남의 20~30대는 부모를 따라 어린 시절부터 재래시장에 있는 단골 가게와 관혜를 맺으며 그곳의 신선하고 저렴한 식자재와 생필품을 사용하며 자랐다. 이들은 성인이 되어서도 습관처럼 그 단골 가게를 계속 이용한다. 아무리 현대식 유통 채널이 더 위생적이고 편리한 서비스를 제공해도 그들은 신뢰를 쌓은 단골 가게와의 관계를 쉽게 저버리지 못한다. 관혜가 없는 슈퍼마켓보다는 관혜가 있는 재래 시장의 상품을 더 믿는 것이다. 베트남의 소상공인들이 오랜 기간 살아남은 이유는 이러한 관혜로 생긴 공동체의 영향력 때문이다.

관혜는 마케팅에도 영향을 미치는데 베트남 사람들은 광고보다 지인에게 들은 정보나 입소문을 더 신뢰하기 때문이다. 호찌민 하이바쯩로^{đường hai bà trưng}에는 약국 거리가 있다. 여기에 나란히 위치한 롱저우^{Long Châu} 약국에는 손님이 많은 반면 바로 옆에 붙어 있는 미저우^{Mỹ Châu} 약국에는 손님이 한 명도 없다. 그 이유는 무엇일까? 바로 입소문 때문이다.

원래 미저우 약국은 부부가 함께 운영하고 있었는데 아내가 바람을 피워 이혼했다는 소문이 퍼지기 시작했다. 이러한 스캔들은 결국 그녀가 운영하는 미저우 약국의 불매운동으로 이어졌다. 반면 롱저우는 그 남편이 운영하는 약국으로 그를 동정한 많은 손님들이 이용하고 있다. 그 결과 최근 베트남의 건강 트렌드에 따라 롱저우는 베트남 대표 IT업체인 FPT에 인수되는 기회도 얻게 되었다.

이렇듯 베트남에서 사업을 하기 위해서는 좋은 이미지를 통한 평판 관리는 물론 고객, 파트너와 원만한 관계를 맺어야만 한다.

관혜를 유지하는 키워드: 미소와 거리 두기

베트남 사람들은 처음 보는 사람을 미소로 대한다. 이 미소는 '만나서 반갑다'는 기쁨의 감정보다는 '나는 당신을 해칠 의사가 없어요'라는 방어적인 의미로 무의식 중에 나오는 것이다. 베트남 사람들은 오랜 전쟁의 역사 속에서 미소를 통해 평화를 지키고자 했던 것이다. 잘못을 저지르고 웃기도 하는데 이 역시 '잘못은 했지만 당신과 싸우고 싶지 않아요. 평화롭게 해결해요'라는 뜻을 전하는 보디

랭귀지다.

또한 베트남 사람들은 아무리 친한 사이라 해도 결코 선을 넘지 않는다. 베트남에도 정情을 뜻하는 '띤깜tình cảm'이란 단어가 있긴 하지만 가장 가까운 친구와도 자신의 모든 것을 공유하지는 않는다. 베트남 사람들이 있는 그대로의 모습을 보여주며 슬픔과 기쁨을 함께 나누는 상대는 오직 가족뿐이다. 건강한 인간관계를 유지하기 위해서는 일정한 거리를 유지해야 한다는 '고슴도치 이론'을 내재화하고 있는 셈이다.

미소와 거리 두기는 가족 중심의 자기 보호 본능과도 맞닿아 있으며 평화로운 관혜를 유지하는 비결이기도 하다. 이러한 역사적·문화적 배경을 이해한다면 베트남 사람과의 관계에서 거리감을 느끼더라도 서운함 때문에 관계가 틀어지는 일은 없을 것이다. 나아가 베트남 사람들에게 가족이 얼마나 큰 의미인지 알게 되면 가족주의 기반의 사업 기회를 발굴할 수 있다. 앞서 언급한 대로 베트남은 20~30대 인구 비중이 높으므로 결혼, 출산, 육아, 교육, 가족 건강 등 가족을 키워드로 한 시장이 크다. 이와 함께 관혜를 이용한 공동체 플랫폼 사업 또한 베트남 소비자들이 추구하는 가치를 전달하는 사업으로 고려해볼 수 있다.

이어서 '가족주의'를 활용한 대표적인 두 기업을 소개한다.

동양인에 최적화된
유전자 분석 헬스케어 서비스

#가족주의 #혁신 #융합

Genetica®

제네티카

2017년 4월 22일 설립된 제네티카는 유전자 분석에 인공지능을 결합한 생명공학 스타트업이다. 타액으로 베트남과 아시아 사람들의 유전자 정보를 해독해 맞춤형 영양 관리, 맞춤형 피트니스, 유전병 및 아동 발달에 대한 자세한 보고서를 제공해주는 사업 모델을 가지고 있다.

설립자이자 CTO^{Chief Technology Officer}인 까오안뚜언^{Cao Anh Tuấn}은 미국 코넬 대학에서 컴퓨터공학으로 박사학위를 취득하고 구글에 입사해 빅데이터와 인공지능 전문가로 활동했다. 그는 왜 모든 사람이 선망하는 꿈의 직장인 구글을 떠났을까?

"우리 팀에게도 늘 강조하는 말이지만 인생은 짧습니다. 기본적으로 구글에서 많이 배웠지만 구글은 너무 큰 조직이고 조직원은 회사의 일부일 뿐입니다. 그곳에선 제가 사회에 미칠 수 있는 영향이 너무 작다는 것을 느꼈어요. 구글 광고를 만드는 핵심 조직에서 일했지만 돈을 찍어내는 기계 같았죠."

유한한 삶에서 뚜언은 사회에 좀 더 큰 영향을 미치고 싶다는 생각에 구글을 나와 새로운 도전을 시작했다. 컴퓨터공학 전문가가 유전자에 관심을 가지고 제네티카를 만들어온 여정은 어땠을까? 우선 제네티카의 비즈니스 디자인(비자인) 과정을 살펴보자.

동양인 유전자 연구의 중요성을 절감하다

1단계는 문제의 발견에서 시작한다. 뚜언은 뇌졸중이라는 가족력이 있다. 할아버지는 58세, 아버지는 55세에 뇌졸중을 앓았다. 뚜언은 박사과정 중 여자친구에게 25년 후 뇌졸중과 싸워야 할지도 모른다고 고백했다. 집안의 유전병 때문에 자연스럽게 유전자에 관심이 생겼고, 그 과정에서 유전자가 삶에 지대한 영향을 미친다는 사실을 알게 되었다.

"나 자신을 이해하니 정말 흥미로웠어요. 뇌졸중뿐만 아니라 다른 유전인자들도 우리 삶에 많은 영향을 미치고 있었죠."

2단계는 고객의 발견이었다. 뚜언은 동양인과 서양인의 유전자가 다름에도 동양인 유전자 연구가 서양인 유전자 연구에 비해 부족하다는 사실을 알게 되었다.

구글에서 일할 당시 그의 콜레스테롤 수치는 286으로 정상 수치인 130~220에 비해 너무 높았다. 의사에게 콜레스테롤 수치를 낮추는 약인 스타틴을 처방받았으나 효과를 볼 수 없었다. 알고 보니 스타틴은 서양인 유전자를 기반으로 만들어져 동양인에게는 그만큼 약효가 없을뿐더러 오히려 해로울 수도 있었다.

"동서양인의 유전자는 달라요. 예를 들어 탈라세미아 증후군 Thalassemia syndrome이라는 유전 질환이 있는데 이 병은 서양인에게서는 발견되지 않아요. 오직 동양인의 10~15%에게서 발견되는데 만약 부모 모두 이 유전자를 가지고 있다면 그들이 낳은 아이는 2년 이상 살기 어려운 치사율이 높은 질병입니다."

뚜언은 이를 계기로 동양인에게 적합한 새로운 유전자 검사 시스템의 필요성을 절감했다.

3단계는 사업 모델을 구축 또는 발견한 것이다. 뚜언은 미국에서 베트남의 미래를 보았다. 베트남에서는 자신의 유전 정보를 알기가 매우 어려운데, 미국에서는 유전자 테스트에 대해 누구나 알 정도로 일반적이고 심지어 아마존에서도 유전자 테스트기를 팔고 있었다.

뚜언은 베트남 등 아세안ASEAN 국가에서도 유전자 해독을 통해 어린 나이부터 영양 정보 등의 개인별 건강관리 맞춤 데이터를 제공하는 것이 미래 의료 트렌드가 되리라고 내다보고 헬스케어 분야에서 스타트업을 하기로 결심했다.

4단계는 사업 역량을 발견하는 것이었다. 제네티카는 인공지능을 활용해 동양인의 유전자 지도를 해독하고 이를 통해 아시아인의 건강 관리에 기여하는 것을 미션으로 삼았다. 그의 전문 분야인 인공지능과 빅데이터 기술을 유전공학에 접목하면 빠르게 동양인의 유전자 지도 데이터베이스를 구축할 수 있다고 확신했다.

이를 위해 유전공학 박사인 그의 아내와 헬스케어 전문가 세 명이 제네티카의 시작에 함께했다. 여자친구에서 아내가 된 부이탄주엔^{Bùi Thanh Duyên}은 유전자 시퀀싱 리서치 연구원이며 암 연구 분야에서 10년 이상의 경험을 가지고 있었다.

5단계는 사업 가능성의 발견이었다. 뚜언은 본격적으로 사업을 펼치기 전 미국에서 2년 동안 미국에 살고 있는 동양인을 대상으로 연구를 시작했다. 동양인의 유전자를 연구하겠다고 하자 많은 과학자들이 그와 함께하고자 했다. 유전자 연구의 80%가 서양인을 대상으로 진행되고 있었기 때문이다. 서양인을 위해 개발된 약은 동양인에게는 효과가 없고 미래에는 유전자 정보에 기반한 개인 맞춤약과 치료법이 일반화될 것이므로 뚜언은 동양인 유전자 연구에서 사업 가능성을 발견할 수 있었다.

뚜언은 본격적으로 사업을 펼치기 위해 주요 비즈니스 운영 기지를 베트남으로 옮겼다. 동양인이 많이 살고 있는 호주와 캐나다까지 고려하고 있지만 우선 6억 3,000만 인구가 밀집해 있는 동남아시아에 집중하기 위해서다. 다만 본사와 리서치 팀은 미국에 남겨두어 미래 트렌드를 읽고 최첨단 기술을 쉽게 받아들이는 기능을 수행하도록 했다.

마지막 6단계는 고객가치를 반영해 사업 확대 가능성을 발견하는 것이었다. 베트남에서 사업을 시작한 제네티카는 미국에서 일반화된 암 조기진단 스크리닝 서비스EDGC-S-CAN를 베트남 병원과 일반인에게 소개했다. 서비스 이용자들은 암의 가능성을 미리 파악하고 방지하는 일을 긍정적으로 보는 한편 아이들에게 도움이 되는 서비스는 무엇이 있는지도 꾸준히 문의해왔다.

어린이 유전자 분석에서 가능성을 발견하다

소비자들의 질문과 요청을 기반으로 제네티카는 서비스 이용자의 자녀들이 최적화된 영양 섭취로 건강하게 자랄 수 있도록 아동 유전자 분석까지 연구 범위를 넓혔다. 최근 베트남 사람들의 삶의 질이 향상되면서 건강하고 균형 잡힌 식단에 대한 관심이 더욱더 높아졌기 때문이다.

베트남 유전자 해독 서비스시장의 잠재력은 매우 크다. 베트남 부모들은 자녀의 미래에 투자를 아끼지 않기 때문이다. 현재 한화로 60~100만 원 수준인 서비스 평균 가격도 점점 더 저렴해질 것이다. 어린이를 위한 유전자 해독은 147개 이상의 유전자를 분석해 어린이의 잠재력과 타고난 능력을 일상생활에서 발휘하고 극대화할 수 있게 도움을 준다.

"제네티카 서비스를 이용한 부모들이 커뮤니티에 그 경험을 공유하면서 따로 마케팅을 하지 않아도 자연스럽게 홍보가 되고 있어요. 부모는 자신의 아이를 더 잘 알게 되어 '아이에게 맞는 최고의 음식을 먹일 수 있게 되었음은 물론, 알레르기로부터도 보호할 수 있게 됐다고 좋아합니다. 또 아이의 이상 행동들도 이해하고 조절할 수 있게 됐다며 다양한 리뷰를 통해 자발적으로 우리 상품을 알리고 있어요."

그 결과 성인 유전자 분석 서비스로 사업을 시작한 제네티카의 매출 구성비는 현재 어린이 대상 서비스가 80%, 성인 대상이 20%로 역전되었다.

제네티카는 특수 키트를 사용해 타액 샘플을 수집, 보존한 다음 미국 샌프란시스코 대학의 첨단 기술 연구소로 보내 유전자를 분석하고 해독한다. 분석 결과는 어떤 영양소를 추가로 섭취해야 하는지 또는 앞으로 어떤 상황에서 병이 발생할 수 있는지 파악하는 데

제네티카가 제공하는 유전자 분석 및 해독 서비스.

도움이 된다. 제네티카의 시스템은 1주일에 최대 5,760개 샘플을 처리할 수 있으며 현재 분석에 소요되는 기간은 6~8주이지만 향후 2~5주로 줄일 계획이다.

제네티카 서비스는 성인과 어린이의 재능과 잠재력 검사, 유전병 검사로 나눠지며 유전자 검사 개수에 따라 최저 25만 원에서 최고 135만 원 수준으로 저렴한 가격은 아니다. 하지만 한 번의 테스트로 평생 무료 상담을 받을 수 있으며 아이들이 성장하면서 연령대별로 나타나는 과잉 행동, 심리적 반응 및 식습관 등의 컨설팅을 받도록 헬스 코치, 영양학자, 심리학자 등과 연결해주고 있다.

유전학도 몰랐던 창업자의 신선한 반격

제네티카 사업은 베트남 유전자 검사 서비스 업계에서 선두를 달리고 있지만 지금의 모습을 갖추기까지 어려움도 많았다. 첫 번째 문제는 제네티카 창업자인 뚜언이 생물학과 유전학을 몰랐다는 것이다. 그는 이를 극복하고 컴퓨터공학을 바이오에 접목하기 위해 샌프란시스코 대학 연구실에서 트레이닝을 받았다.

"아내는 그때 유전학 박사를 막 마친 상태여서 제 수준이 낮다고 상대해주지도 않았어요. 그래서 박사 후배를 붙여서 저를 트레이닝 시키고 제 수준이 높아지면 만나자고 말했죠.(웃음)"

두 번째 어려움은 사업 기반을 마련하기 위한 리서치에 많은 시간을 보내야만 했던 것이다. 사업 핵심인 동양인 유전자 연구 자료가 희박했기 때문에 어쩔 수 없이 기존 리서치 자료에서 미국계 동양인의 정보를 모두 추출해냈다. 그렇게 서양인과 동양인의 유전자 차이를 이해하고 자체적으로 파악하는 데만 거의 2년이라는 시간이 걸렸다. 서류상 회사가 설립은 2017년이지만 실제 시작은 2015년부터였던 셈이다.

세 번째 문제는 창업 멤버 모두가 사업에는 문외한인 박사 출신이라는 점이었다. 제네티카를 처음 소개할 때 과학 용어를 너무 많이 쓴 탓에 소비자들은 제네티카가 어떤 회사인지 잘 알지 못했다. 다행히 관련 사업 분야의 최고운영책임자^{COO}를 만나 누구나 쉽게 제네티카를 이해할 수 있도록 사업 전체를 새롭게 재편할 수 있었다.

네 번째 어려움은 미국에서는 이미 일반화된 타액을 이용한 유

일정이 바빠 만나기 힘들었지만 삼고초려 끝에 인터뷰할 수 있었던 뚜언 대표(좌)와 고객관리 매니저 애슐리(중간).

전자 검사 방법을 베트남 고객들에게 이해시키는 것이었다. 침에도 DNA가 있다고 아무리 설명해도 "피로 검사해야 더 정확하다"는 반응만 돌아와 고객들을 설득하고 교육하는 데에도 많은 시간을 보냈다.

　제네티카의 5년 뒤 비전은 베트남에서 유전자 테스트를 통한 헬스케어 분야의 확고부동한 1위를 점유하고 동남아에서는 톱 3에 속하는 회사가 되는 것이다. 제네티카의 기술은 세계 최고의 유전자 해독 기관인 일루미나^{Ilumina}에 의해 인증되었고, 정확도도 99% 이상으로 검증받았다. 현재 제네티카는 하버드 메디컬 스쿨과 함께 서양인 자폐증 연구에 비해 부족한 동양인 자폐증 연구를 진행 중이다.

제네티카는 앞으로 개인별 맞춤화된 의료 트렌드에 따라 유전자 해독을 바탕으로 동양인을 위해 직접적인 의약품을 개발하고 치료 과정을 최적화하여 치명적인 질병을 완화하는 데 기여할 계획이다. 또 모든 베트남과 아시아 사람들에게 이 서비스를 제공하기 위해 최고의 유전자 해독 센터를 건설할 예정이다.

'커피 생태계'를 만들어
커피 농장과 함께 성장하다

#**공동체** #지속_가능한_성장 #가족주의 #자연주의

**THE
COFFEE
HOUSE**

★

더커피하우스

베트남은 커피로 유명하고 과거 프랑스 통치의 영향을 받아 멋진 카페도 많다. 베트남에는 스타벅스 같은 글로벌 브랜드도 있지만 정작 소비자들의 사랑을 받는 건 로컬 브랜드 커피와 카페들이다.

G7 인스턴트커피로 한국 사람들에게도 잘 알려진 커피업체 쭝응우옌Trung Nguyen은 베트남 커피 프랜차이즈의 원조라 할 수 있다. 베트남 프리미엄 카페의 원조인 하이랜드 커피Highlands Coffee는 스타벅스가 들어오기 전까지 베트남의 스타벅스로 불리며 쭝응우옌과 함께 베트남을 대표하는 커피 브랜드였다.

최근 베트남 카페시장의 경쟁이 치열해지면서 다양한 신생 커피 프랜차이즈들이 생겨나고 있다. 대표적인 브랜드로는 한국에도 입점한 꽁카페Cong Café, 스타벅스 바로 옆에서 밀크티로 Z세대를 유혹하

모던하고 자연 친화적인 공간에서 베트남의 고급 커피를 즐길 수 있는 더커피하우스.

는 푹롱Phuc Long, 베트남 커피산업 생태계를 만들어 글로벌시장에 베트남 커피의 위상을 세울 꿈을 꾸는 더커피하우스TCH: The Coffee House 등이 대표적이다.

이 중 가장 최근에 런칭한 브랜드 더커피하우스는 베트남의 현대적인 색채를 잘 드러내면서 가장 빠르게 성장하고 있다. 2014년 호찌민에 1호점을 오픈한 이후 2018년 60개 매장에서 2019년에는 160개 이상의 매장을 운영하고 있다.* 더커피하우스가 1년 만에 100개 이상의 매장을 오픈하며 빠르게 사업을 확장할 수 있었던 동력은 어디에 있을까?

---

* 다만 2020년은 코로나의 영향으로 매장 확대보다는 유지에 중점을 두고 운영하고 있다.

지속 가능한 성장을 위해 커피 농장을 인수하다

1987년생인 응우옌하이닌^{Nguyễn Hải Ninh}은 처음부터 커피에 대한 전문 지식을 가지고 카페 사업을 시작한 것은 아니다. 단지 사람이 좋아서 카페를 연 그는 더커피하우스를 통해 커피를 생산하는 사람과 커피를 소비하는 사람이 보이기 시작하면서 그는 '왜 더커피하우스를 하는지' 사업의 이유를 깨닫게 된다.

하이닌은 1호점을 오픈한 후, 난생처음으로 커피 농장을 방문했다. 공동 창업자는 자신의 고향에 있는 커피 농장으로 그를 데려갔고, 이 현장에서 마주한 경험은 하이닌에게 커다란 울림을 주었다.

최근 몇 년간 가뭄으로 커피 생산량이 줄어 농민들의 삶은 매우 비참한 상황이었다. 설상가상으로 국제 커피 가격이 하락해 커피 가격이 지난 10년 중 가장 낮았다. 베트남은 커피 생산량의 90%를 수출하는데 생산량은 줄어들고 판매 가격은 떨어지면서 도산하는 커피 농가들이 줄을 이었다. 지아라이^{Gia Lai}, 닥농^{Đắk Nông}, 꺼우덧^{Cầu Đất} 같은 황량해진 커피 농장의 농민들은 수확할 비용조차 감당할 수 없을 만큼 수입이 적어 사실상 커피 농장 운영을 포기하고 있던 상황이었다.

하이닌은 이 상황이 지속된다면 세계 커피 지도에서 베트남이 사라질지도 모른다는 위기감이 느껴져, 베트남 커피 농가를 위해 베

CEO 응우옌하이닌은 품질 향상을 위해 커피 농장을 인수했다.

트남 커피산업 생태계를 구축해야겠다는 결심을 하게 된다.

농장에서 돌아온 하이닌은 '세계시장에서 베트남 커피 원두의 위상을 세우자'로 더커피하우스의 사명을 수립했다. 베트남 커피 농장에서 생산한 커피가 전보다 더 많이 수출되고 내수시장에서도 소비되어, 지속적으로 성장이 가능한 커피산업 생태계를 구축하겠다는 큰 그림을 그린 것이다.

그 후 미션 실행을 위한 3단계 목표를 수립했다. 자금 사정으로 처음부터 사업 규모를 확대할 수는 없었기 때문에 1단계로 더커피하우스 브랜드 빌딩과 수익화에 집중했다. 2018년 매장이 60개를 넘어 사업을 확대할 능력이 생기자 2단계로 커피 생산까지 사업 영역을 확대했다. 하이닌은 2014년 방문했던 꺼우덧 커피 농장을 가장 먼저 인수했다. 이를 통해 커피 품질을 고급화함으로써 베트남 커피 품질의 이미지를 개선하고자 했다. 마지막 3단계는 생산부터 수출, 내수 소비까지 지속적인 성장이 가능한 생태계를 구축하는 것이다.

재배 · 수확 과정을 개선해 세계적 수준의 원두를 생산하다

더커피하우스는 고품질 원두를 가진 커피 농장들을 찾아 지속적으로 인수하면서 생산부터 판매까지 선순환 구조를 만들고 있다. 이를 위해 하이닌은 세 가지 전략을 실행하고 있다.

첫 번째 전략은 커피 농가들이 안정적으로 생계를 유지할 수 있도록 매출과 이윤 확보를 돕는 일이다. 베트남은 세계 2위 커피 수출국이지만 커피 품질이 좋지 않아 국제시장에서 수출 가격이 낮게 책정되어 왔다. 베트남 커피 농장에는 재배와 수확 과정에서 품질을 판단하는 기준이 마련되어 있지 않아 원두의 가공 전 상태인 그린 빈^{Green Bean}의 품질이 좋지 않은 탓이다.

베트남 커피 가격을 높일 수 있는 유일한 해결책은 고품질 커피를 제공하는 것이라 판단한 하이닌은 꺼우덧의 커피 농장을 인수한 뒤 평균 생산량을 30% 감소시키는 대신 품종을 개량했다. 커피 농가들이 사업을 지속할 수 있도록 더커피하우스에서 구매하겠다고 약속하며 50%의 고마진을 보장해주었다. 그 결과 베트남 소비자들은 고품질 베트남 커피를 더커피하우스에서 즐길 수 있게 되었고 고품질 베트남산 원두가 미국에 수출되기 시작했다.

두 번째 전략은 베트남 커피가 베트남 내수시장에서 더 많이 소비될 수 있도록 더커피하우스의 창고 규모를 대폭 늘리고 매장을 더 빨리, 더 많이 여는 것이다. 더커피하우스는 이 전략에 따라 1년 만에 신규 매장 100개를 열었다. 하이닌은 말한다.

"통계에 따르면 베트남에는 1만 8,000개의 카페가 있는데 이 중 더커피하우스 매장은 겨우 160개뿐입니다. 더 많은 베트남 소비자들이 베트남의 고급 커피를 경험할 수 있도록 매장 수를 늘리고 O2O 시스템을 활용해 배달 서비스도 강화하고 있습니다."

세 번째 전략은 세계시장에서 베트남 커피 품질이 좋지 않다는 인식을 전환하는 일이다. 많은 시간이 걸리겠지만 궁극적으로 세계시장에서 베트남 커피 원두의 위상을 세우기 위해 꼭 필요한 일이다. 이를 위해 더커피하우스는 베트남의 고품질 커피 품종을 찾아 매년 하나의 농장을 인수할 계획이다. 재배 과정에서 수확 기준과 공정을 바로잡아 고품질 커피를 안정적으로 지속 생산해 베트남 커피의 국내외 소비자 인식을 점진적으로 바꿔가고자 한다.

바오록^{Bảo Lộc}, 지아라이, 닥농, 부온마투옷^{Buôn Ma Thuột}, 케싸인^{Khe Xanh} 및 롱썬^{Long Sơn} 등 고품질 커피 품종을 모아 베트남 커피 컬렉션을 진행할 꿈을 꾸고 있으며 이러한 비전을 직원들과도 나누고 있다. 직원들은 커피 농장을 직접 방문해보는 것을 자랑스럽게 여기며 양질의 커피를 찾으면 바로 더커피하우스로 가져온다.

커피산업 생태계의 중심은 '사람'

더커피하우스의 사업은 카페 프랜차이즈 시스템을 넘어 베트남 커피산업 생태계로 진화하고 있다. 진화의 중심에는 '사람'이 있고 커피는 사람과 사람을 연결해주는 매개체다. 하이닌은 더커피하우스를 시작할 때부터 사람에 가치를 두었다.

더커피하우스의 핵심가치는 '진심, 친절, 인류애'다. 매장 기반의 카페 체인 사업 모델이었을 때는 '고객 서비스'가 핵심가치였다. 커피산업 생태계를 구축한 현재의 '고객 서비스'는 '진심'에서 우러난 '친절'한 행동만이 다른 사람의 마음에 닿을 수 있다는 의미로 구체화되었고, 지역사회의 이익을 추구하는 '인류애'까지 확대되었다. 커피로 연결된 공동체는 인류애로 엮인 가족주의의 확산 개념인 것이다. 그 안에서 생산자, 판매자, 소비자 모두가 혜택을 누릴 수 있다.

당연히 더커피하우스의 기업문화도 사람을 중심에 둔다. 카페 같은 서비스업은 근무 시간이 길고 일도 힘들기 때문에 베트남 사람들도 기피하는 직업이다. 그래서 하이닌은 직원을 뽑을 때 커피에

출처: 나카카페하우스 공식 홈페이지

커피산업 생태계 안에서 연결된 생산자, 판매자, 소비자.

대한 열정이 있고 사람을 좋아하는 사람을 채용한다. 그래야 재미있게 오래 함께 일할 수 있기 때문이다. 핵심가치는 매장 수가 늘어나면서 직원들과 동일한 언어와 가치로 일하도록 연결해준다. 하이닌은 핵심가치를 통해 타인을 행복하게 만드는 것이 곧 나의 행복이라는 철학을 직원들과 공유하고 있다.

아직 경험은 부족하지만 스타트업에 관심 있는 젊은이들에게 하이닌은 다음과 같은 메시지를 전한다.

"선한 동기와 도전 정신을 가지고 꿈을 이뤄나가는 과정에서 배우며 성장할 수 있습니다. 저도 꿈에 한 걸음씩 다가가고 있고요. 앞으로 한 달에 평균 열 개씩 신규 매장을 열어 향후 4~5년 내 베트남 전역에 700개 매장을 여는 것이 목표입니다."

베트남만의 밀레니얼 라이프

밀레니얼 세대는 보통 1980년대 초부터 2000년대 초까지 출생한 이들을 아우르는 용어다. 사실 베트남에서 밀레니얼은 주요 소비층이기는 하지만 다른 나라의 밀레니얼처럼 트렌드를 이끄는 집단은 아니다. 이들은 과도기의 '낀 세대'라 할 수 있으며 전통을 고수하는 부모 세대와 Z세대 사이의 회색 지대와도 같다.

이들은 현재 20~30대로 인생에서 가장 중요하다고 할 만한 시기를 살아가고 있다. 커리어를 시작하고 결혼하고 자녀를 낳아 새로운 가족을 이룬다. 여성의 경우 사회적 성공을 꿈꾸지만 일과 가족 사이에서 균형을 잡느라 자신을 희생해야 하는 상황에 놓여 있기도 하다.

'82년생 김지영'은 베트남에도 있다. 이들은 젊고 베트남 경제의 중심축이지만 전통과 안정, 체면 문화 등에서 완전히 자유롭지 못하다. 30대로 접어든 이들은 가족을 위해 희생했던 부모 세대처럼, 아니 부모들보다 더 치열하게 지금을 살아가고 있다. 가족이 삶의 중심이기 때문에 돈을 벌어 자녀 교육에 우선 투자하고 가족을 위한 집과 자동차 등 재산을 갖는 것을 인생 목표로 삼는다. 자기 자신에 대한 투자는 사실상 이 모든 것을 다 이룬 후에 관심을 갖는다고 할 수 있다.

80년생 응아와 티엔

1983년생 응아^{Nga}는 외국계회사에서 매니저 직급으로 일하고 있다. 월 급여도 한화로 세후 약 300만 원 이상을 받는다. 그녀는 딸아이 교육에도 엄청난 투자를 하고 친척들을 데리고 해외 여행을 다닌다. 그러면서도 자기계발뿐만 아니라 회사 일에도 열정적이다. 그녀에게 사회적 성공은 가족만큼이나 매우 중요한 일이다. 회사에서 부딪히는 부당한 현실로 이직을 고민하다가도 현재 회사의 좋은 처우나 안정성을 쉽게 포기하지 못한다.

1985년생 티엔^{Thien}은 작은 여행사를 운영하고 있다. 퇴근 후 1주일에 세 번은 경제대학원에서 운영하는 최고경영자과정에 다니고 나머지 날에는 청년문화센터에서 운영하는 댄스반에서 춤을 배우며 취미 활동을 하는 꽤 성실한 청년이다. 고향은 중부 지방의 후에지만 대학을 위해 호찌민으로 온 뒤 정착해 살고 있다. 스물아홉에 집을 샀고 그다음 목표는 스포츠카를 사는 것이라고 말한다. 인생에서 가장 소중한 것이 무엇이냐는 질문에 대부분의 베트남 사람이 가족이라고 답하는 데 반해 티엔은 성공이라고 대답할 정도다. 매우 성공지향적인 성향으로 이에 맞게 성실히 일하고 시간과 돈을 관리하며 목표를 향해 나아가고 있다.

30대가 된 응아와 티엔은 꽤 안정된 생활을 영위하고 있다. Z세대가 경험을 추구한다면 이들은 소유를 더 추구하는 삶을 산다. 성장 과정의 결핍이 소유를 우선 가치로 삼게 만든 것이다.

90년생 프엉과 응옥

반면 밀레니얼 중에서도 1990년대 초반생인 찐 엑스는 땀 엑스와는 다른 세대로 구분된다. 앞서 말했듯 이들은 땀 엑스보다는 앞서가지만 1990년대 후반의 Z세대보다는 느리다. 사회생활을 시작해 소득이 생긴 이들은 이전 세대가 소유를 위해 소비했던 것과는 달리 경험을 위해 소비를 추구한다.

또한 같은 1990년대생이라도 하노이 사람과 호찌민 사람은 조금 다른 면이 있다.

1991년생 프엉^{Phương}은 하노이 사람으로 하노이는 호찌민보다 좀 더 유교적 전통과 가치를 중시한다. 부유한 공무원 집안에서 자라 싱가포르에서 고등학교, 영국에서 대학을 졸업한 엘리트다. 나는 베트남 사업 파트너로 프엉을 만났는데 회의 때 늘 자신감 넘치게 말하는 모습을 보며 그녀의 경력이 10년은 넘었을 거라 예상했다. 하지만 좀 친해진 뒤 나이를 물으니 겨우 스물다섯 살이며 사회생활 경력은 2년 반이라고 했다. 한국으로 치면 사원급이지만 그녀는 이미 회사의 관리자 역할을 담당하고 있었다.

이승기가 좋아 한국어도 배우고 회사의 신규 사업을 맡아 도전적인 일을 즐기지만 그녀도 베트남의 전통 앞에서는 어쩔 수 없는 삶을 선택했다. 스물여섯 살이 되자 결혼을 했고 베트남 최고 기업인 빈 그룹으로 이직도 했다. 빈 그룹은 급여가 매우 높은 대신 엄격한 조항을 계약서에 넣어 직원들을 관리한다. 프엉의 경우 갓 결혼한 여성이기에 '3년간 임신 금지'라는 조항을 넣었다고 한다. 베트남 최고 회사임에도 불구하고 프엉은 3개월간의 고민 끝에 그곳을 나왔다. 그리고 바로 임신해 아들을 낳았다.

아이가 어느 정도 자란 뒤 프엉은 작은 회사에 취직했다. 그녀는 좋은 회사들은 대부분 호찌민에 있어, 빈그룹을 나온 후 갈만한 곳이 없다고 털어놓았다. 그래서 아이를 키우기 편한 작은 현지 기업을 다니면서, 명상으로 마음을 다스리며 생활하고 있다고 했다. 나 역시 그녀의 그릇이 아까워 기회가 많은 호찌민에 가서 살아보는 것은 어떠냐고 넌지시 물어본 적이 있다. 그녀는 자신도 그렇게 하고 싶지만 일가친척들이 모두 하노이에 살고 있고 남편 역시 하노이에서 기반을 잡고 있기 때문에 이제는 호찌민으로의 출근도, 해외 출장도 어렵다고 말했다. 이것이 베트남 문화이고 정해진 여성의 역할이 있기에 그에 순응해 살아간다고 했다.

프엉은 누구보다 똑똑하고 트렌드를 이끌어가는 여성이지만 결혼과 동시에 전통에 순응하는 여성이 되었다. 유학 생활을 통해 글로벌 트렌드의 영향을 받은 프엉의 삶은 글로벌 밀레니얼과 비슷하지만 결혼이라는 제도와 베트남 문화 앞에서는 전통을 따라야 하는 낀 세대일 뿐이다.

1990년생 응옥^{Ngoc}은 하노이에 사는 프엉보다 한 살 더 많지만 그녀와는 다른 삶을 산다. 호찌민 사람들은 하노이 사람들보다 전통에 덜 민감하기 때문이다.

응옥에게 일과 사랑은 중요한 화두로 꿈을 찾기 위해 격정의 20대를 보냈다. 급여가 높은 외국계 회사를 과감히 그만두고 박봉이지만 자신이 원하는 일을 배울 수 있는 회사에 도전했다. 좋아하는 일과 남자친구를 쫓아 자신이 원하는 대로 한 번뿐인 20대를 열정적으로 살았다. 욜로^{YOLO, You Live Only Once}라이프 그 자체였다.

하지만 나이가 서른에 가까워지면서 그녀도 일과 사랑에 현실적 요소를 고려해 안전한 노선을 택했다. 오랜 고민 끝에 꿈의 한 귀퉁이를 접고 안정적인 직장을 구해 적응하는 중이다. 아직 결혼을 하지 않아 하노이의 프엉처럼 베트남의 전통에 크게 영향을 받진 않지만 20대 때와는 다른 삶을 추구하려 한다.

베트남 하이랜드 커피에서 아르바이트를 했던 1992년생 브엉^{Vương}은 꿈을 갖고 도시 생활에 적응해가는 순박한 시골 청년이었다. 단골 손님들과 쉽게 친구가 될 정도로 유쾌한 성격이어서 나와도 친구가 되었다. 하이랜드 커피는 프리미엄 프랜차이즈 커피 체인점이다. 외국인들이 많이 찾는 하이랜드 커피 특성상 이곳에서 아르바이트를 하는 대학생들은 영어, 한국어, 일본어를 배워 손님들과 소통하는 것을 목표로 일하는 경우가 많다.

브엉은 일본어에 관심이 많았고 다양한 국적의 손님들을 보며 세계를 향해 눈을 떴다. 그래서 호주로 워킹 홀리데이를 떠났고 베트남으로 돌아온 뒤에는 안정적인 일본계 직장에 취직해 현재는 승진을 꿈꾸며 성실하고 책임감 있게 일하고 있다.

베트남 밀레니얼의 세 가지 특징

지금까지 살펴본 사례들을 토대로 베트남 밀레니얼의 특징을 정리하면 다음과 같다. 첫째, 이들은 배움의 열망이 크다. 부모의 교육열도 높지만 스스로도 성공하기 위해 학구열이 높은 편이다. 최근 인터넷, 유학 등으로 정보를 얻거나 공부할 기회가 많아지면서 밀레니얼 세대는 교육의 힘을 바탕으로 빠르게 경제를 이끄는 주축이 되었다.

둘째, 가족주의를 고수하면서도 개인의 성공 가치도 중시한다. 베트남 사람들의 라이프스타일은 이제 바쁜 도시인의 전형이 되었다. 야근도 불사하며 본인이 맡은 프로젝트에 대한 책임감도 무척 높다. 체면 문화로 인해 주거 환경, 패션 등 자신의 성공을 드러내기 위한 소비나 외모에도 관심이 크다.

셋째, 사회적 기득권과 경제적 안정을 갖추고 있다. 베트남의 밀레니얼들은 스스로 노력하여 달성한 경제적 부와 사회적 지위를 기반으로 점점 조직과 사회의 기득권으로 자리 잡아가고 있다. 그래서 젊은 감성을 지닌 동시에 보수화 되어 가는 것도 이들의 특징이다.

페이스북도 누리는 관혜 특혜

페이스북은 베트남에서 가장 많은 사람들이 이용하는 소셜미디어 플랫폼이다. 독일계 시장조사 기관 스태티스타[Statista]에 따르면, 2019년 기준 페이스북 이용자는 한국은 1,500만 명인 반면, 베트남 이용자는 6,100만 명이다.*

베트남 리서치업체 큐앤드미[Q&Me]의 〈페이스북 이용 실태 분석 보고서〉에 따르면 페이스북 이용자의 47%가 하루 평균 세 시간 이상 페이스북을 하는 것으로 나타났다. 한국의 평균 페이스북 이용 시간이 33.6분인 것과 비교해볼 때 베트남이 여섯 배 더 많은 시간을 페이스북을 하며 보내고 있다는 뜻이다.

페이스북은 인맥을 맺고 유지하는 소셜 네트워킹 기능을 제공할 뿐 아니라 상거래 수단도 되어준다. 관혜 문화가 발달한 베트남에서는 지인이나 지인이 소개해준 사람이 운영하는 페이스북에서 상품을 구매하는 일이 많다. 베트남 이커머스업체 티키의 전 CBO 카틱 나라얀[Kartick Narayan]은 현재 라자다[lazada], 소피[shopee], 티키[tiki] 등 공식 채널의 매출을 합친 것보다 페이스북에서 두세 배 더 많은 거래가 이루어진다고 추정했다.

* Statista, South Korea: number of Facebook users 2015-2022, Countries with the most Facebook users 2020

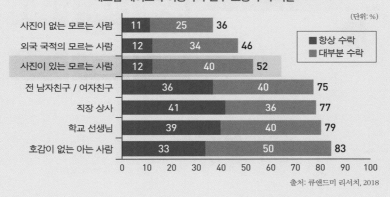

베트남 페이스북 이용자의 친구 요청 수락 비율

(단위: %)

	항상 수락	대부분 수락	합계
사진이 없는 모르는 사람	11	25	36
외국 국적의 모르는 사람	12	34	46
사진이 있는 모르는 사람	12	40	52
전 남자친구 / 여자친구	36	40	75
직장 상사	41	36	77
학교 선생님	39	40	79
호감이 없는 아는 사람	33	50	83

출처: 큐앤드미 리서치, 2018

그럼 베트남에서 페이스북이 유독 잘되는 이유는 무엇일까?

첫째, 페이스북은 베트남 사람들의 관혜 문화를 온라인으로 확대한 것이다. 베트남에서는 처음 만난 사람과도 바로 페이스북 친구 신청을 하는 일이 일상화되어 있고 친구의 친구와도 쉽게 페이스북 친구를 맺는다. 베트남 페이스북 사용자의 52%가 모르는 사람의 친구 요청을 수락한다고 하니 두 명 중 한 명이 모르는 사람의 친구 요청을 받아들이고 있는 것이다. 한국의 평균 페이스북 친구 수는 150명인 데 비해 베트남은 400명 이상인 것이 보통이다.

둘째, 베트남에는 예전부터 소상공인이 많았다. 그들은 입소문과 추천으로 일가친척과 이웃을 고객 삼아 생계를 유지해왔는데 이러한 방식이 온라인으로 옮겨간 것이다. 페이스북에 아시아 태평양 리전APAC Region에서 베트남을 총괄하고 있는 훙후인Hung Huynh에 따르면 베트남은 동남아에서 페이스북 온라인

장 메이크업의 페이스북 페이지.

거래 규모액이 가장 큰 나라라고 한다. 비공식 채널의 거래라 정확한 통계는 밝혀지지 않았지만 인구 2억 6,000만 명이 넘는 인도네시아나 쇼핑 천국인 태국보다 더 많다고 하니 얼마나 많은 소상공인이 페이스북으로 사업을 하는지 실감이 나지 않을 정도다.

페이스북을 통해 성공한 대표적인 사례가 바로 장 메이크업^{Chang Makeup}이다. 2015년부터 블로그를 시작한 그녀는 도톰한 자신의 입술을 활용해 립스틱 소개로 특화된 인플루언서다. 페이스북 팬 수백만 명을 보유하고 있으며 오펠리아^{Ofelia}라는 립스틱 브랜드까지 론칭했다.

이렇듯 페이스북의 영향력이 크다 보니 베트남에서 비즈니스를 하려면 페이스북 페이지는 필수다. 36%의 사용자가 페이스북 광고를 통해 신상품 정보를 알게 되며 43%의 소비자가 페이스북을 통해 상품 구매를 결정한 경험

신상품 정보를 얻는 경로

페이지 폴로를 하지 않음 3%
기타 7%
친구 태그 13%
자체 서칭 15%
페이스북 광고 36%
친구 추천 26%

페이스북을 통한 구매 경험

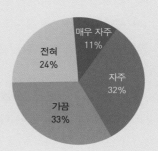

매우 자주 11%
전혀 24%
자주 32%
가끔 33%

출처: 큐앤드미 리서치, 2018

폴로하는 페이스북 페이지

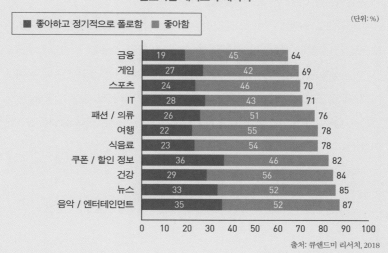

■ 좋아하고 정기적으로 폴로함   ■ 좋아함

(단위: %)

	좋아하고 정기적으로 폴로함	좋아함	합계
금융	19	45	64
게임	27	42	69
스포츠	24	46	70
IT	28	43	71
패션 / 의류	26	51	76
여행	22	55	78
식음료	23	54	78
쿠폰 / 할인 정보	36	46	82
건강	29	56	84
뉴스	33	52	85
음악 / 엔터테인먼트	35	52	87

출처: 큐앤드미 리서치, 2018

이 있다고 한다.

셋째, 페이스북은 현재를 즐기는 베트남 사람들에게 지금 이 순간을 기록하고 친구들에게 편리하게 공유할 수 있는 최고의 플랫폼이다. 욜로는 베트남 사람들의 본질이라 말할 수 있는데 페이스북은 이러한 라이프스타일에 최적화되어 있다.

20대 베트남 친구에게 왜 운동을 하지 않는지 물은 적이 있다. 대답이 꽤나 논리적이었는데 우선 지금은 딱히 아픈 곳이 없어 운동의 필요성을 느끼지 않으며 그 시간에 자신이 하고 싶은 일을 하는 게 더 즐겁다고 했다. 미래에 대한 걱정으로 하고 싶지 않은 일을 하기보다는 지금 좋아하는 것에 충실하고 싶다는 의미다. 그리고 이러한 경험을 페이스북에 기록하고 주변에 쉽게 공유하고 있다.

마지막으로 페이스북은 호기심 많은 베트남 사람들에게 다양한 취미 생활을 제공하는 정보 채널이자 시간을 보내는 놀이터다. 베트남 사람들이 팔로follow하는 페이지는 음악이나 엔터테인먼트가 87%로 가장 높고 건강과 음식, 여행, 패션, 스포츠, 게임 등의 페이지를 전체 사용자의 60% 이상이 이용하는 것으로 나타나고 있다. 이쯤 되면 베트남에서 페이스북은 만능 플랫폼인 셈이다.

CHAPTER 2

자존심과 체면

베트남 사람들과 교류하고 소통할 때 절대 해서는 안 되는 일이 있다. 바로 이들의 체면을 손상시키거나 자존심을 상하게 하는 것이다. 베트남은 '미소의 나라'라고 불릴 만큼 사람들이 늘 웃음을 잃지 않는 유쾌한 성향을 가지고 있지만 자존심을 건드리면 어떻게 돌변할지 모른다.

이 같은 강한 자존심은 무수한 외세의 침략에서 살아남기 위한 불굴의 저항력에서 비롯됐다. 베트남이 승전국이 되면서 자긍심은 더욱 강해졌고 가족을 넘어 이웃, 국가로 확대된 공동체 의식은 사회주의와 만나 베트남인으로서의 정체성과 자존심은 더욱 강화됐다.

여기에 유교의 선비 문화가 더해지면서 체면을 중시하는 풍조까지 생겨났다. 자존심이 손상되는 것은 곧 체면이 깎이는 일이나 마찬가지다. 조정래의 장편소설《정글만리》에서 베트남 사람들을 한국인, 유대인과 더불어 세계 3대 독종이라고 했을 만큼 정체성을 지키기 위한 이들의 의지는 지금 베트남이 혁신을 이루어내는 데 원동력이 되고 있다.

호칭에 민감한 베트남 사람들

베트남도 한국처럼 유교의 영향을 받아 호칭에서 서열이 드러난다. 영어권에서는 모든 사람을 'You'라고 부를 수 있지만 한국과 베트남에서는 나이와 관계를 파악해야 호칭을 정할 수 있다. 베트남은 'You' 대신 동갑에게는 반^{ban}, 나이가 어리면 엠^{em}, 나이가 많은 남자는 아인^{anh}, 나이가 많은 여자는 찌^{chi}로 상대와의 관계에 따라 다르게 부른다.

비즈니스나 예의가 필요한 상황에서는 서열이나 나이를 막론하고 영어의 미세스$^{Mrs.}$나 미스터$^{Mr.}$처럼 존대하는 표현으로 여성은 찌 또는 꼬^{cô}, 남성은 아인이나 옹^{ông}을 이름 앞에 붙여 부른다. 아무리 나이가 어려 보여도 그렇게 부르는 것이 예의다.

체면을 중시하는 베트남 사람들은 호칭에 매우 민감하므로 주의를 기울여야 한다.

체면과 자존심을 지키기 위한 교육

베트남 사람들에게 배움이란 성공으로 향하는 지름길로 인식되어 왔다. 성공은 곧 사회적 지위와 부를 상징하며 이는 체면과도 연결된다. 베트남 부모들은 한국 부모들 못지않게 자녀 교육에 엄청난 투자를 한다. 베트남의 평균 소득 수준을 생각하면 자녀를 해외로 유학 보내는 일이 큰 부담일 수 있음에도 베트남에서 외국계 기업 또는 현지 대기업과 협업하다 보면 해외 유학파들을 쉽게 만날 수 있다.

성인이 된 뒤에도 베트남 사람들은 자발적으로 자기계발에 많은 시간과 돈을 투자한다. 청년문화회관, 여성문화회관 등 베트남에는 문화센터가 많은데 댄스, 메이크업, 십자수, 액세서리 만들기, 테니스, 농구 등 다양한 취미반이 있고 수강생들이 끊이지 않는다. 뿐만 아니라 퇴근 후 야간 스터디 모임도 많다.

특히 인상적인 곳은 호찌민 경제대학원 최고경영자과정이었다. 미니 MBA 방식으로 45명 정원에 4개월 동안 주 3회, 퇴근 후 세 시간씩 운영되며 수강료는 900만 동(약 50만 원)이다. 베트남 신입사원 월평균 급여가 약 500~600만 동 수준이니 상당히 큰 액수다.

베트남어로 진행되는 수업이라 부담이 됐지만 한국의 유사 과정이 그렇듯 네트워크를 형성할 목적으로 참여하는 사람이 많으리라는 생각에 과정을 등록했다. 그런데 막상 수업에 가보니 그러한 목적으로 온 사람은 없었다. 베트남에서 이런 과정에 참여할 수 있는 위치에 있는 사람들의 학구열은 일반 학생들보다 더 대단했다. 그들은 열정적으로 강의를 듣는 것은 물론 질문을 통해 적극적으로 수업에 참여했다. 만만치 않은 비용을 투자한 만큼 배움에 대한 열의로 가득 찬 시간이었다.

빠르게 성장하고 있는 베트남의 저력은 이처럼 자존심과 체면을 지키기 위해 배움에 투자하는 시간과 돈을 아끼지 않는 사람들로부터 나올 것이다.

주변 20~30대 친구들의 교육열 또한 대단해서 내가 듣는 경제대학원 최고경영자과정에 높은 관심을 보였다. 그래서인지 베트남어로 진행되는 수업을 따라가기 어렵다고 말하자 그들은 자발적으로 나를 도와주었다. 수업을 녹음해 가져다주면 한 친구는 주요 내용을 베트남어로 내게 다시 가르쳐주었고 한국어가 가능한 친구는 녹음 내용을 통역해주었다. 이들은 나를 돕는 동시에 자신도 배움의 기회를 얻은 것이다.

경제대학원 수업에 참여한 사람들뿐만 아니라 나를 도와준 친구들을 보며 베트남 사람들의 배움에 대한 뜨거운 열정을 실감했다. 빠르게 성장하는 베트남에서 배움은 자존심과 체면을 지킬 수 있는 성공의 밑거름이다.

'프리미엄'해 보이고 싶은 소비 성향

한국의 '있어빌리티' 개념은 베트남에도 존재하는데 체면 문화의 영향이다. 스타벅스가 베트남에서 자리 잡을 수 있었던 이유 역시 일종의 체면 문화 때문이다. 베트남 사람들은 다른 카페 브랜드보다 고가인 스타벅스를 이용하는 행위가 자신을 '프리미엄한' 이미지로 만들어준다고 생각한다. 체면 문화는 패션에도 적용되는데 한때 한국에서 루이비통, 샤넬 등 명품 브랜드의 로고가 크게 박힌 가방을 들고 다니며 과시했던 것처럼 최근 베트남 여성들이 그러한 경향을 보이고 있다.

한편 한국이나 중국에서는 폭탄 세일을 하는 미끼 상품을 매장 앞에 배치해 소비자들을 매장으로 유인하지만 베트남에서는 할인 상품을 최대한 매장 안쪽에 배치해야 고객을 끌어들일 수 있다. 물론 베트남 사람들도 할인 상품에 관심이 많지만 저렴한 물건을 좋아하는 사람으로 비치고 싶어 하지 않는 욕구 때문에 다른 사람에게 그런 모습을 보이는 것을 꺼린다.

따라서 베트남 유통업체들은 할인 상품이 소개된 카탈로그를 매장 내 비치해두어 고객이 해당 물건을 찾을 수 있게 도와준다. 또 온라인으로 할인 상품을 알려 고객을 유인한다. 이러한 이유로 매장에서 베트남 소비자들의 구매 행동 패턴을 관찰해보면 매장을 이곳저곳 둘러보며 상품을 구입하지 않고 곧장 원하는 물건이 있는 매대로 가 사려고 계획한 상품을 사서 바로 나오는 특징을 보인다. 카탈로그를 읽거나 온라인에서 할인 상품을 미리 파악한 후 해당 상품만 빠르게 구입하는 것이다.

황금률을 따르는 서비스 문화

체면을 중시하는 베트남 소비자들은 돈을 쓸 때도 대우받는 것을 당연하게 여긴다. 베트남에서 서비스업이 발달한 이유도 이러한 사고방식을 지닌 고객들을 만족시키기 위해서다. 베트남의 고급 식당이나 카페에 들어가면, 점원이 문을 열어주고, 자리로 안내해 주고, 메뉴판 서빙부터 계산까지 테이블에서 모든 것을 편리하게 하는 풀 서비스Full service 방식이 일반적이다.

베트남에서 오토바이 발레파킹 서비스는 카드 결제가 가능한 고급식당이나 카페에서는 일반적이다. 보안요원들은 손님이 들어갈 때 발레파킹을 해주고, 나오면 손님의 오토바이를 알아서 가져다준다. 다만, 한국에서 발레파킹할 때 차종으로 손님을 은연중에 차별하듯 오토바이 브랜드와 연식을 보고 손님을 대하는 태도가 다르다. 혼다를 타고 온 손님은 대우를 좀 더 해주고, 태국산 저렴한 오토바이나 오래된 혼다를 타고 온 손님에게는 친절함이 덜하다.

발레파킹 서비스는 브랜드와 고객이 마주하는 처음과 끝의 접점 Moment of Truth이다. 지역전문가로 있을 때 베트남 뚜레쥬르 1호점인 하이바쭝점의 발레파킹 요원은 예순이 넘어 보이는 할아버지였는데 자전거를 타고 가도 마치 아는 사람을 만난 것처럼 반기셨다. 그리고 한 시간 이상 매장에 있다 나와도 기분 좋게 내 자전거를 가져다 주셨다. 매장에 들어갈 때와 나갈 때 마주하는 발레파킹 요원의 친절이 브랜드 이미지를 얼마나 좌우하는지 고객 입장에서 알게 되는 소중한 경험이었다.

베트남 사람들은 인간관계의 황금률, 즉 내가 원하는 행동은 남들도 원한다는 사실을 잘 알고 있다. 그리고 이러한 역지사지 원리를 서비스업에도 적용한다. 따라서 베트남 사람들이 상대의 체면을 존중하는 문화를 가지고 있음을 인식하고 그들을 같은 방식으로 존중해주어야 한다.

베트남의 정체성을 담은
단 하나의 스니커즈

#**자존심** #정체성 #주인정신 #자연주의

MỘT

★

못

베트남을 대표하는 브랜드를 하나만 꼽아 달라면 주저 없이 못^{Một}을 추천할 것이다. 못은 '1'을 뜻하는 베트남어로 '하나'의 디자인에 현대 베트남의 모든 것을 담고 있는 스니커즈 브랜드다.

못의 창업자는 1990년생인 후인꽝응옥한^{Huỳnh Quang Ngọc Hân}이다. 어린 나이지만 디자이너로서 자신만의 브랜드 철학이 분명하다. 한은 못의 디자인을 통해 베트남의 정체성을 제시하며 수많은 글로벌 브랜드 사이에서 베트남 브랜드의 자존심을 건 승부를 하고 있다.

베트남을 위한, 베트남에 의한, 베트남의 브랜드

한이 못을 창업한 데에는 세 가지 이유가 있다. 첫째, 베트남의 우수한 제조 기술로 베트남 브랜드를 만들고 싶었다. 베트남의 가공 공장들은 호이안 지역의 전통 전등을 만들 때처럼 장인정신으로 수많은 글로벌 브랜드 제품을 제조하고 있음에도 정작 베트남 소비자들은 베트남 브랜드의 품질이 낮다는 인식을 가진 것이 아이러니하다고 생각했다. 그에 대해 한은 이렇게 말한다.

"베트남은 더 이상 식민지가 아니에요. 자주국으로서 진화하는 중입니다. 그래서 현대 베트남의 정체성을 담은 브랜드를 만들어 글로벌 브랜드보다 저렴하지만 품질이 보장된 상품을 제공해야겠다는 생각을 하게 되었습니다."

둘째, 바쁜 현대인들이 본질적인 일에 시간을 더 할애할 수 있도록 돕고 싶었다. 한은 디자이너란 '문제를 해결해주는 사람'이라고 정의했다. 따라서 매일 어떤 옷을 입고 어떤 신발을 신을지 고민하며 수많은 선택을 해야 하는 현대인들을 위해 모든 옷에 잘 어울리는 최고의 신발 한 켤레를 제공하는 솔루션을 내놓은 것이다.

이러한 못의 모티브는 한의 경험에서 나왔다. 한은 신발이 많지 않았다. 어떤 옷에도 잘 어울리는 신발 하나로, 어디서나 '적합한 사람'으로 보일 수 있었기 때문이다.

브랜드 철학을 압축한 문장 – '하나의 신발을 하루 종일 신는다.'

"하나의 신발을 하루 종일 신는 거예요. 그래서 브랜드 이름도 하나를 뜻하는 못이에요. 못의 사명은 '진정한 문제를 들여다보고 진정한 수요를 파악한다'입니다. 필요하지 않다면 우리는 하지 않습니다. 그래서 못은 패션 브랜드라기보다는 '기능적이고 실용적인 필수품'이 되길 지향합니다."

셋째, 주인정신을 가지고 일하기 위해서다. 한은 전쟁 후 베트남의 정체성과 문화가 사라져가는 것을 안타깝게 여겼다. 베트남이 외국 문물에 개방적이고 수용적인 이유도 베트남이 아무것도 가진 게 없다고 느끼기 때문이라고 말한다. 한은 오랜 기간 미국에서 일하면서 오히려 베트남의 정체성에 대한 생각이 커져갔다.

"미국에서 다른 나라 사람을 위해 일하면 그냥 일일 뿐이었어요. 주문을 받고 만들어주면 끝이죠. 베트남 사람인 나와 베트남과 연결되어 있는 것처럼 내가 만든 상품과 베트남이 연결되길 바랐어요. 이것이 진짜 주인정신을 가지고 일하는 것이라 생각해요."

베트남에서 내가 할 수 있는 일

타지에서 오래 생활한 그녀가 베트남으로 돌아온 이유도 이러한 생각의 연장선상에 있다. 미국에서 7년, 노르웨이에서 1년을 지내는 동안 한은 극과 극의 삶을 경험했다. 미국에서는 성공하기 위해 타인의 기대에 맞춰 밤낮으로 일했다. 하지만 노르웨이는 일보다 개인의 삶을 중시하는 조용한 나라였기에 그만큼 자신의 인생을 되돌아보는 시간을 가질 수 있었다.

한은 '무엇이 나를 행복하게 하고 일을 계속할 수 있게 만들까?' 자문했다. 미국에서의 삶은 행복하지 않았고 그저 '나도 할 수 있다'를 증명할 뿐이었다. 그렇다고 아무것도 하지 않은 노르웨이에서의 삶이 행복한 건 아니었지만 그 시간은 '나를 증명할 필요 없이 내 존재 자체로 충분하다'는 사실을 깨닫게 해주었다.

"제가 원하는 것을 할 수 있다면 어디에 있는지는 중요하지 않다는 것을 깨달았어요. 저는 어디에서든 무엇이든 할 수 있으니까요. 뭔가에 쫓기는 일은 그만둬야겠다고 생각했어요."

못의 창업자인 후인꽝응옥한. 어린 나이지만 자신만의 브랜드 철학이 분명하다.

그래서 2017년 한은 베트남으로 돌아왔다. 하지만 베트남은 산업디자인이 발달하지 않아서 커리어를 위해 다시 미국으로 돌아가려고 했다. 그런데 비자 서류를 진행하는 데 시간이 너무 오래 걸렸다. 갑자기 비참한 기분이 들면서 베트남으로 돌아올 때의 마음이 속삭였다. '이곳은 나의 조국이야. 내가 여기서 아무것도 할 수 없다면 다른 나라에서는 무엇을 할 수 있겠어?' 그래서 한은 미국 비자를 기다리는 대신 베트남에서 자신이 할 수 있는 일은 무엇이든 하기로 결심했다.

"일단 결정하면 다른 모든 것들도 함께 따라옵니다. 제가 결정하지 않았다면 수많은 사람을 만나 '예스'라고 말할 기회도 없었을 거예요. 오너십이 생기고 직접 결정하게 되면서 더 적극적으로 변했어요. 적극적으로 일하면 결국에는 목표를 달성하게 됩니다. 될 때까지 하면 되거든요."

그렇다고 해서 처음부터 신발을 사업 아이템으로 결정한 건 아니었다. 한 본인이 디자이너이므로 뭐든 할 수는 있었지만 시간이 필요했다. 우선 베트남에서 무엇을 할 수 있을지 알아야 했고 제조 기반도 찾아야 했다.

한의 고민, 무엇이 '모던 베트남'인가?

한이 신발을 만들게 된 건 의지와 우연의 결과였다. 우선 모든 가능성을 열어두고 지인들에게 연락했는데 타이밍이 아주 좋았다.

못의 공동 창업자인 팜도끼엔꾸옥^{Pham Do Kien Quoc}은 당시 베트남의 정체성을 담은 신발을 제조하기 위해 5년 동안 고군분투하고 있었다. 꾸옥은 20년 동안 OEM으로 글로벌 신발 브랜드를 생산해온 PKN 공장의 총괄책임자다. 한이 연락했을 때 꾸옥은 베트남의 정체성을

못의 디자인을 설명하는 한(좌).

담은 신발을 만들기 위해 15년 경력의 영국인 신발 디자이너와 함께 5년 동안이나 고군분투하고 있었다. 한은 꾸옥에게 베트남의 정체성을 제대로 담으려면 베트남 디자이너와 일해야 한다고 제안했다. 한국의 정체성을 담은 디자인은 외국인보다 한국인이 더 잘 살릴 수 있는 것처럼 아주 단순한 논리였다.

"디자이너는 이론적으로 뭐든 디자인할 수 있지만 진정으로 베트남을 대표하는 디자인을 개발하려면 베트남에 대한 인사이트가 필요해요. 베트남을 제대로 이해하고 베트남 사람들의 사고방식과 고충을 모두 알아야 해요. 그래서 '무엇으로 베트남 스타일을 만들 것인가?' 하는 인사이트는 외국인이 제안할 수 없어요."

한은 외국인이 만든 상품을 베트남 소비자들에게 전하면서 이것이 베트남 스타일이니 받아들이라고 하면 안 된다고 생각했다. 아무런 설명 없이도 직관적으로 베트남 스타일이라고 느끼게 만들고 싶었다. 이를 위해 한은 스스로에게 질문을 멈추지 않았다.

'세계 트렌드의 영향에서 자유로울 수 없는 정체성 위기 시대에 무엇이 '모던 베트남'인가? 우리는 어디에 있는가?'

한은 꾸옥을 설득해 처음부터 다시 시작하기로 했다. 먼저 브랜드 철학을 정립하고 브랜드 네이밍도 베트남어로 정했다. 기억하기 쉬우면서도 브랜드의 핵심을 담아야 했다.

복잡하지만 침착한 베트남의 정체성을 담은 디자인

못 디자인이 사람들에게 영감을 주는 이유는 보편적인 기대와 상식을 깨면서 나 같은 외국인도 '아하! 이게 베트남이구나'를 깨닫게 만드는 스토리를 담고 있기 때문이다. 한은 세 가지 측면에서 역발상을 시도해 베트남의 정체성을 담은 신발을 디자인했다.

첫 번째 역발상은 못의 디자인 자체에 있다. 화려한 무늬와 디자인으로 사람들의 시선을 끄는 신발들과 비교하면 못의 신발 디자인은 매우 심플해 보인다. 신발 끈조차 겉으로 드러나지 않고 스티치

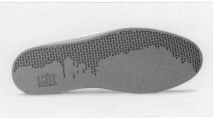

출처: 못 공식 홈페이지

커버는 심플하고 밑창은 복잡한 못의 신발은 베트남의 대조적인 특성을 상징한다.

신발에 새긴 우기의 홍수 물결 무늬는 열대 우기에 물 위를 걷는 것을 상징한다.

만으로 그 존재를 알려주는 미니멀리즘의 극치다. 하지만 여타 화려한 신발들의 밑창은 단순한 반면 못의 신발 밑창에는 화려한 디자인이 숨어 있다.

한은 '디자인 자체가 브랜드다'는 철학을 가지고 있다. 브랜드를 위해 디자인이라는 언어를 사용한다는 뜻이다. '무엇이 베트남인가?'라는 질문에 한은 '대조' 그 자체라는 대답을 내놓았다.

"베트남은 조용하면서도 시끄러워요. 도시에는 조용한 장소도 있지만 교통은 복잡하고 도로의 소음은 굉장합니다. 하지만 복잡함 속에서도 오토바이 운전자들의 얼굴 표정은 무척이나 침착하죠. 이것이 제가 보는 베트남이에요. 극과 극의 대조적인 것들이 공존하죠. 이런 특징을 신발에 담았어요."

한은 베트남의 복잡한 특징을 밑창에 담고 차분한 특징을 커버에 담아 깨끗하고 단순하게 만들었다. 그래서 못 신발을 멀리서 보면 하나의 색으로 매우 심플해 보이지만 가까이에서 보면 베트남의 해안선, 집을 만드는 벽돌의 패턴, 호이안 지역의 지붕 패턴, 우기의 홍수 패턴 등 다양한 무늬들이 보이기 시작한다. 멀리서 볼 때와 가까이에서 볼 때 다른 것, 이것이 바로 한이 표현한 베트남의 특징이다.

"완벽하지 않은 베트남의 모습을 못 디자인에 거칠게 담았어요. 멋지게 만들기보다는 그냥 현실적으로 보여주는 거죠."

디자인이 곧 브랜드다

두 번째 역발상은 디자인이 하나밖에 없다는 것이다. 일반 브랜드들은 하나의 로고를 다양하게 디자인된 신발에 붙여 고객들에게 여러 선택지를 제공하기도 한다. 하지만 '디자인 자체가 브랜드의 본질이 되어야 한다'는 철학에 따라 못은 하나의 디자인으로 브랜드를 대표한다. '하나'라는 뜻을 가진 브랜드 명처럼 못은 '하나의 디자인'에 집중해 완벽한 품질을 제공하면서도 브랜드의 일관성을 유지하고 있다.

이러한 자신의 철학을 고수하면서 한은 순풍보다는 세찬 맞바람을 많이 맞았다. 주변 사람들은 한에게 수백 개의 신발을 만들어 사람들이 많이 찾는 디자인을 찾아내라고 조언했다. 하지만 한은 이같은 접근은 남들과 똑같아지는 방법이라고 생각했다.

"시장에서 50개의 스타일을 요구한다면 50개를 만들어낼 수는 있어요. 하지만 디자이너로서는 50개 모두에 만족하지 못할 거예요. 스스로 100% 만족한 상품을 팔 때 고객들에게 확신을 줄 수 있어요."

단순한 디자인 대신 못은 일곱 가지 컬러를 선보인다. 북유럽 사람들은 해를 많이 보지 못해 연한 파스텔톤을 좋아하지만 베트남 사람들은 태양이 강렬한 열대지방에 살고 있으므로 생생한 열대 색들로 못의 컬러를 선정했다. 못의 노랑, 파랑, 빨강, 흰색, 검정, 녹색, 회색은 열대지방에서 볼 수 있는 따뜻하지만 물에 젖은 색으로 이 역시 베트남의 정체성을 상징한다.

단순한 디자인에 입힌 강렬한 못의 컬러.

극단적 미니멀리즘을 통한 연결

세 번째 역발상은 타깃 고객을 설정하지 않은 것이다. 한은 타깃을 설정하는 것 자체가 소비자를 차별하는 일이라 생각한다. 베트남의 정체성을 브랜드에 담았기 때문에 못이 추구하는 가치를 좋아하는 남녀노소 모두가 고객이 된다.

일반적으로 젊은 사람들은 트렌디한 스타일을 찾고 나이 든 사람들은 기능을 중시하는 경향이 있다. 하지만 못은 의도적으로 힙하고 쿨해 보이는 피상적인 것들을 배제하고 대신 신발의 본질에 집중했다. 그 결과 못의 극단적인 미니멀리즘은 오히려 트렌디하게 여겨져 못의 고객은 Z세대부터 70대는 물론 스님까지 연령대와 직업군이 다양하다. 한은 하나의 신발이 각양각색의 사람들을 연결하는 걸 느낄 수 있다고 말한다.

현실의 벽을 뛰어 넘어 대형 브랜드로

하지만 못을 만드는 과정은 순탄하지만은 않았다. 2018년 1월 못을 론칭하기까지 거의 1년을 준비했다. 디자인을 고치면 신발 몰드도 다시 만들고 샘플이 나오면 친구들에게 보낸 다음 피드백을 반영해 수정하길 반복했다. 편하게 오래 신을 수 있는 신발을 만들기 위해 원자재와 제조 기술을 찾아다니고 최고의 신발 밑창을 개발하고 끊어지지 않는 이음새를 만드는 일까지 단계마다 심혈을 기울였다.

특히 생산 과정이 힘들었는데 베트남 공장들은 외국 회사들의 대량생산 시스템에 익숙해 소량 생산을 원하는 현지 기업을 무시했다. 그도 그럴 것이 공장의 1년 생산량은 100만 쌍인 데 비해 못의 주문은 1만 쌍으로 3일이면 생산이 끝나기 때문이다. 그래서 처음부터 많은 것을 요구하기 어려웠고 요구사항도 거절되기 일쑤였다. 그래도 한은 포기하지 않고 열 번이고 스무 번이고 들이댔고 공장 사람들의 태도도 변하기 시작했다. 결국 한의 요구사항들이 받아들

못은 환경을 생각해 사은품으로 에코백을 제공한다.

여겼고 지금까지 제작할 수 있었다.

또 다른 어려움은 시장이었다. 도시 사람들은 나이키 같은 글로벌 브랜드에는 많은 돈을 지불하면서도 비슷한 품질의 베트남 브랜드에는 지갑을 열려 하지 않는다. 반면 비도시 사람들은 브랜드보다 저렴한 상품을 찾는다.

처음에는 디자인과 품질만 좋다면 팔릴 거라고 생각했던 한은 시장 반응을 보고 난 뒤 마케팅의 중요성을 깨달았다. 한은 브랜딩과 커뮤니케이션 전문가의 도움을 받아 브랜드 스토리, 좋은 품질, 정체성과 이미지 등을 소비자에게 알리고 있다.

못은 베트남 사람들의 일상에서 늘 함께하는 환경 친화적인 브랜드를 지향하고 있다. 그래서 못의 제품을 구입하면 재활용 가능한 에코백을 제공한다. 카탈로그 등으로 소비자에게 예쁜 패션 아이템을 홍보하는 대신 소비자들이 잠시 멈춰 서서 진짜 중요한 가치가 무엇인지를 생각하고 구입하길 장려한다.

5년 뒤 한은 못을 베트남을 대표하는 대형 브랜드로 키울 계획이다. 하지만 베트남 소비자들이 베트남 브랜드에 대해 가진 인식을 전환하는 데 오랜 시간이 걸릴 것으로 예상하고 있다. 그래서 대량생산 시스템을 준비하는 것 대신 단계적으로 규모를 키울 계획이다.

못은 현재 호찌민 아홉 개, 푸꾸억 한 개, 나짱 한 개, 하노이 두개의 편집숍과 온라인숍에서 판매 중이며 미국에서 사전 예약을 받아 2020년 2월부터 판매를 시작했다. 또 일본에서 16년간 남성용 신발을 판매해온 유통업체 및 아마존 재팬과도 협업 중이다.

신발 외에도 베트남의 정체성을 담은 액세서리 등 다른 카테고리로 확장하는 엄브렐러 브랜드Umbrella brand를 고려하고 있다. 이를 위해 한은 글로벌 디자인 콘퍼런스나 박람회에 참여해 산업디자이너로서 디자인 감각을 유지하고 지속적으로 배우며 강점을 더욱 개발할 계획이다. 자신이 못하는 영역은 전문가에게 맡기고 잘할 수 있는 일에 집중해 경쟁력을 키우겠다는 영민한 전략이다.

30년 역사를 가진
주얼리 브랜드의 세대교체

#**체면** #정체성 #가족주의 #혁신

PNJ

2018년 세계금협회World Gold Council 보고에 따르면 베트남에서 금으로 만든 주얼리의 수요는 지난 10년간 가장 높은 수준인 연간 18.2톤이다. 베트남의 1인당 금 수요량은 0.62그램으로 다른 동남아 국가보다 높다. 인도네시아는 0.23그램, 말레이시아는 0.51그램, 인도는 0.54그램이며, 중국은 0.69그램으로 베트남보다 조금 높은 수준이다. 2013년에서 2018년까지 세계 주얼리 시장의 성장률은 보합세를 보인 반면 베트남은 같은 기간 연평균 9% 이상 성장했다. 베트남의 경제 성장으로 중산층이 늘어나면서 베트남 주얼리 시장은 2022년까지 12%의 성장이 기대된다.

베트남은 아직까지 신용보다 현물 중심의 시장이어서 집과 차처럼 고액을 지불하는 구매를 할 때에도 금과 현금을 사용한다. 정부가 거래의 투명성을 높이고 글로벌 표준에 따르기 위해 신용카드나 전자결제를 활성화하려 노력하고 있으나 실물을 좋아하는 베트남 사람들에게는 잘 통하지 않는다. 같은 맥락으로 베트남에서는 금고가 많이 팔린다. 2008년 28.3%까지 인플레이션을 경험한 베트남 사람들은 은행보다는 자신의 금고 안에 들어 있는 금과 현금을 더 신뢰한다.

소득이 증가할수록 금을 소유하려는 경향은 더욱 강해질 것이다. 베트남에서는 금목걸이, 금팔찌, 금반지를 하고 다니는 사람들을 쉽게 볼 수 있다. 이는 베트남에서 부를 과시할 수 있는 하나의 방편으로 자존심과 체면 문화와 연관된다. 따라서 소득이 꾸준히 증가한다면 금을 소유하려는 경향은 더욱 강해질 것이다. 베트남에서 금과 패션 주얼리 사업은 베트남 사람들의 본질을 이해한 아이템 중 하나라 하겠다.

베트남 최고의 주얼리 회사, PNJ

베트남 주얼리 시장의 50%는 영세한 개인 상점들이 점유하고 있지만 PNJ, 도지Doji, SJC 등 브랜드력을 갖춘 기업 간의 경쟁도 치열한 상황이다. 이들은 생산 기반, 매장 네트워크, 마케팅, 다양한 상품으

섬세한 디자인으로 유명한 PNJ 주얼리.　　호찌민 하이바쯩에 오픈한 PNJ 넥스트.

로 주얼리 시장의 점유율을 확대하기 위해 공격적인 활동을 펼치고 있다. 펀드 투자를 받은 프레시타^{Precita} 등 신규 경쟁사들도 이 시장에 뛰어들고 있다.

1988년 설립된 PNJ$^{Phú Nhuận Jewelry}$는 현재 매장 수와 수익성에서 베트남 1위 주얼리 브랜드다. 2019년 11월 기준 PNJ 매장은 351개이며 2위인 도지는 60개, 3위인 SJC은 50개 수준이다. 매출 규모로는 금괴를 판매하는 SJC가 시장점유율 70%를 차지하지만 수익 면에서 PNJ는 SJC와 도지를 합한 것보다 열한 배 더 많다. 또한 PNJ는 '아세안에서 올해의 최고 기업'에 수여하는 JNA$^{Jewelry News Asia Award}$를 2017년과 2018년 연속 수상했다. PNJ는 베트남 최초로 JNA를 받은 기업이 되어 글로벌 기업으로 인정받는 계기를 마련했다.

2018년 30주년을 맞이한 PNJ는 세대교체를 했다. 도이머이 시대에 1세대로 PNJ를 이끌었던 까오티응옥중$^{Cao Thi Ngoc Dung}$ 회장은 30주년이 되던 2018년 4월 21일 PNJ의 차세대 리더로 레찌통^{Lê Tri Thông}을 CEO로 선임했다. 통은 스타트업 창업자들처럼 PNJ를 설립하지는 않았지만 스타트업 정신을 바탕으로 제조업이었던 PNJ를 유통업으로 변신시키며 PNJ 넥스트^{PNJ Next}로 새로운 도전을 하고 있다.

1979년생인 통은 화려한 이력을 가지고 있다. 금수저로 태어나 남들보다 유리한 조건에서 출발한 것은 사실이지만 그가 이룬 것들은 스스로 선택하고 노력해 만들어낸 것들이다. 통은 자신의 인생길에 어떤 '점'들을 찍어왔길래 PNJ의 CEO가 되었는지 그의 이력을 더 살펴보자.

유통 전문가에서 은행 부대표까지, 레찌통의 화려한 이력

통은 2002년 호찌민 과학기술대학 화학공학과를 졸업하고 유니레버 베트남에서 1년간 일한 뒤 2004년 영국 옥스퍼드 대학에서 장학금을 받으며 1년 만에 MBA를 마쳤다.

베트남에 돌아온 통은 2006년 1월부터 2년 동안 호찌민 인민위원회 무역부에서 유통 부문 개발 업무를 담당하며 유통산업에 변화를 일으켰다. WTO 가입 전 베트남은 유통 부문의 경쟁력을 강화해야 했다. 통은 이를 위해 유통 협회를 만들어 베트남 정부의 유통

PNJ가 수상한 트로피들 앞에서 웃어 보이는
CEO 레찌통.

정책 자문으로 활동하면서 베트남 유통업체를 보호하는 정책을 개발하기도 했다. 보통 2년이 걸리는 이 프로젝트를 통은 2개월 만에 끝냈다.

이후 통은 본격적으로 정부에 몸담으면서 관료로서 비즈니스를 경험했다. 그는 베트남이 WTO에 가입한 후 삼성이 베트남에서 진행한 최초의 합작 법인 TIE^{Telecommunications Industry Electronics JSC}의 두 번째 CEO가 되었다. TIE는 삼성전자 베트남의 전신으로 당시 통은 28세였고 호찌민에서 가장 젊은 CEO였다. 만약 통이 계속 정부에서 일하기를 원했다면 그는 아마 지금 정치가가 되었을 것이다. 하지만 통은 TIE CEO를 역임하면서 정치가가 아닌 기업가로서 사회에 기여하고 싶다는 생각에 새로운 선택을 한다. 2008년 동아 은행

^{DongA Bank}의 부대표로 전직해 비즈니스 세계에 발을 들인다.

"베트남 은행의 잘못된 관행으로 2013년은 인플레이션이 20% 이상 오르는 등 경제 상황이 아주 나빴어요. 저는 베트남 은행의 구조조정이 필요하다고 생각했고 은행 안에서 잘못된 일들을 계속 하고 싶진 않았어요. 그래서 또 다른 시도를 하게 되었습니다."

통은 2013년 보스턴 컨설팅 그룹^{BCG}의 베트남 법인을 설립해 컨설팅으로 은행의 구조조정 자문 역을 맡았다. 이것이 은행을 정상화하기 위한 최선의 방법이라 생각했던 것이다.

금괴 생산 업체에서 최고의 패션 주얼리 유통기업으로

2008년 인플레이션을 학습한 베트남 사람들은 2013년에도 비슷한 상황이 벌어지자 집에 더 많은 금을 보유하기 시작했다. 하지만 이는 인플레이션을 더 악화시켰다. 베트남 정부는 시장에 유통되고 있는 금을 회수하는 한편 인플레이션을 낮추기 위해 금 수입을 금지하고 가정 내 금괴 보관을 제한했다.

금괴를 주력으로 판매했던 주얼리 업체들은 정부의 정책으로 사업에 큰 타격을 입었다. PNJ도 마찬가지 상황이어서 당시 회장이자 CEO였던 까오티응옥중은 BCG에 자문을 요청했다. 이때 BCG

의 자문 위원이었던 통은 PNJ와 '첫 번째 선'을 연결하며 PNJ의 전략을 새롭게 설정하는 데 큰 도움을 주었다. 자신의 인생길에서 '전략'과 '유통'이라는 '점'을 찍었고 이 점을 PNJ와 '선'으로 연결한 것이다.

PNJ는 컨설팅을 통해 '금괴 생산업체'에서 '주얼리 유통업체'로 전략을 수정했다. 소비자들은 신뢰할 수 있는 브랜드에서 판매하는 금으로 만든 주얼리는 금괴처럼 그 가치가 떨어지지 않으리라 믿었다. 경쟁사들이 캐시 카우인 금괴에 집중할 때 PNJ는 2013년 베트남 최초의 주얼리 공장을 설립하고 생산과 디자인 분야에 투자하기 시작했다. 그리고 호찌민 푸누언에 주얼리 플래그십 스토어를 열었다.

통은 BCG에서 2년 근무한 후 2015년부터 2년간 푸르덴셜생명 베트남 법인에서 전략임원으로 일했고, 2017년부터는 PNJ의 이사회 부의장으로 PNJ와 '두 번째 선'을 연결했다. 그 후 2018년 PNJ의 CEO이자 부회장으로 임명되면서 PNJ에서 '면'을 만들어나가기 시작한다. 그리고 PNJ 넥스트에서 새로운 도전을 펼치고 있다.

통은 CEO 취임 후 고객 중심의 유통회사로 PNJ의 변화를 이끌기 위해 미션, 핵심가치 그리고 비전을 재정비했다. 미션은 '최고 수준의 상품과 서비스, 합리적 가격, 선진화된 경영 및 생산 시스템, 장인의 세공 기술로 고객 만족을 향상시키는 것'이다. 핵심가치로 기존의 '무결성Integrity, 책임Responsibility, 품질Quality'에 '혁신Innovation, 참여

^{Engagement}'를 추가했다. 과거에는 제조업체로서 품질의 일관성을 중시했지만 지금은 유통업체로서 고객의 경험이 더 중요해졌기 때문이다. 그리고 비전은 '최고의 패션 주얼리 유통기업이 되는 것'으로 새로운 방향을 정립했다.

30년 된 현지 기업도 시장 변화 흐름을 민첩하게 읽고 준비한다

통은 취임 후 세 가지 측면에서 변화를 이끌어냈다. 먼저 '제품 중심 회사'에서 '고객 중심 회사'로 관점을 바꾸었다. 과거 PNJ가 제품 중심 회사였다면 이제는 고객 중심 사고로 고객과의 접점에서 고객경험과 커뮤니케이션에 더 초점을 두고 있다. 이를 구현하기 위해 통은 PNJ 넥스트라는 플래그십 스토어를 오픈했다. 1호점은 2019년 2월 호찌민 하이바쯩에 오픈했고 현재 호찌민 고밥, 하노이, 다낭까지 총 네 개 매장이 있다.

PNJ 넥스트는 '주얼리 앤드 비욘드$^{Jewelry \ and \ beyond}$' 콘셉트로 주얼리 외에도 주얼리와 어울리는 시계, 선글라스 등 다른 카테고리 상품도 제안하고 있다. PNJ 넥스트는 주얼리를 시작점으로 고객들이 원하는 제품을 한 곳에서 만날 수 있도록 더 많은 시도를 하고 있다.

"고객과 장기적으로 좋은 관계를 맺으면 새로운 상품도 꾸준히

호찌민 하이바쯩 거리에 위치한 PNJ 넥스트 내부. 주얼리 외에도 시계, 선글라스 등 고객의 니즈를 반영한 카테고리 다변화를 시도하고 있다.

고객들이 PNJ에서의 경험을 공유할 수 있도록 포토존도 마련해두고 있다.

소개할 수 있습니다. 이제 PNJ는 더 이상 생산자가 아닙니다. 고객에게 스타일 어드바이저가 되어 패션 솔루션을 제공함으로써 고객이 더 아름답고 우아하고 자신감 넘치도록 만드는 것이 PNJ가 나아가야 할 방향입니다."

통은 PNJ 넥스트를 통해 좀 더 고객지향적인 브랜드가 되어 주얼리 업계에서 고객들의 마음속에 가장 먼저 떠오르는 최고 브랜드로 자리 잡기 위해 준비 중이다. 현재 PNJ의 고객은 20대부터 60대까지로 폭넓다. 30년의 역사를 가진 회사이므로 30년 전 주요 고객이었던 30대들이 이제 60대가 된 것이다. 이들은 PNJ에 충성도가 매우 높다. 45세 이상에서도 PNJ는 인지도가 있으며 이들 역시 충성고객이다. 하지만 20~30대 젊은 층들은 PNJ를 알고는 있지만 더 새로운 브랜드를 원한다.

밀레니얼과 Z세대들은 PNJ의 충성고객인 베이비 부머들과 다르다. 베이비 부머는 베트남 시장 개방 전 국내에서만 교육을 받아 닫힌 사고를 가지고 있으며, 전통적인 스타일을 선호한다. 반면 20~30대는 베트남 시장 개방 후 유학 등 외국과의 교류로 매우 글로벌화되었으며 한국, 홍콩 등의 트렌드 영향을 쉽게 받고 다양한 스타일을 추구한다.

고객의 특성이 천차만별이다 보니 현재 베트남에서 주얼리는 자산과 패션 사이의 과도기에 놓여 있다. 베이비 부머들은 금의 가치를 보고 주얼리를 소유하며 팔기 위해 금을 사고 젊은 세대들은 패션으로 주얼리를 착용한다. 또한 도시와 시골의 수요 역시 다르기 때문에 통은 그러한 고객들의 라이프스타일을 이해해 자산용과 패션용 주얼리의 균형을 맞춰나가는 것이 PNJ 넥스트의 과제 중 하나라고 말한다.

대기업에 스타트업 정신을 심다

통이 CEO로 취임한 후 만든 두 번째 변화는 민첩하고 빠르게 일하는 기업문화를 만든 것이다. PNJ를 '고객 중심의 유통업체'로 변모시키기 위해 직원들에게 의사결정권을 이양했다. 다양한 고객의 요청에 더 신속하게 대응하기 위함이다.

"과거에는 고위 관리자가 결정하고 직원들이 실행했습니다. 6,000명이나 되는 직원들이 승진할 때까지 기다려 의사결정을 하게 만드는 건 시간 낭비죠. 그래서 직원들에게 권한을 주고 커뮤니케이션 시스템과 리더십 프로그램을 도입해 의사결정의 질도 관리하고 있습니다."

커뮤니케이션 툴은 회사와 직원 간 커뮤니티 형태로 실시간 소통할 수 있는 페이스북 워크 플레이스를 사용한다. 그 결과 과거에는 현장 소식을 들으려면 여러 단계를 거쳐야 했는데 지금은 하루 100개 이상의 아이디어들이 바로 공유되고 코멘트를 통한 자발적 협력과 의사결정이 이루어져 빠르게 일을 처리할 수 있다.

마지막으로 새로운 마케팅 방법을 도입해 창의적이고 과감한 시도를 더 많이 하고 있다. PNJ는 베트남 최초로 뉴욕 타임스퀘어에

PNJ는 뉴욕 타임스퀘어에 LGBT의 사랑까지 포용한다는 광고를 내보냈다.

광고를 내보냈는데 콘셉트는 '진정한 사랑'으로 LGBT*의 사랑까지 포용한다는 파격적인 내용을 담았다. PNJ는 다양한 사랑을 인정하고 존중하는 브랜드라는 메시지를 전한 것이다.

통은 변화하는 시장에 빠르게 대응할 수 있도록 6,000명 이상의 직원을 보유한 대기업에 스타트업 정신을 심어 시장을 바라보는 관점뿐만 아니라 조직문화와 커뮤니케이션 방법까지 모두 바꾸었다.

통은 직원들에게 의사결정권이 없으면 책임감도 없고 참여도도 낮아지며 실수를 감추려 한다는 사실을 알고 있다. 그는 모든 사람에게 선의가 있다는 신념을 가지고 과감하게 직원들에게 권한을 이

---

* 성 소수자 중 레즈비언(Lesbian), 게이(Gay), 양성애자(Bisexual), 트랜스젠더(Transgender)를 합쳐서 부르는 단어이다. 퀴어(Queer)나 레즈비게이(lesbigay)에 비해선 논쟁이 덜한 용어. 출처: 위키백과

양함으로써 직원들의 참여를 이끌어냈다. 오픈 플랫폼을 도입해 오픈 커뮤니케이션 문화를 만듦으로써 사일로silo를 방지하고 멘토를 통해 다양한 피드백을 주고 실수에서 배운 뒤 될 때까지 시도하게 함으로써 혁신을 이루어내고 있다.

코앞에 다가온 아시아 진출

생산업자로서 지금까지는 15개국의 글로벌 시장에 상품을 수출했지만 2020년에는 PNJ 매장을 아시아에 진출시킬 계획이다. PNJ는 베트남에서 이미 1위 주얼리 브랜드이지만 이를 발판으로 더 큰 도약을 위해 변신 중이다. 젊은 직원들과 젊은 CEO가 젊은 고객을 위해 어떤 가치를 제공해줄지 베트남 업계도 통의 행보를 관심 있게 지켜보고 있다.

통은 PNJ의 성공 비결을 다음과 같이 말한다.

"시장의 변화를 미리 읽고 미리 준비하는 것입니다. 남들이 캐시카우인 금괴에 집중할 때 우리는 주얼리에 먼저 투자했기에 현재 주얼리 트렌드를 리드할 수 있었습니다. 우리는 유통업으로 도약하기 위한 매장 네트워크도 이미 확보했습니다. 철저한 준비와 스타트업 정신으로 빠르게 대응하는 것이 PNJ의 성공 비결입니다."

세계적인 디자이너가 증명한 베트남의 손기술

베트남에서 의류 및 신발, 가방, 그리고 전자 제품까지 제조가 가능한 이유는 저렴한 인건비 때문만은 아니다. 베트남 사람들의 뛰어난 손기술 때문이다. 베트남에는 세계시장에 이름을 날리는 디자이너들이 많다. 대표적인 디자이너 세 명을 소개하자면 쩐프엉미^{Trần Phương My}, 응우옌꽁찌^{Nguyen Cong Tri}, 띠아투이 응우옌^{Tia Thuy Nguyen}이 그들이다.

쩐프엉미는 동명의 브랜드 프엉 미^{PHUONG MY}의 크리에이티브 디렉터이자 디자이너 그리고 설립자로 1988년 호찌민에서 태어났다. 샌프란시스코 예술대학에서 공부한 그녀는 디자인부터 생산, 고객 서비스까지 모든 부분에서 역량을 길렀다. 베트남의 다른 디자이너들이 현지에서 직물을 공수하는 것과는 달리 그녀는 파리, 밀라노, 홍콩, 도쿄 등지에서 파트너를 선정해 최고의 원단을 공수하여 희소성의 가치가 있는 상품만 생산한다.

쩐프엉미는 'Made in Vietnam'도 글로벌 브랜드와 어깨를 나란히 할 때가 왔다고 생각하며 글로벌 패션시장에 진출했다. 현재 프랑스, 이탈리아, 대만, 중국, 사우디아라비아, 쿠웨이트, 중동 등 20여 개국에 30개 매장을 운영 중이다. 그녀의 디자인은 〈엘르〉, 〈하퍼스바자〉, 〈보그〉에도 소개될 만큼 유

디자이너 쩐프엉미.   쩐프엉미가 디자인 한 작품들.

명하다.

　응우옌꽁찌는 베트남을 대표하는 패션 디자이너다. 다낭 출신의 꽁찌는 호찌민에서 산업디자인을 공부한 후 미국, 이탈리아, 일본, 영국의 패션 이벤트에 참가했다. 이를 계기로 가수 리아나, 싱어송라이터이자 패션 디자이너인 그웬 스테파니, 작곡가 겸 가수 겸 배우인 케이티 페리 등 셀러브리티의 의상을 제작했다.

　띠아투이응우옌은 2019년 〈베트남 포브스Vietnam Forbes〉에서 '2019년 베트남에서 가장 영향력 있는 여성 톱 50'으로 선정된 화가이자 패션 디자이너다.

　투이는 예술과 패션을 결합했고 패션과 영상을 통합했으며 베트남의 전통과 현대미술을 융합해 그녀만의 독특한 예술 세계를 창조했다.

　1981년생인 그녀는 1999년부터 베트남, 프랑스, 미국에서 시각예술 전시회를 열고 있다. 2006년 베트남 미술대학을 졸업하고 2009년 우크라이나 키예프 국립 미술 건축 아카데미에서 미술학 석사, 2014년 미술학 박사학위를 취득했다. 그리고 2011년 투이 디자인 하우스^Thuy Design House를 시작하면서 화가에서 패션 디자이너로 영역을 넓혔다.

'모든 여성이 옷을 통해 자신의 숨겨진 카리스마와 자신감을 발견하게 만드는 것'이 투이 디자인 하우스의 미션이다. 투이는 네 아이의 엄마로서 현대 사회에서 여성의 역할에도 끊임없는 질문을 던진다. 여성들은 아내, 엄마, 직장인 등 너무 많은 역할과 책임을 가지고 있어 종종 자신의 삶을 잊어버린다. 투이 디자인 하우스는 현대를 살아가는 여성의 화려하면서도 혼란스러운 감정에 중점을 두고 여성으로서 매력적으로 보이면서도 입었을 때 편안한 옷을 제공한다.

투이에게 패션은 자기표현 수단으로 예술이나 패션 모두 아름다움을 표현하는 각기 다른 방식일 뿐이라고 생각한다. 그래서 아오자이는 단색에, 몸에 딱 붙어야 한다는 고정관념을 없애고 더 편안하고 아름다운 형태로 디자인했다. 전통적인 베트남 스타일에서 영감을 얻어 현대적인 스타일로 재창조한 것이다. 다양한 컬러와 소재를 활용한 패션을 통해 전에는 알지 못했던 자기다움을 찾고 개성을 표현할 수 있도록 도움을 주는 것이 투이 디자인 하우스의 존재 이유다.

투이는 2014년부터 '우리 강을 살리자^Save Our Rivers'라는 사회참여 프로젝트를 시작했다. 이 프로젝트는 내가 살고 있는 지역의 강을 보호할 수 있도록 학교나 대학에서 재미있는 방법으로 진행하는 환경 교육 프로그램이다. 해당 지역 출신의 연예인, 배우 등 유명 인사들이 베트남의 수질 오염 상태와 이로 인한 건강 문제에 대해 스피치를 하며, 젊은 세대들에게 경각심을 주고 쓰레

출처: 《TGT(THE GIOI TRE)》

리아나, 케이티 페리와 작업한 디자이너 응우옌꽁찌.

출처: 따오투이응우옌 공식 홈페이지

여성스러움과 편안함을 겸비한 투이 디자인 하우스의 아오자이 패션.

기를 강물에 버리지 않도록 교육한다. 이 캠페인의 목적은 다음 세대에게 환경의 중요성을 가르치면서 이를 통해 사회에 기여하도록 문화적인 장을 만들어주는 것이다.

투이는 2015년 영화 프로듀서로도 데뷔했다. 배우들의 의상으로 베트남

지구 온난화를 표현한 '스칼렛 미스트'.

출처: 띠아뜨이공우엔 공식 홈페이지

실버룸 외관과 내부에 놓여 있는 석영 불상.

전통문화를 전달하기 위해서다. 그녀는 〈떰깜$^{Tấm Cấm}$〉, 〈사이공, 아인예우앰^{Sài} $^{Gòn, Anh Yêu Em}$〉, 〈꼬 바 사이공$^{Cô Ba Sàigòn}$〉을 공동 프로듀싱하면서 베트남의 역사와 아오자이를 입은 베트남 사람들의 일상생활을 보여주며 베트남 문화를 구현했다.

2016년에는 베트남 최초의 현대미술관인 '더 팩토리 컨템포러리 아트센터$^{The Factory Contemporary Arts Centre}$'를 설립했다. 그녀의 꿈은 베트남 사람들 모두가 일상생활에서 예술을 접하고 즐기는 것이다. 즉, 다양한 전시회와 예술 활동 참여가 삶의 루틴이 되길 원한다. 이곳에서는 창의적이고 비판적인 정신을 보여줄 수 있는 베트남의 예술과 디자인 전시뿐만 아니라 교육도 활발하게 이루어지고 있다.

그녀의 예술 작품은 베트남과 유럽에서 수집, 경매, 전시되어 왔다. 지구온난화로 인해 붉은 안개로 물든 하늘을 표현한 '스칼렛 미스트Scarlet Mist'라는 유화는 소더비즈Sotheby's에서 주최한 제3회 레드 옥션에서 10만 달러에 낙찰되어 아프리카 에이즈 퇴치를 위해 유니세프에 기증되었다.

2019년 5월 튜이는 베트남인 최초로 프랑스 동남부 엑상 프로방스Aix-en-Provence의 샤토 라 코스테Château La Coste에 최고 예술품 컬렉션의 일부로 '실버 룸Silver Room'을 설치했다. 이곳은 수준 높은 현대미술품을 선보이는 곳이다. 실버 룸 내부에는 흰색 석영으로 만들어진 불상이 있다. 베트남의 문화와 정신을 세계에 소개할 목적으로 베트남 중부 고원에 위치한 롱 하우스Rong house에서 영감을 받아 만들었다. 이 작품에 필요한 은, 돌, 대나무 등을 수집하기까지 10개월, 그 후 2018년 이 작품을 완성하기까지 2년의 시간이 걸렸다.

투이는 원하는 목표가 생기면 일부러 자신을 어려운 상황으로 내몰아 5년이 걸리든 10년, 20년이 걸리든 반드시 목표를 이룬다는 신념을 가지고 도전한다. 그녀는 자신을 예술가나 패션 디자이너로 규정하고 싶어 하지 않는다. 투이가 이룬 다방면에서의 성취는 불가능도 가능하게 만드는 열정, 자유로운 상상력, 과감한 실행력의 결과이다.

향수는 필수품

베트남에서는 2,000원부터 10만 원이 넘는 고가까지 다양한 가격대의 향수를 만나볼 수 있다. 1년 내내 여름인 동남아 지역이다 보니 걷거나 오토바이를 타고 다니는 동안 뙤약볕에 그대로 노출되어 땀이 많이 난다. 다만 베트남 사람들은 한국인과 유사한 DNA를 공유하고 있어, 몸 냄새가 많이 나지 않는다. 그래서 유럽 등 서양인들보다는 향수 사용 빈도가 높지 않지만, 땀 냄새를 감추기 위해 화장품보다 향수가 더 빨리 보편화 되었다.

2013년 지역전문가 활동을 할 때 가장 많이 사용하는 뷰티 아이템에 대해 직접 설문 조사를 한 적이 있다. 여성은 페이셜 클렌저, 샴푸, 향수를 가장 많이 사용하고 그다음은 크림, 립스틱 순이었다. 남성은 페이셜 클렌저, 향수를 제일 많이 사용하고 그다음은 데오드란트, 구강 청결제, 면도기, 샴푸, 스킨, 크림 순이었다.

남성의 경우 상위권에 체취와 관련된 아이템들이 올라온 것으로 보아 냄새에 민감하다는 것을 알 수 있다. 그래서 베트남 남성들은 자신의 오토바이 뒷자리에 타게 될 연인 또는 타인에 대한 배려로 오토바이 의자 안에 향수를 필수품으로 가지고 다니는 사람이 많다.

'쎄옴'이라는 오토바이 택시를 탄 적이 있는데, 운전사가 저가 향수를 사용했는지 머리 아픈 냄새 때문에 빨리 내리고 싶었던 적이 있다. 베트남, 미얀마, 캄보디아, 라오스 등 동남아에서 후진국에 속하는 국가를 돌아다녀 보면 2,000원에서 5,000원 정도 하는 저가 향수를 슈퍼마켓에서 쉽게 찾아볼 수 있다. 이런 향수는 품질이 낮아 머리가 아플 정도로 정제되지 않은 향이 난다. 그럼에도 저소득층 사람들에게 이런 향수라도 필수품인 것이다.

땀냄새에 신경을 쓰는 베트남 사람들은 출근할 때 한 번, 퇴근 후 친구를 만날 때 한 번씩 향수를 사용한다. 너무 진한 향보다는 은은한 향을 선호하는데 혹시라도 내가 뿌린 향수가 다른 사람들에게 피해를 주지 않을까 우려하기 때문이다.

베트남에 가게 된다면 사람들의 향기에 주목해보자. 향기에서도 베트남 사람들의 섬세한 배려와 이미지를 관리하는 체면 의식을 엿볼 수 있을 것이다.

★

CHAPTER 3

자연주의

자연주의는 베트남을 대표하는 본질적 가치로 가족주의보다도 그 뿌리가 깊다. 앞서 베트남의 가족주의를 강화한 것이 유교, 오랜 전쟁 역사 그리고 혹독한 자연환경이라는 점을 살펴보았다. 이러한 자연환경에서 살아남기 위해서는 자연에 순응할 수밖에 없었다. 그래야 풍부한 먹거리를 구하고 안락한 주거 환경을 조성할 수 있었다. 자연에 의지하고 자연을 따르며 살아가는 것은 베트남 사람들에게 생존과 직결된 일이었다.

자연주의는 현재를 살아가는 베트남 사람들에게도 여전히 중요한 핵심가치다. 먹거리도 자연 그대로를 추구하고 건강과 미용 관련 상품을 구매할 때에도 화학물질이 없는 천연 성분을 중시한다. 메이크업도 자연스러운 스타일을 추구하며 인테리어에도 베트남의 자연을 상징하는 대나무와 대리석을 활용한다.

특별한 날에는 꽃 장식과 꽃을 선물로 주고받는 오랜 전통도 있다. 베트남의 설인 뗏Tết에는 집 안을 복숭아꽃, 살구꽃 등으로 장식한다. 새로운 사람을 집이나 사무실에 들일 때에도 환영의 의미로 꽃바구니를 선물하는 것이 일반적이다.

베트남을 대나무로 표현한 〈아오 쇼〉

'아오 쇼$^{A\,O\,Show}$'는 한국의 '난타^{Nanta}'나 '점프^{Jump}' 같은 무언극으로 춤과 서커스를 융합한 베트남 뮤지컬이다. 2013년 호찌민 오페라하우스에서 초연했을 때 세계시장에 내놓아도 손색이 없을 정도라는 찬사를 받았다. '아오 쇼'는 2015년부터 유럽을 중심으로 해외 순회공연 중이며 프랑스에서는 95% 이상 사전 티켓 판매가 이루어질 정도로 유명하다.

'아오 쇼'가 다른 서커스나 무언극과 다른 점은 베트남의 상징인 대나무를 공연의 핵심 소재로 활용한다는 것이다. 대나무는 공연의 핵심 소재로 베트남 전통사회의 모습부터 베트남 남부 메콩 델타 일대의 시골 생활과 그와는 전혀 다른 도시 생활을 표현하는 데까지 사용된다. 또 보트와 다리, 전통 가옥과 현대의 아파트, 심지어

베트남의 대표 뮤지컬인 '아오 쇼'.

오리와 꽃게로도 변신한다.

베트남에 대해 아무것도 몰라도 삶의 희로애락을 웃음으로 승화한 유머 코드는 관객이 누구이든 상관없이 공감대를 형성한다. 과거 전통 시대부터 현대까지 스토리가 흐르는 동안 베트남 고유 의상의 변천사도 감상할 수 있고 공연 분위기에 따라 즉흥적으로 변주되는 베트남 전통 악기 연주까지도 즐길 수 있어 '아오 쇼'를 보고 나면 베트남이라는 나라의 본질을 만나고 온 기분이 들 것이다.

건강식품보다는 자연식품

베트남에서 '건강'은 늘 최고의 관심사다. 2019년 닐슨이 조사한 '베트남 소비자가 관심 있는 다섯 가지 분야'에서 건강은 1위를 차지했다.

이 역시 과거의 전쟁과 연관이 있다. 전쟁 속에서 많은 사람들이 죽었고 살아남은 사람들도 고엽제 등 화학무기의 피해로 남은 인생을 고통스럽게 보냈으며 기형이 유전으로 이어지는 시간들을 몸소 겪은 사람들도 있다. 하지만 이보다 더 큰 이유는 1년 내내 덥고 습한 날씨, 따가운 자외선, 석회질 물 등의 열악한 자연환경 탓에 일상에서도 피부나 치아, 눈 등이 쉽게 상하기 때문이다.

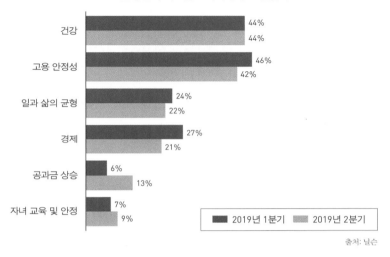

2019년 상반기 베트남 소비자의 주요 관심사

관심사	2019년 1분기	2019년 2분기
건강	44%	44%
고용 안정성	46%	42%
일과 삶의 균형	24%	22%
경제	27%	21%
공과금 상승	6%	13%
자녀 교육 및 안정	7%	9%

출처: 닐슨

건강에 관심이 많은 베트남 사람들이니 건강식품의 인기가 높을 것 같지만 실상은 그렇지 않다. 세 가지 이유가 있는데, 가장 큰 이유는 베트남 사람들이 화학물질에 거부감이 크기 때문이다. 특히 먹는 것과 몸에 바르는 것에 대해서는 성분에 더 민감하다. 아플 때는 어쩔 수 없이 약을 먹지만 약에 들어있는 화학 성분으로 인한 부작용에 대해 늘 염려한다.

두 번째 이유는 베트남에는 아직 건강식품 시장이 제대로 자리 잡지 못했기 때문이다. 2000년대 초기 건강식품이 베트남 시장에 도입됐을 때, 건강식품을 '식품'으로 광고한 곳도 있었고 '약'으로 광고한 곳도 있었다. 그 결과 소비자들은 건강식품이 약인지 식품인지 믿을 수 없어, 소비자들의 신뢰를 얻지 못했다. 더구나 베트남 소비자들은 '약' 자체를 화학성분으로 인식하기 때문에 '안전'이 보장되지 않는다고 생각한다.

셋째, 베트남 사람들은 건강식품의 필요성을 느끼지 못한다. 주변에 건강식품을 섭취하는 사람이 있다면 입소문의 영향을 받겠지만 베트남에서 건강식품은 주로 노약자 중심으로 병원에서 의사의 처방을 통해 소비된다. 또한 건강식품을 섭취한다고 해도 광고에서 보는 것처럼 즉각적인 개선 효과가 나타나지도 않기 때문에 신뢰도가 낮다. 최근 들어 비타민과 콜라겐 섭취가 필요하다는 인식이 생기기는 했으나 여전히 베트남 사람들에게 건강식품 섭취 습관은 정착되지 않고 있다.

대신 베트남에는 삼모작이 가능한 넓은 농토, 각종 채소를 재배할 수 있는 산이 있어 농작물이 다양하다. 기나긴 해안선을 따라 여러 해산물도 언제든 즐길 수 있고 뜨거운 태양의 에너지를 듬뿍 담은 열대과일까지 신선한 먹거리가 풍부하다. 그 결과 베트남 사람들은 자연의 이치에 따라 신선한 음식을 잘 먹고, 잘 자고, 즐겁게 생활하면 건강하다는 인식이 강하다.

그럼 베트남 사람들에게 최고의 건강식품은 무엇일까? 바로 우유다. 부족한 영양은 '자연에서 얻은 우유'로 보충할 수 있다고 여

2017년 베트남 포장식품 시장의 품목별 매출 비중

- 밥·파스타·면류 14%
- 우유·유제품 27%
- 이유식 13%
- 기타 5%
- 스낵 8%
- 소스·조미료 10%
- 식용유 11%
- 제과류 12%

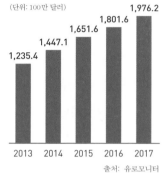

최근 5년간 베트남 우유시장 매출 추이

(단위: 100만 달러)

- 2013: 1,235.4
- 2014: 1,447.1
- 2015: 1,651.6
- 2016: 1,801.6
- 2017: 1,976.2

출처: 유로모니터

베트남 슈퍼마켓에는 우유와 분유가 넓은 매대를 차지하고 있다. 특히 분유는 임산부들도 섭취하고 있으며, 우유는 냉장 우유 외에 상온에서 판매되는 탈지 우유의 소비량이 높다.

긴다. 우유는 베트남 포장식품 매출의 27%로 가장 높은 비중을 차지하고 있다. 또한 소득이 늘어나면서 소비량도 연평균 12.5%씩 빠르게 증가하고 있다. 슈퍼마켓에 가보면 우유와 분유 매대 비중이 매우 높은 것을 볼 수 있는데 임산부들조차 건강한 아이를 갖기 위해 임신 단계부터 분유를 섭취하는 것이 일반적이다. 로드숍이 발달해 있는 베트남에는 거리별, 주요 상품 카테고리별로 거리가 조성되어 있는데 우유 거리와 분유 거리가 별도로 있을 만큼 소비량이 많다.

정치에 이용된 자연미: 베트남 뷰티 시장이 정체된 이유

시장조사기업 유로모니터에 따르면 베트남 화장품 시장 규모는 2016년 13억 달러에서 2021년에는 25억 달러로 두 배 커질 것으로 예상된다. 또 다른 시장조사기업 칸타월드패널 베트남도 베트남 화장품 시장이 2021년까지 연평균 8.6% 성장할 것으로 내다봤다. 하지만 2019년 태국이 66억 달러인 것과 비교하면 아직 베트남 화장품 시장은 도입기에 불과하다.

2013년만 해도 베트남에서는 화장한 여성을 찾아보기 힘들었다. 파티, 결혼식 등 특별한 날에나 화장한 여성을 볼 수 있었지 대학생이나 직장인들은 화장을 하지 않았다. 베트남 여성들의 메이크업 아이템은 립스틱 정도로 당시 베트남 1인당 화장품 연간 소비액은 4달러로 알려졌는데, 이는 태국의 5분의 1 수준으로 매우 낮았다.

그들에게 왜 화장하지 않느냐고 물어보면 오토바이와 더운 날씨 때문이라고 말하지만 좀 더 근원적인 이유는 화장하는 법을 모른다는 데 있다. 여기에는 세 가지 배경이 있다.

첫째, 1975년 공산주의 정권이 베트남을 통일하면서 여성의 화려한 치장과 화장을 금지하고 자연미를 강조했다. 국민을 통제하기 위해 자연미를 정치적으로 이용한 것이다. 1970년대 한국에서 단발령이나 미니스커트 금지 등으로 개인의 외형을 정부가 통제했던 경우와 비슷하다. 여기에 유교의 영향이 결합해 진한 화장은 곧 유흥가 여성을 상징하게 됐고 심지어 상사보다 화장을 진하게 하면 예의에 어긋난다고 인식되기까지 했다.

둘째, 베트남 사람들은 화장품을 약과 마찬가지로 화학물질로 간주했다. 1970년대 저가의 중국산 화장품이 베트남에 흘러들어왔다. 가난한 베트남 소비자들은 저렴하지만 피부가 하얗게 된다는 광고만 믿고 중국산 화장품을 사용했고 부작용을 겪었다. 심지어 사망하는 사건이 매년 언론에 보도되기도 했다. 1980년대 한국에서 수은이 많이 첨가된 화장품이 유통되어 '화장 독'이란 말이 돌던 상황과 비슷한 셈이다. 화장품에 대한 지식이 전무했던 베트남 소비자들에게 화장하면 피부가 안 좋아진다는 인식이 생기기 시작했고 정부의 통제까지 더해져 자연스럽게 화장을 하지 않게 되었다.

1980년대 도이머이 정책 이후 경제가 조금씩 살아났으나 소득 수준은 여전히 먹고살기에도 빠듯했다. 가족주의가 강한 베트남 사람들에게 한정된 예산의 우선순위는 생계비와 자녀 교육비였다. 따라서 베트남 여성들은 자신을 위한 화장품 소비를 일종의 사치로 여겼다.

이들에게 피부를 보호하는 최선책은 모자와 마스크, 두꺼운 겉옷을 착용해 피부를 가리는 것이었으며 선크림은 해변에 나갈 때에만 이용했다. 이렇게 메이크업 노하우나 경험을 쌓지 못하고 한 세대가 흘러갔다.

셋째, 화장법 전수의 맥이 끊겼다. 보통은 엄마나 언니 등 주변 여성을 통해 자연스럽게 피부 관리나 화장법을 배운다. 하지만 1980년대에 태어난 땀 엑스들은 엄마가 화장하는 법을 모르니 화장하는 법을 전수받지 못하고 성인이 되었다. 대신 엄마의 피부 관리 습관을 그대로 물려받아 모자와 마스크, 두꺼운 겉옷으로 피부를 가려 하얀 피부를 유지하려 했다. 졸업 후 직장 생활을 할 때 잠깐 화장을 하기도 하지만 육아와 일을 병행하느라 자신을 돌볼 시간이 부족해지면서 부모 세대와 비슷한 라이프스타일로 살아가는 사람들이 많다.

그러나 이제 베트남에서 화장한 여성들을 발견하는 일은 어렵지 않다. 기초화장은 물론 풀 메이크업을 한 사람도 많다. 1990년대에 태어난 찐 엑스들은 좀 더 풍요로운 경제 환경과 온라인으로 무엇이든 배울 수 있는 세상에서 자랐기 때문이다. 이들도 부모 세대에게 화장이나 피부 관리법을 전수받지 못했지만 땀 엑스들과는 달리 해외 경험이나 인터넷을 통해 화장하는 법, 피부 관리하는 법을 배워 화장을 하게 됐다.

외국인 투자가 증가하고 여성의 사회 활동이 늘어나면서 '외모는 성공을 위한 경쟁력'이라는 인식도 생겨났다. 찐 엑스를 비롯한 젊은 세대와 상류층들은 외모와 성공, 사회적 지위를 연결 지으며 화장품에 많은 투자를 하고 있다.

'천연 재료'로 아름다움을 표현하다

베트남 여성들은 일상생활에서 '자연주의에 따라' 피부를 관리한다. 음식, 수면, 수분 섭취 등 생활 습관을 잘 들이면 피부를 보호할 수 있다고 생각한다. 과일 또는 과일 주스를 챙겨 먹는 습관이 건강한 피부를 만든다고 믿고 외출할 때에는 화학 성분이 든 선크림 대신 모자나 마스크로 햇빛을 가리기 위해 더 노력하고 천연 재료로

엠'라린의 대나무 패키지 틴트.

만든 팩을 한다.

이러한 소비자들의 니즈에 따라 최근 자연주의 콘셉트를 내세우는 화장품들이 늘어나고 있다. 유기농과 천연 성분을 강조하고 플라스틱이 아닌 천연 소재 패키지로 차별적 가치를 제공한다.

엠'라린$^{M'lalin}$이라는 화장품 브랜드는 '유기농 스킨케어 아이디어'라는 슬로건으로 고객들이 화학 성분 걱정 없이 안심하고 쓸 수 있는 유기농 화장품을 제조해 판매하고 있다. 또한 플라스틱 대신 대나무를 패키지로 한 독특한 디자인의 립 제품으로 소비자의 사랑을 받고 있다.

라 하우스$^{Lá House}$는 '자연을 믿다'라는 슬로건 아래 천연 화장품을 제조해 판매하고 있다. 특히 임산부나 아이들도 안심하고 사용할

2017년 미스유니버스에서는 대나무, 2018년 미스유니버스에서는 반미를 소재로 한 전통 의상을 선보인 베트남.

수 있는 브랜드로 입소문이 나면서 페이스북에서도 30만 명의 팬을 확보하고 있다.

이 같은 움직임의 중심에는 역시 베트남의 본질인 자연주의가 있다. 자연주의를 추구하는 베트남 소비자들과 이들의 욕구를 가장 잘 이해한 베트남 화장품 기업들은 글로벌 브랜드들이 장악해온 화장품 시장에서 변화를 이끌어 가고 있다.

한국의 화장품 시장 성장 과정을 떠올려보면 베트남의 작은 화장품 브랜드들의 성장이 기대된다. 1980년대 한국도 백화점을 중심으로 글로벌 브랜드들이 화장품 시장을 장악하고 있었고, 한국 화장품의 경쟁력은 한참 뒤처져 있었다. 하지만 아모레퍼시픽 등 국산 화장품의 품질이 점차 좋아지면서 지금은 해외에서도 한국 브랜드의 화장품이 사랑받는 것을 보면 베트남 '자연주의' 화장품 브랜드들 역시 주목해볼 만하다.

베트남의 자연주의로 세계 미의 기준을 세우다

최근 두 개의 세계 미인 대회에서 베트남이 우승을 차지했다. 이는 베트남이 새로운 미*의 기준으로 떠오르고 있다는 반증이기도 하다. 베트남 여성들은 역사적으로도 정신적으로 강인했고 우수한 역량을 지니고 있고, 미인도 많다. 2018년 태국 방콕에서 개최된 미스유니버스에는 94개국의 대표 미인들이 참석한 가운데 미스 베트남 흐핸니에[H'Hen Niê]가 5위에 올랐다. 베트남이 미스유니버스에서 거둔 최고의 결과였다.

흐핸니에는 전통 의상을 선보이는 무대에서 베트남을 대표하는 음식 중 하나인 반미[Bánh Mì]로 사람들의 눈길을 사로잡았다. 2017년 미스유니버스에 참가한 레항[Le Hang]은 핸드메이드로 만든 대나무 드레스를 입기도 했다. 한국은 전통 의상을 소개하는 자리에서 늘 한복의 아름다움을 선보이는 데 반해 베트남은 음식, 대나무 바구니, 부채 등 다양한 소재로 세계 무대에서 베트남을 창조적으로 표현한

미스 어스에서 우승을 차지한 응우옌프엉카인이 베트남 전통 의상인 아오자이(좌)와 베트남을 상징하는 붉은색 드레스(우)를 입고 포즈를 취하고 있다.

것이다.

환경문제에 대한 인식을 확산하기 위해 2001년부터 시행된 미스 어스$^{Miss Earth}$ 선발 대회에서도 2018년 베트남이 사상 최초로 우승을 차지했다. 상을 수상한 응우옌프엉카인$^{Nguyễn Phương Khánh}$은 유창한 영어 실력으로 "베트남은 역사에서 많은 시련의 세월을 견뎌왔습니다. 우리 베트남 사람들은 자유를 소중히 여기고 모든 시기를 성장 과정으로 받아들여 배우고 개발하며 인내해왔습니다. 베트남 국민의 한 사람으로서 베트남이 좀 더 발전하고 베트남 사람들이 더 좋은 환경에서 살 수 있도록 기여하고 싶습니다"라고 당선 소감을 밝혔다.

베트남은 환경오염 문제가 심각하다. 오토바이에서 뿜어져 나오는 매연은 대기오염의 주범이고 해양오염 또한 만만치 않은 수준이다. 2016년 대만 제강업체 포모사Formosa에서 배출한 폐수가 정화 없이 그대로 바다로 내보내졌다는 사실이 알려지면서 베트남에서는 엄청난 사회적 파장이 일기도 했다.

심각한 환경오염과 능동적인 대처

미스 어스 우승을 계기로 베트남이 세계 환경을 보호하고 정화하는 데 더 기여하리라 기대된다. 실제로 호찌민과 하노이에 위치한 대부분의 카페에서는 플라스틱 빨대 대신 대나무 줄기, 연꽃 줄기 등 자연 친화적 소재의 빨대를 제공하고 있다. 이런 작은 변화를 시작으로 베트남의 자연주의가 실생활에 더 뿌리를 내리고 세계의 기준으로 자리 잡았으면 한다.

쓰레기 분리수거를 하지 않는 베트남에서 우기에 스콜이 한번 세차게 지나가면 거리는 오물로 범람한다. 한국이 쓰레기 분리수거를 의무화한 시기는 1991년, 1인당 GDP가 7,500달러를 넘었을 때다. 쓰레기종량제를 실시한 시기는 1995년, 1인당 GDP가 1만 2,300달러였을 때다. 1인당 GDP가 2,500달러인 베트남에서 쓰레기 분리수거 제도를 시작하는 일은 시기상조일까? 그렇지 않다. 소

호찌민 대부분의 카페에서는 사탕수수(좌)와 종이(우) 등으로 만든 친환경 빨대를 사용한다.

득 수준과 상관없이 환경은 인간의 생존과 직결되어 있기 때문이다.

2019년 6월 9일 하노이 호안끼엠에서 열린 환경보호 캠페인에는 플라스틱 제품을 대체할 수 있는 상품들이 전시되었다. 이 자리에 참석한 응우옌쑤언푹 총리는 경제와 사회, 환경을 지속 가능한 발전의 세 가지 축으로 언급하면서 비닐봉투, 플라스틱 폐기물 등을 분리해 사용하고 재활용율을 높일 것을 촉구했다.

만약 베트남에서 환경보호 인식이 교육을 통해 확산된다면 아주 빠른 시일 내에 환경오염 문제가 해결될 수도 있다. 베트남 사람들에게는 다음 세대도 가족의 범위에 속하므로 더 좋은 환경을 물려줄 수 있도록 기꺼이 지속 가능한 소비를 할 것으로 기대된다.

베트남 사람들은 좋은 환경에서 생활하는 것이 건강한 삶을 위해 매우 중요함을 알고 있다. 따라서 지속 가능한 소비를 위해 자연, 녹색 생활, 의미있는 삶을 추구한다. 대도시 중심으로는 환경보호 인식이 빠르게 확산되고 있는데 카페에서는 플라스틱 빨대를 거의 사용하지 않으며 기념품숍에서는 베트남을 상징하는 대나무로 만든 빨대도 판매한다. 쇼핑몰에 위치한 고급 슈퍼마켓에서는 재활용 가능한 비닐과 종이팩을 사용하고 있다.

2015년 발행된 〈소비자 연구 국제 저널International Journal of Consumer Studies〉 중 '베트남의 지속 가능한 소비Sustainable consumption in Vietnam'에 따르면 베트남에서 지속 가능한 소비에 대한 인식은 젊을수록, 부유할수록, 교육을 많이 받을수록, 여성일수록 더 높게 나타났다. 베트남은 젊은 층 인구가 많고 경제가 빠르게 성장함에 따라 교육에 대한 투자도 늘어나고 있다. 그뿐만 아니라 사회에 진출한 여성 비중도 높기 때문에 지속 가능한 소비를 통해 베트남은 환경보호 소비 측면에서 한 단계 더 도약할 것이다.

자연-환경-인간의
행복을 위한 활동가

#자연주의 #가족주의 #Z세대 #인플루언서 #기업가정신

★

헬리 뚱

1995년생 헬리를 만났다. 170cm가 넘는 키에 긴 생머리, 별다른 액세서리도 하지 않은 수수한 모습이지만 사람들의 시선을 끄는 미모의 소유자인 헬리는 모델이자 인플루언서이자 변화 추진자이자 사업가다. 아모레퍼시픽의 초청으로 2020년부터는 베트남 설화수 인플루언서와 베트남 유니클로 모델로도 활약하고 있다.

열아홉 살 때부터 사업을 시작해 현재 두 개의 브랜드를 운영 중이다. 그중 하나는 2016년 설립한 '옌 콘셉트^{The Yên Concept}'다. 옌은 '평화와 고요'을 뜻하는 일본어 '젠^{Zen}'과 동일한 뜻의 베트남어이며 이곳에서는 현대인의 삶에 쉼터와 식물로 가득한 녹색 생활 공간을 제공한다. 다른 하나는 '리필 스테이션으로 오세요'라는 뜻의 '라이더이 리필 스테이션^{Lại đây Refill Station}'으로 지속 성장과 환경 친화적인 삶

에 관심 있는 사람들에게 생활용품을 소분해 판매한다.

평화와 행복을 추구하는 '베트남의 이효리'

이 두 브랜드의 철학은 모두 베트남의 본질인 자연주의와 맞닿아 있다. 글로벌 Z세대로 어린 나이지만 자신의 브랜드에 철학을 담아 많은 사람들에게 영감을 전해주는 모습이 한국의 'BTS'와 비슷하다고 말해주었더니 자신은 '이효리'에 더 가깝다는 대답이 돌아왔다. 명상과 요가를 즐기고 커리어를 떠나 평화로운 삶을 추구하는 점에서 동질감을 많이 느낀다고 했다. 많은 사람들이 그린 라이프스타일Green lifestyle, 젠Zen, 겸손Humble way으로 대표되는 헬리의 라이프스타일을 좋아한다.

헬리는 인도의 교육자 키란 비르 세디Kiran Bir Sethi가 설립해 운영하는 '변화를 위한 설계Design for Change'의 베트남 대사로 활동하며 어린이들이 더 창의적이고 적극적인 책임 의식을 지닌 시민으로 성장할 수 있도록 돕고 있다. 그뿐만 아니라 '지속 성장 가능한 라이프스타일'을 테마로 교육 및 환경과 관련된 다양한 프로그램을 주최하며 선한 영향력을 행사하고 있다. 지적인 면에서도 뛰어난 헬리는 어떻게 베트남의 미래를 바꿀 수 있는지에 대해 대학생들뿐만 아니라

경제인 포럼에 참석해 베트남의 미래를 바꾸기 위한 변화에 대해 담화를 나누는 헬리.

경제인들과도 자신의 의견을 나눈다.

헬리는 1995년생이란 사실이 믿기지 않을 정도로 자신이 '왜 사는지, 무슨 일을 할지'에 대한 가치관이 뚜렷하다. 이에 대해 헬리는 어릴 때부터 늘 "나의 행복은 무엇인가? 내가 추구해야 할 것은 무엇인가?"를 질문했다고 말한다. 헬리가 조숙한 데는 세 가지 포인트가 있었다고 한다.

첫 번째 포인트는 홀로 지낸 시간들에 있다. 그녀는 물질적으로 매우 풍족한 환경에서 자랐지만, 그녀의 엄마가 일하느라 너무 바쁜 탓에 어릴 적부터 늘 혼자 있어야만 했다. 그러면서 자연스럽게 '행복이란 물질이 아닌 정신적인 것에 있다'는 것을 깨닫게 되었다.

두 번째 포인트는 어린 나이에 실패를 경험하고 계속 도전했던 것이다. 헬리는 어릴 때부터 사업을 하고 싶었으나, 우연히 친구 따라 바이크 모델 선발대회에 나갔다가 17살에 모델이 되었다. 하지만 꿈을 제대로 펼쳐보기도 전에 엄마의 선택으로 호주 유학을 떠나야 했다. 헬리는 자기결정권 없는 삶이 싫어 엄마에게 알리지 않고 비밀리에 베트남에 돌아와서 4년간 독립적인 삶을 살았다. 열아홉 살에 헤버리^{Heverly}라는 의류, 카페, 레스토랑이 있는 숍을 운영하며, 엄마의 지원 없이도 혼자 해낼 수 있음을 보여주었다. 그 사이 모델 생활은 8년 차에 접어들었고, 사업 실패도 경험하며 그녀는 스스로 단단해졌다.

세 번째 포인트는 그녀의 인생을 관통하는 근본적인 질문 덕분이다. 그녀는 '나의 행복은 무엇인가? 내가 뭘 추구해야 하는가?'에 대해 늘 질문했다. 헬리의 관심사는 행복이었고, 헬리가 찾은 답은 베트남이었다. 포럼에 참석하면 대학생들은 "당신 정도면 외국에서 살 수도 있는데, 왜 가난한 베트남에 사냐"는 질문을 가장 많이 한다고 한다.

"베트남은 제가 가장 많이 기여할 수 있는 곳이기 때문이라고 답해요. 나는 베트남을 변화시키는 데 기여하고 싶어요. 무엇을 원하는지 찾기만 한다면, 우리는 누구나 해낼 힘을 가지고 있어요. 이를 알고 있을 때 베트남을 더 발전시킬 수 있다고 생각해요."

그래서 '옌 콘셉트'와 '라이더이 리필 스테이션'을 시작했다. 헬리에게 두 사업의 핵심가치는 '자연주의', '지속가능성', '연결'과 '영감'이다. 여기에 대해 좀 더 자세한 이야기를 들어봤다.

엔 콘셉트: 자연과 연결된 도심 속 휴식 공간

헬리가 생각하는 베트남의 가장 큰 문제는 환경과 교육 시스템이다. 모델 활동을 위해 미국과 유럽을 방문할 때마다 그녀는 '왜 이 나라가 베트남보다 잘사는지' 그 답을 찾으려 했고 헬리가 내린 결론은 바로 교육이었다.

"베트남 교육은 시험을 위한 공부여서 '자신이 누구인지, 왜 그 일을 하는지' 생각하는 법을 배우지 못해요. 또 베트남 사람들은 책을 잘 읽지 않아요.* 영감을 얻을 수 있는 도서관이나 서점도 없죠."

그녀는 어떻게 하면 지속 성장 가능한 모델로 사람들을 연결해 영감을 줄 수 있을지 끊임없이 생각했다. 그러다 헬리가 사업을 바로 시작하게 되는 결정적 사건이 일어났다.

2016년 베트남 정부는 지하철을 건설한다는 이유로 호찌민에 심어진 나무들을 베어냈다. 그렇지 않아도 먼지가 많고 공기도 나쁜

---

* 2015년 베트남 교육 훈련부(MOET) 자료에 따르면 베트남의 1인당 연간 평균 실질 독서량은 1.2권이다(교과서 2.8권 미포함).

옌 콘셉트의 매장은 식물이 있는 도서관 같은 모습이다.

호찌민에 나무마저 사라져버리니 도시 환경은 갈수록 악화되었다. 사람은 자연 속에서 치유되며 평화를 얻는데 큰 공원이 많지 않은 호찌민에서 사람들은 자연과 점점 더 멀어져갔다.

이에 헬리는 도심 속에서도 자연과 연결되어 휴식을 취할 수 있는 공간인 옌 콘셉트를 기획하며 교육과도 접목해 영감을 주는 도서관 같은 공간을 만들기로 했다. 이렇게 탄생한 옌 콘셉트는 다음 세 가지 활동을 통해 지속 가능한 그린 라이프스타일을 제안한다.

첫째, 그린 리빙Green living을 제안한다. 레스토랑, 사무실, 거실 등에 그린 인테리어 디자인 컨설팅을 해준다. 매장을 방문하는 고객들에게는 화분, 나무, 원예식물 등의 홈 가드닝 제품을 판매하고 있다.

둘째, 환경 교육을 한다. 아이들뿐만 아니라 어른들을 대상으로 식물을 이용한 행잉플랜트 만들기 등의 클래스를 연다. 기업에서는 팀 빌딩을 위해 워크숍 형태로 참여하기도 한다. 건강한 스토리를

핸드메이드 코코넛 화분인
코코다마를 만드는 워크숍.
주로 기업 문의가 많다.

전달함으로써 사람들이 더 의식 있는 삶을 살 수 있도록 도모하기
위해서다.

셋째, 힐링과 지적 활동을 할 수 있는 공간을 제공한다. 사람들이
모여 지속 가능하고 건강한 삶의 영감을 얻고 발견할 수 있게 하는
실재적이고 지적인 공간이다.

현재 엔 콘셉트의 주 사업은 그린 리빙 인테리어 디자인 컨설팅
이지만 워크숍도 점점 증가하는 추세다. 다만 세 번째 활동은 아직
베트남에서 확산되기에 이른 감이 있어 5년 후 확장할 계획이다. 열
린 공간으로 사람들이 방문해 명상도 하고 휴식도 취하고 책도 보

는 평화로운 공간, 교육을 통해 '나는 누구이고, 세상에서는 어떤 일들이 벌어지고 있는지'를 연결하는 공간으로 구상 중이다.

라이 더이 리필 스테이션: 빈 병에 환경 보호 의식을 담아주는 정류장

전 세계적으로 플라스틱은 전체 사용량의 9%만 재활용되고 12%는 태워지며 나머지 79%는 매립되거나 자연에 방치되고 있다. 유럽은 플라스틱 사용을 금지하거나 재사용하면서 소비자 라이프스타일을 바꾸고 있지만 베트남은 세계에서 쓰레기가 가장 많은 나라 5위로 상황이 매우 심각하다.

헬리는 친구인 응우옌자꾸옌^{Nguyễn Dạ Quyên}과 환경문제를 자주 이야기했지만 공동 창업까지 하게 될지는 몰랐다. 하지만 이야기를 하면 할수록 환경문제가 시급히 해결해야 할 문제로 인식이 되었다. 그래서 이 일을 '누가, 언제' 하느냐를 떠올렸을 때 아무도 하지 않는다면 '자신들이, 지금' 해야겠다고 결정하게 되었다. 헬리와 꾸옌은 다음 세대를 위해 지금 우리가 할 수 있는 것을 하는 것이 옳다고 여겼다. '세상에 당신이 보고 싶은 변화가 생겼다면 스스로 만들어라'라는 간디의 말에 영감을 받아 리필 스테이션을 설립했다.

헬리는 마케팅과 커뮤니케이션을 담당하고 꾸옌은 물류를 담당

라이 더이 리필 스테이션의 철학인 '5R'을 설명하는 헬리(좌).

하기로 했다. 4개월 만에 웹사이트를 구축하고 상품 공급업자들을 만나 리필 스테이션에 맞는 상품 개발을 마무리했다.

"좋은 상품을 만들기 위해서는 공인 기관의 인증도 받아야 해서 시작하는 데 시간이 생각보다 오려 걸렸어요. 하지만 현지기업과 일하면서 베트남에도 좋은 상품이 많다는 걸 알게 됐어요."

리필 스테이션은 매장으로 빈 병을 가져가면 샴푸, 컨디셔너, 바디샤워, 세탁 세제, 식기 세척제 등을 리필할 수 있는 곳이다. 리필 외에도 종이로 포장된 천연 비누, 음식 용기, 대나무 빨대, 화장솜, 칫솔 등 다양한 상품을 구매할 수 있다.

리필 스테이션은 '녹색, 지속 가능성, 환경 친화적인 라이프스타일에 관심 있는 사람들을 위한 정류장이 되는 것'을 미션으로 삼고 있으며 여기에는 네 가지 철학이 바탕이 되고 있다.

첫째, '지속 가능한 그린 라이프스타일'이다. 이는 환경 친화적인 삶의 방식으로 일상생활에서 자연에 무방비로 버려지는 쓰레기를 최소화하는 것이다.

둘째는 '5R'이다. 사용자에 따라 상품 수명이 결정된다는 뜻으로 불필요한 공급과 쓰레기를 줄이고[Reduce], 생산 및 공급 과정에서 만들어진 것은 다시 쓰고[Reuse], 재활용하거나[Recycle], 재활용할 아이디어를 찾아 고객이 더 절약할 수 있도록 돕고, 사용 기간을 연장할 수 있는 물건은 고쳐 쓰고[Repair], 낭비를 유발하거나 필요하지 않은 물건은 거절[Refuse]하는 것이다.

셋째는 미니멀리즘이다. 많이 소비하면 할수록 우리는 내면의 균형을 더 쉽게 잃게 된다. 하지만 미니멀리즘으로 살며 가정, 직장, 사회와 환경에서 편안함과 평정을 유지한다면 우리의 삶을 즐길 시간 또한 늘어나 더 행복해질 것이라 믿는다.

마지막은 베트남이다. 베트남 사람들이 만든 상품의 품질과 가치를 베트남에 살고 있는 사람들에게 전달하는 것이다. 베트남의 상품을 만들고 베트남의 사람들에게 공급하는 것이 에너지를 절약하고 환경을 보호하는 하나의 방안이기 때문이다.

리필 스테이션은 이 네 가지 철학을 실천하는 일환으로 이산화탄

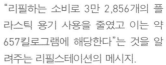

"리필하는 소비로 3만 2,856개의 플라스틱 용기 사용을 줄였고 이는 약 657킬로그램에 해당한다"는 것을 알려주는 리필스테이션의 메시지.

리필 제품을 담고 있는 유리병들.

소를 줄임과 동시에 지속 가능한 성장을 위해 현지에서 소싱해 현지인에게 판매한다는 '로컬 투 로컬Local to Local'을 원칙으로 한다. 이는 베트남을 위한 선순환 구조이기에 해외 진출을 고려하지 않는다.

현재 호찌민에 위치한 두 개의 리필 스테이션 매장은 호찌민에서 가까운 지역에서 현지 소싱을 하고 있다. 다음 진출 도시는 하노이, 다낭, 후에 정도인데 각 지역마다 새롭게 현지 소싱 상품을 만들어 진출할 계획이다.

1호점이 위치한 호찌민 2군의 타오디엔은 외국인과 교육 수준이 높은 사람들이 살고 있어 환경오염 대응책을 제공하는 리필 스테이션의 브랜드 스토리에 긍정적인 반응을 보인다. 그 결과 리필 스테이션은 매년 매장을 한 개씩 늘려가며 2020년 말 기준, 호찌민에 3개 매장을 운영하고 있다. 1호점은 보유 상품 개수가 400개지만 2호점부터 700개로 규모가 더 확대되었다. 현재는 로컬 상품이 75%, 그리고 25%는 베트남에서 볼 수 없는 독특한 수입 상품으로 구성되어 있지만 곧 현지에서 제작하는 방식으로 전환해 100% 현지화를 목표로 하고 있다.

리필 스테이션의 주 타깃은 사무직에 종사하는 22~35세 여성이다. 이들은 인터넷 이후 세대로 브랜드 스토리가 있고 그에 맞는 체험을 제공하는 브랜드를 좋아하며 함께 참여하는 것을 즐긴다. 이에 따라 리필 스테이션은 온라인 커뮤니티도 운영하고 있다.

"커뮤니티는 초등학생, 대학생, 직장인 그룹 등으로 매우 다양해요. 베트남 사람들은 정보를 교류하길 즐기거든요. 이들을 위해 리사이클링, 업사이클링, 기부 등의 주제로 무료 워크숍을 기획 중이에요."

리필 스테이션을 이용하려면 빈 용기를 가져가거나 지역 주민이

기증한 공병을 매장에서 빌린 뒤 원하는 상품을 담고 그 무게만큼 값을 지불하면 된다. 투명한 운영을 위해 상품의 세부 정보도 제공하므로 소비자들은 상품의 품질과 원료를 쉽게 확인할 수 있다.

온라인으로도 리필이 가능하며 집, 회사, 학교로 3개월, 6개월, 1년 단위의 정기 배송을 지원한다. 배송은 지역 주민 중 가족의 생계를 위해 일자리가 필요한 여성들이 담당한다. 이런 방식을 통해 리필 스테이션은 지역공동체와 더불어 성장함은 물론 더 편리하고 환경을 보호하는 생태계를 지향하고 있다. 헬리는 말한다.

"리필 스테이션은 지속 가능성, 환경, 그린 스토리가 있는 곳이에요. 이곳에 머문 고객들은 공동체를 위해 만든 건강한 상품을 이용할 수 있습니다. 리필 스테이션은 지구가 물려준 자연 속에서 행복, 사랑을 느끼고 우리가 다시 자연에 돌려줘야 하는 것과 우리가 자연의 일원이라는 것을 일깨웁니다."

황실 비법과 최첨단 기술을 결합한 스킨케어 브랜드

#자연주의 #포용력 #프로세스

SKINNA

스키나

베트남 화장품 시장의 90%는 글로벌 브랜드들이 점유하고 있다. 왓슨스 같은 멀티 브랜드숍이 등장하고 FPT도 약국 인수에 이어 화장품 사업에 뛰어들면서 베트남의 화장품 시장은 갈수록 경쟁이 치열해지는 상황이다. 하지만 베트남 현지 화장품 회사 대부분이 영세하여 브랜드를 키우기 위한 마케팅 활동에 투자하지 못하고 도시보다는 시골 지역의 도소매 유통망, 즉 재래시장을 중심으로 판매되고 있다. 그 결과 베트남 소비자들도 현지 브랜드보다 글로벌 브랜드를 더 선호한다.

특히 인터넷을 통해 화장품 관련 지식이 늘어나면서 스마트해진 베트남 소비자들은 이제 화장품을 구입할 때 성분, 원산지, 기능, 제조 일자까지 꼼꼼하게 따진다. 여기에 천연 화장품 트렌드가 더해지면서 자연주의는 베트남 화장품 시장에서 점점 더 중요한 키워드가 되고 있다.

이러한 트렌드 변화를 읽은 크리스티 호Christie Ho는 미국의 기술력에 베트남 사람들이 추구하는 자연주의 본질을 결합해 베트남 여성 피부에 최적화된 유기농 스킨케어 브랜드 스키나Skinna로 화장품 업계에 도전장을 내밀었다.

황실 의사였던 할아버지의 비밀 레시피

크리스티는 2001년 미국에서 피부 관리 분야를 전공했으며 유기농 스킨케어 제조사로 활동했고 텍사스에서 스파도 운영했다. 하지만 크리스티가 처음부터 천연 화장품을 연구한 것은 아니다. 그녀도 여느 베트남 여성들처럼 유명 글로벌 브랜드만을 사용했었다.

그녀가 천연 화장품을 알게 된 시기는 2008년 출산을 위해 고국으로 돌아왔을 때다. "아기를 위해 천연 성분의 화장품을 사용하려 하자 할머니가 허브로 손수 만든 '특별한 크림'을 전해주셨어요. 놀랍게도 그 크림을 사용한 뒤로 제 피부가 무척 좋아진 거예요. 저의 할아버지는 베트남 황실의 마지막 로열 패밀리 곁에서 일하셨어요. 할아버지는 황실 의사로 허브로 만든 약재만 사용했고 왕후들을 위

스키나는 호찌민 3군에 위치한 상류층 주택가 상권에 매장과 스파를 운영 중이다.

한 뷰티 제품들도 만드셨어요. 그 제조 기법은 오직 우리 가족에게만 전해졌습니다."

크리스티는 베트남 황실의 미용 비책을 할머니에게서 전수받았다. 허브를 활용한 전통 비법이었다. 여기에서 영감을 얻은 크리스티는 미국에서 배운 화장품 개발 기술에 베트남 허브 성분을 결합한 화장품을 만들어야겠다고 결심한다. 이후 미국에서 천연 화장품 제조를 연구하며 스키나라는 스킨케어 화장품 브랜드를 개발하는 데 5년이라는 시간을 투자했다.

2013년 크리스티는 베트남으로 돌아와 스키나를 설립했지만 당시 베트남 화장품 시장은 미백 크림 선호도가 굉장히 높았고 글로벌 브랜드가 백화점과 슈퍼마켓에서 상류층과 대중 고객 모두를 공략하고 있었다. 반면 미백 기능이 약한 천연 화장품은 니치 마켓이었고 브랜드력이 약한 언더독 스키나의 성공 여부는 불확실했다.

게다가 가족들은 크리스티나가 미국에서 쌓은 커리어를 포기하고 베트남으로 돌아오는 것을 반대했다. 하지만 크리스티는 5년이 지나도 만족스러운 결과가 없다면 포기하겠노라 약속하며 과감히 새로운 도전에 나섰다.

덥고 습한 환경에 최적화한 화장품

크리스티는 그녀 자신이 베트남 사람이기에 베트남 사람들의 아름다운 피부를 위해 무엇을 할 수 있는지 잘 이해했고 미국에서 배운 지식과 경험을 바탕으로 고품질 상품을 소비자들에게 제공할 수 있었다. 크리스티는 스키나를 가장 큰 스킨케어 회사로 만들기보다 최고의 유기농 성분과 국제 표준 기술을 결합해 베트남 사람들에게 최적화된 스킨케어 브랜드로 만들고 싶었다.

세 아이를 둔 크리스티는 엄마와 딸의 이미지를 담은 스키나 로고를 만들고 '진실한 사랑—진정한 가치'라는 슬로건을 내걸었다. 엄마와 딸의 사랑이 언제나 진실되고 진정한 가치를 지니는 것처럼 스키나와 고객의 관계도 진실한 사랑과 진정한 가치로 맺어지도록

스키나의 창업자 크리스티 호.

만드는 것이 스키나의 미션이다. 이를 위해 품질과 서비스를 핵심 가치로 삼은 스키나는 세 가지 측면에서 다른 천연 화장품들과 차별화를 시도하고 있다.

첫째, 성분이다. 처음 사업을 시작할 때 화장품 성분의 90%를 미국과 유럽에서 수입했다. 당시 베트남에서는 화장품을 만들기 위해 전문적으로 재배된 깨끗한 원료와 유기농 성분을 찾기 어려웠고 고지대에서 원재료를 재배하려면 많은 시간과 비용이 들었기 때문이다. 대신 나머지 10%는 베트남산 허브로 채웠다. 그리고 국제 표준에 따라 제품에 쓰인 모든 성분의 안전 인증서를 고객에게 공개했다.

둘째, 스키나는 베트남 사람들의 피부에 맞는 화장품을 제공한다. 베트남 사람들은 주로 미국, 유럽, 한국과 일본 화장품을 이용한다. 하지만 덥고 습한 베트남에 사는 사람들의 피부 상태와는 제형 등이 맞지 않다는 인식이 확산되고 있었다. 이에 크리스티는 베트남의 환경과 기후를 고려해 사람들의 피부 상태에 맞게 수분감과 유분감을 조절해 피부에 잘 스며드는 제품을 개발했다.

셋째, 화장품과 관련된 최신 정보를 고객들에게 제공하기 위해 정기간행물을 발간하고 워크숍과 상담 서비스를 제공하고 있다. 고객들과 천연 비누 등을 만들면서 천연 성분의 효과를 알려주어 스키나 제품의 가치를 이해할 수 있게 돕는다. 이와 함께 고객의 피부 타입에 따라 개별 맞춤 조언을 해주며 고객과의 신뢰 관계를 구축한다. 이런 방법을 통해 스키나는 광고를 하지 않아도 고객 스스로가 홍보대사가 되어 제품을 알려 꾸준히 사랑받고 있다.

가격보다는 가치를 보고 지갑을 여는 베트남 소비자들

천연 화장품은 원재료 가격 때문에 판매 가격이 높은 편이라 고소득층만 이용할 것이라 생각하기 쉽다. 하지만 베트남 소비자들은 가격보다는 가치를 보고 지갑을 연다. 스키나의 주요 고객층은

화장품 관련 지식, 개발 과정, 사용법 등을 배울 수 있는 워크숍에는 남녀노소가 모두 참석한다.

25~40세로 화학 성분을 거부하고 건강한 피부를 위해 장기 투자하는 사람들이다.

한국의 화장품 시장을 되짚어보면 1980~1990년대 유니레버, 로레알 등 글로벌 일용소비재FMCG 브랜드는 슈퍼마켓 채널로, 그보다 고급 브랜드는 백화점 채널로 유통되었다. 그러나 태평양 등의 방문판매 화장품들이 점차 품질을 인정받으면서 고객층을 확대해갔고 2000년대 미샤와 더페이스샵이 등장하며 국산 화장품의 대중화 시대가 열렸다.

이러한 추세는 베트남에서도 나타날 것으로 전망된다. 아직 스타트업 형태의 소규모 화장품 브랜드들이 주를 이루지만 스키나는 크리스티가 가진 글로벌 경험과 유럽에서 수입한 성분으로 현지인에게 맞춘 고품질 화장품을 만들어 고객층을 넓혀가고 있어 베트남을 대표하는 브랜드로서의 성장이 기대된다.

스키나의 5년 뒤 비전은 하노이, 냐짱, 후에, 껀터, 다낭 등에 다섯 개에서 열 개의 매장을 열어 베트남 사람들이 가장 좋아하고 베트남에서 가장 유명한 스킨케어 브랜드가 되는 것이다. 최근에는 화학물질에 민감한 아이들을 위한 어린이용 제품 개발도 진행 중이며 외모에 관심이 늘어난 남성들을 위한 남성용 화장품도 개발할 계획이다. 베트남 소비자들의 화장품 성분에 대한 관심과 지식도 높아지는 추세라 그동안 쌓아온 스키나의 가치는 앞으로도 계속 상승할 것으로 보인다.

마지막으로 베트남 화장품 시장에 관심 있는 한국 스타트업에게 크리스티는 다음과 같은 조언을 해주었다.

"스타트업에 가장 중요한 요소는 완성된 상품만이 아니라 신뢰를 주는 프로세스입니다. 사업과 당신의 역량을 키우고 싶다면 이 같은 프로세스를 갖춰야죠." 그리고 애정을 담아 베트남 시장에 대한 조언도 함께 건넸다. "베트남은 새로운 것에 호기심을 갖는 젊은 사람들이 많은 매력적인 시장입니다. 그러나 빠르게 변하고 늘 새로운 것을 찾기 때문에 도전적인 시장일 수도 있어요. 그래서 끊임없이 자신을 업데이트하며 트렌드를 바삐 따라가야 합니다."

여성의 역할과 지위

베트남 여성은 강하다. 전쟁, 유교 문화, 척박한 자연환경 속에서 베트남 여성은 남성만큼 대외 활동을 하는 것은 물론 가정의 생계까지 책임져야 했다. 전쟁 중에는 하이바쯩^{Hai bà trưng}이나, 응우옌티민카이^{Nguyen Thi Minh Khai} 등 수많은 여성 전사들이 국가를 위해 싸웠고 농경사회에서는 살림을 책임졌다. 이런 DNA를 가진 여성들이야말로 베트남 라이프스타일의 중심에 있다고 할 수 있다.

다양한 역할을 수행하지만 보수성에 갇힌 여성상

베트남은 1년에 두 번, 3월 8일 세계 여성의 날과 10월 20일 베트남 여성의 날을 기념해 여성에게 존경과 사랑을 표현한다. 특히 10월 20일은 1930년 2월 3일 초기 베트남 공산당 정부가 '남자와 여자의 권리는 동등하다'고 선포한 지 8개월 만에 '베트남 여성 연맹^{Vietnam Women's Union}'이 공식 설립된 날이다. 2010년 베트남 여성연합회 회장은 베트남 공산당 중앙비서위원회에 10월 20일을 베트남 여성의 날로 공인해줄 것을 요청했고, 그 결과 2010년부터 10월 20일이 베트남 여성의 날로 공표되었다. 이날에는 사랑하는 사람에게 선물과 꽃을 주며 마음을 표현하는 것뿐만 아니라 어머니, 여자 선생님, 여자동료나 상사 등 주변의 여성들에게 축복을 빌어준다. 그동안 연락하지 못했던 사람들에게 안부를 전하고 건강과 행복을 기원한다.

베트남에서는 여성의 97%가 취업을 하고 결혼한 뒤에도 사회생활을 한다. 정재계에서도 높은 직위에 있는 여성을 쉽게 찾을 수 있다. 이러한 지표들을 보면 언뜻 베트남 여성의 지위가 높은 것처럼 느껴질 수도 있다.

그러나 베트남은 한국처럼 유교의 영향을 받아 남성 우위 및 남아 선호 사상이 강하다. 베트남 드라마에서도 남성 우위의 문화가 잘 드러난다. 식사를 할 때도 남편의 눈치를 보며 밥을 먹고 가정 폭력도 인내하며 참아가는 모습 등이 스토리에 녹아 있다. 실제 주변 베트남 사람들을 관찰해봐도 여성은 웃어른을 공경하고 살림을 배우면서 자라며 희생이 미덕이라 교육받는다.

여성의 역할은 북부 지역과 남부 지역에서 다소 차이가 나는데 중국의 영향을 많이 받은 북부 지역 여성의 경우 결혼하면 반드시 아들을 낳아야 한다는 생각이 강하고 아들을 낳지 못하면 남편이 첩을 들이는 것을 용인하기도 한다. 이 때문에 베트남의 남녀 성비 불균형은 심각한 수준이다. 과거에는 전쟁으로 남자들이 많이 죽었기 때문에 중장년층 이상에서 여성의 비중이 높았지만 이제는 남성의 비중이 높다.

도시와 비도시 여성의 삶도 정도의 차이는 있겠으나 어디서든 여성들은 결혼 후에도 일을 하고 퇴근해서는 살림까지 도맡아 해야 한다. 일하지 않고 집에서 노는 남자들이 많은 비도시에서는 돈을 벌고 귀가하는 아내에게 반찬 투정을 하거나 아내를 때리는 일도 빈번하다. 베트남 대학생들이 만든 표어나 포스터에는 '가정 폭력을 근절하자'는 내용이 자주 등장할 정도다.

한국보다 베트남 여성의 지위가 높은 이유

이렇게 낮은 베트남 여성의 지위도 한국과 비교하면 상대적으로 높은 편이다. 〈2020 세계 성별 차 보고서^{The Global Gender Gap Report 2017}〉에 따르면 베트남은 세계 87위, 한국은 108위다. 세부적으로 살펴보면 '경제 참여 및 기회', '교육 성취도', '건강 및 생존', '정치 권한' 네 개의 지표가 있는데 베트남 여성은 '경제 참여 및 기회'의 순위가 상대적으로 높아 전체 평균이 올라갔지만 나머지 세 개 지표의 순위는 낮은 수준이다.

앞에서 언급했듯이 베트남 여성 대부분은 결혼 후에도 맞벌이를 한다. 한국과 같은 유교 영향을 받았지만 이러한 차이를 보이는 이유는 무엇일까?

역사적으로 원시시대 베트남은 모계사회였으나 1,000년간 중국의 지배를 받으며 유교의 영향으로 부계사회가 되었다. 그러나 베트남 여성의 DNA에는 가족의 생계를 책임지는 주도성이 내재화되어 있어 남편은 과거 공부에 집중하게 하고 아내는 집안 살림뿐 아니라 바깥 일도 지속적으로 해왔다. 여기에 유교 영향으로 남존여비 사상이 강화된 결과 놀고먹는 남편이 늘고 아내가 농사짓고 과일을 팔며 가족을 먹여살리는 일이 오랫동안 당연한 문화로 자리 잡았다. 그러다 사회주의 영향으로 남녀평등 인식이 강해졌고 1980년대 도이머이 정책과 함께 일하는 여성의 지위가 높아진 것이다. 최근에는 정재계에서 여성 리더를 만나는 일은 어렵지 않다.

베트남 통계청의 〈노동 현황 보고서〉에 따르면 베트남 전국 사업주 중 여성은 약 32%이며 자영업자의 경우 여성 비율은 48%라고 한다. 베트남 여성의 재계 진출이 활발해지면서 이들의 소득도 높아지고 있다.

세계 여성 지위

	세계 지표		경제 참여 및 기회		교육 성취도		건강 및 생존		정치 권한	
	순위	점수	순위	점수	순위	점수	순위	점수	순위	점수
필리핀	16	78.1	14	79.2	37	99.9	41	97.9	29	35.3
라오스	43	73.1	3	83.9	110	96.5	98	97.1	98	15
싱가포르	54	72.4	20	78.2	84	99	133	96.5	92	15.9
태국	75	70.8	22	77.6	80	99.1	52	97.8	129	8.6
인도네시아	85	70	68	68.5	105	97	79	97.4	82	17.2
베트남	87	70	31	75.1	93	98.2	151	94.2	110	12.3
브루나이	95	68.6	28	75.2	72	99.2	115	96.9	148	3.1
말레이시아	104	67.7	97	63.9	86	98.9	84	97.4	117	10.8
미얀마	114	66.5	102	63	99	97.5	57	97.7	133	8
미국	53	72.4	26	75.6	34	100	70	97.6	86	16.4
러시아	81	70.6	32	74.9	1	100	1	98	122	9.5
중국	106	67.6	91	65.1	100	97.3	153	92.6	95	15.4
한국	108	67.2	127	55.5	101	97.3	1	98	79	17.9
인도	112	66.8	149	35.4	112	96.2	150	94.4	18	41.1
일본	121	65.2	115	59.8	91	98.3	40	97.9	144	4.9

출처: 2020 세계 성별 차 보고서

베트남을 대표하는 여성 리더들

대표적인 여성 세 명을 소개한다. 먼저 베트남을 대표하는 기업 중 하나인 비나밀크를 이끈 마이끼에우리엔$^{\text{Mai Kiều Liên}}$이다. 비나밀크는 베트남이 통일된 직후인 1976년 설립된 국영기업으로 40년 이상의 역사를 가지고 있다.

〈포브스 아시아〉는 비나밀크를 아시아 태평양 지역의 톱 50 기업에 선정했고 〈포브스 베트남〉은 2020년 기준 8년 연속 베트남 톱 50 기업으로 선정했다.

비나밀크의 2019년 매출은 2조 8,000억 원 규모로 연평균 매출 성장률 9.9%, 연평균 이윤 성장률 11.3% 등 지속적인 성장을 이끌어내며 시장에서 그 지위를 견고히 하고 있다. 또한 칸타월드패널이 매년 시행하는 '소비자가 선택한 부문별 톱 10 브랜드'에서도 유제품 기업에서 2위와 큰 격차로 확고부동한 1위를 차지했다. 이렇듯 비나밀크는 안정적인 수익을 창출할 뿐만 아니라 투명한 경영으로 소비자에게 사랑을 받고 있다.

비나밀크가 이렇게 투명한 기업 경영으로 뛰어난 성과를 창출한 데에는 창립 때부터 비나밀크를 이끈 리엔이 있었기 때문이다. 그녀는 1953년생으로 러시아 모스크바 대학에서 유업^{乳業}을 전공했다. 그 덕에 1976년 23세의 나이로 비나밀크 창립 멤버가 되었고 39세인 1992년부터는 CEO로 활동하고 있다.

그녀는 2018년 〈포브스 베트남〉이 여성 리더십의 역할과 베트남 여성 지원 방법을 논의하기 위해 개최한 여성 정상 회의에서 최초로 '평생 공로상'을 수상했다. 이 상은 40년 이상 비나밀크를 경영하며 도이머이 기간 동안 가장 성공적인 국유기업으로 이끌었으며 2017년 기준 시가총액 1위 기업으로 2009년과 비교해 주가를 700% 이상 성장시킨 그녀의 우수한 경영 능력을 치하한 것이다.

리엔은 2018년 〈포브스 베트남〉
에서 평생 공로상을 수상했다.

한 기업의 미션과 비전 그리고 가치를 보면 그 기업의 DNA와 성공 요인을 알 수 있다. 비나밀크의 비전은 '식음료분야에서 세계 수준의 브랜드가 되어 영양과 건강 관련 제품에서 사람들의 신뢰를 얻는' 것이다. 구체적으로 베트남 사람들이 중요하게 생각하는 '건강'과 '신뢰' 가치를 모두 담고 있다.

세계적인 수준의 우유를 제공하기 위해 2017년에는 달랏$^{Da\ lat}$에 베트남 최초로 유럽 기준을 충족하는 유기농 우유 농장을 세웠다. 여기에는 100억 원이 투자됐고 현재 500마리의 소를 유기 축산으로 사육해 프리미엄 유기농 유제품을 생산하고 있다. 이 농장은 네덜란드의 유럽유기농 검사기관$^{Control\ Union}$에서 '베트남 최초의 유기농 낙농장'이라는 인증을 받기도 했다. 또한 비나밀크 제품을 중동, 동남아, 아프리카, 일본, 캐나다 등 전 세계 40여 개 지역에 수출하고 있으며 뉴질랜드, 미국, 폴란드, 캄보디아에 거점을 구축했다.

리엔은 비나밀크를 세계 수준의 브랜드로 육성하기 위해 힘써 왔으며 비나

출처: 비엣젯에어

비엣젯에어 CEO인 타오는 남다른 사업 수완으로 자수성가해 억만장자가 된 것으로도 유명하다.

밀크가 앞으로 나아갈 방향을 지속적으로 제시하고 있다.

다음으로 소개할 여성 기업인은 2017년 〈포춘〉 선정, 세계에서 가장 영향력 있는 여성 리더 50위에 오른 베트남 저가 항공사 비엣젯에어의 CEO 응우옌티프엉타오Nguyễn Thị Phương Thảo다. 타오는 〈블룸버그〉가 2016년 5월 발표한 '블룸버그 억만장자 지수'에서 베트남 최초 여성 억만장자로 이름을 올리기도 했다. 타오가 대단한 것은 이 모든 일들을 자수성가로 이루었기 때문이다.

그녀는 1988년 대학교 2학년 때부터 무역업으로 사업을 시작했다고 한다. 금융과 경제학을 공부하면서 외상으로 한국, 일본, 홍콩 등에서 소비재와 사무용품을 수입해 러시아에 판매했다고 한다. 이 사업으로 그녀는 21세에 이미 백만장자가 되어 사업 자금을 마련할 수 있었고 현재는 비엣젯과 부동산

베트남 최초의 여성 국회의장인 응언.

투자, 금융업으로 억만장자가 되었다.* 요즘은 대학생 때부터 스타트업으로 사업을 시작하는 것이 일반화되었지만 1980년대에 이러한 도전을 한 것을 보면 그녀의 사업 수완 DNA는 남다르다.

재계에 리엔과 타오가 있다면 정계에는 응우옌티낌응언Nguyễn Thị Kim Ngân이 있다. 응언은 베트남 최초의 여성 국회의장이다. 국회의장은 공산당 체제에서 서열 4위로, 가장 높은 자리는 공산당 서기장, 그다음이 국가 주석, 세 번째가 총리이며 국회의장은 그다음으로 높은 지위다.

지성을 겸비한 베트남 여성 리더의 모범인 응언은 1954년 남부 지역 벤쩨

---

* 이진수, '비키니 항공사' 비엣젯, 고공 비행, 〈아시아경제〉, 2016년 7월 23일.

^{Bến Tre}에서 태어났다. 그녀는 산업무역부 차관, 하이즈엉성 사무총장, 재무부 차관, 벤쩨성 재정부장, 국회부의장을 거쳐 2016년 베트남 여성 최초 국회의장 자리에 올랐다.

유니세프는 응언에게 베트남 유아 사망률 감소를 위한 의료 지원 등의 업적으로 공로상을 수여하기도 했다. 2011년 리비아 전쟁이 일어났을 때 베트남 근로자 1만여 명을 리비아에서 베트남까지 무사히 돌려보낸 공로도 있다.

유교와 산아제한 정책에 따른 인구 변화

'여자는 결혼하면 당연히 아들을 낳아야 한다'

한국에서 베트남어 강사를 하고 있는 꼬항^{Cô Hang} 은 베트남에서 한국인 주재원을 만나 결혼한 후 한국으로 왔다. 꼬항은 베트남에서는 글로벌 컨설팅 회사와 한국의 대기업에서 일한 경력을 가진 실력파이자 부유한 가정에서 자란 알파걸이다. 꼬항은 한국에 와서 5년 넘게 시험관아기 시술을 받으며 임신을 위해 갖은 노력을 다했다. 그 결과 건강한 아기, 그것도 아들을 갖게 되어 그녀는 여한이 없을 만큼 매우 행복해했다.

꼬항을 처음 만난 시기는 그녀가 시험관아기에 계속 실패하고 스트레스를 받고 있을 때였다. 몇 천만 원씩 드는 비용도 비용이지만 마음의 상처도 컸고 몸도 힘든 상황이었다. 그녀를 위로하기 위해 "한국에는 딩크족이 많으니 그냥 편하게 사는 것이 어떠냐"며 위로했다. 꼬항은 자신도 그렇게 살고 싶지만 부모님이 베트남에 살고 있기 때문에 그럴 수 없다고 했다. 베트남은 친척뿐만 아니라 이웃사촌까지도 옆집에 숟가락이 몇 개인지 알 만큼 가깝다. 그만큼 주변 사람들의 관심이 극심해 좋은 일은 함께 축하하지만 안 좋은 일이 생기면 체면을 쉽게 잃을 수 있다고 했다.

베트남에서는 여자가 결혼하면 당연히 아들을 낳아야 한다는 유교적 관념이 강하기 때문에 과거에는 아이를 낳지 못하면 첩을 들이는 일이 일반적이었다. 그래서 여자가 아이를 낳지 못하면 문제가 있다고 낙인이 찍혀 이혼을 당해도 될 만큼 수치심을 떠안게 된다고 한다. 꼬항은 이런 베트남의 유교 문화를 잘 알고 있었고 자신 때문에 부모님의 체면이 손상될까 걱정했다. 그래서 그녀의 결혼 후 가장 큰 목표가 출산이 된 것이다.

베트남에서는 새로운 사람을 만날 때마다 반복하게 되는 대화 레퍼토리가 있다. 먼저 자신은 낮추고 상대는 높여 자기소개를 한다. 이어 나이를 묻는다. 누가 더 나이가 많고 적은지에 따라 이후 대화에 사용하는 호칭이 달라진다. 나이를 확인한 후 결혼 적령기이거나 적령기를 지났다면 결혼을 했는지, 아이가 있는지, 있다면 몇 명인지, 없다면 왜 없는지를 묻는다.

2013년 지역 연구를 위해 베트남 전역을 다닐 때마다 언제 어디서나 처음 만나는 사람들과 대화를 할 때 사적인 질문으로 서로를 알아가는 시간을 가져야 했다. 처음에는 불편했지만 베트남 문화를 이해하고 나서는 그냥 웃으면서 자연스럽게 받아들이게 됐다. 한국도 1940~1950년생만 하더라도 집안의 대를 이을 아들을 낳기 위해 아들이 태어날 때까지 아이를 낳는 집을 흔히 볼 수 있었다. 딸을 낳은 며느리는 마치 큰 잘못을 저지른 죄인 취급을 받던 시절도 있었으니 베트남에서 자식을 낳지 못하는 일 자체가 불효 중의 불효로 간주됨을 상상하기는 어렵지 않다.

소득 증가로 더 불균형해진 성비

베트남은 1960년대부터 '한 가정 두 자녀 정책'을 암묵적으로 유지해오다 1993년부터 본격적으로 산아제한 정책을 시행했다. 캠페인에 불과했던 구호가 갑자기 제도화되고 세 자녀 이상을 둔 공무원은 업무상 불이익을 받는 상황이 되었다.

산아제한 정책이 실시되기 전까지는 아들을 낳기 위해 암암리에 세 자녀 이상을 낳았지만 산아제한 정책이 실시되자 남녀 성비 불균형이 심해지기 시작했다. 1.06이던 성비가 산아제한 정책 이후 1.07로 증가하더니, 현재는 1.12 수준이 되었다. 2007년 WTO 가입 이후 경제가 성장하고 소득이 증가함에 따라 아들 출산을 위한 선별적인 낙태 시술 등이 성행한 결과다. 이에 베트남 보건부는 2015년 임신 12주 이상 여아 낙태를 금지하는 인구 개정안을 마련했다.

산아제한이 사라진 베트남의 미래 인구 변화는?

베트남도 최근 빠르게 도시화·현대화되면서 한국처럼 저출산 트렌드가 생겨나고 있고 동남아에서 가장 빠르게 고령화되어 가고 있다는 다양한 통계자료도 나오고 있다. 여러 면에서 한국을 벤치마킹하는 베트남은 한국이 저출산 및 고령화 사회의 문제를 고민하는 것을 보며 2015년 산아제한 정책을 폐지했다. 이러한 정책이 향후 베트남 출산율에 어떠한 영향을 줄까?

베트남 인구는 2055년 1억 1,330만 명을 정점으로 하락할 것으로 전망된다. 베트남은 사회주의 국가이기 때문에 정책 변화가 삶에 미치는 영향을 무

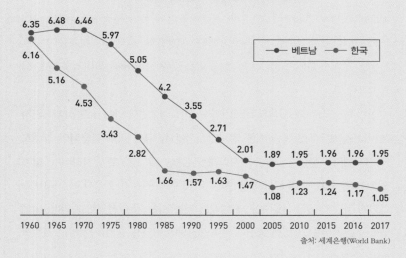

연도별 여성 1인당 기대 출산 자녀 수 평균

출처: 세계은행(World Bank)

시할 수 없다. 그래서 국가에서 낙태를 금지하고 산아제한 정책을 폐지하면 출산율이 증가할 가능성이 높다. 뿐만 아니라 가족주의가 매우 강하기 때문에 소득이 증가하면 자녀에 대한 투자 역시 자녀 수에 상관없이 크게 증가할 것으로 전망된다.

베트남 통계청에 따르면 2016년 베트남 결혼 적령기는 남성은 만 26.8세, 여성은 만 22.9세다. 현재 결혼 적령기에 해당하는 25~29세 인구층은 베트남 인구피라미드에서 가장 큰 비중을 차지하고 있다. 이들은 1990년대 이후 출생자들로 가장 진보적이고 정보 습득에 능한 '스마트 세대'이지만 부모 세대에게 물려받은 가족주의 전통을 여전히 중요시하는 세대이기도 하다. 할머니와 할아버지의 사랑과 재력, 부모 세대의 정보력을 바탕으로 자라날 이들의 자녀는 어떤 특성을 지니게 될지 귀추가 주목된다.

CHAPTER 4

포용

포용^{Embracing}은 베트남이 역사 속에서 다양한 문화를 접하고 흡수하면서 단련된 통합의 힘이라 할 수 있다. 베트남을 상징하는 아오자이도 포용의 산물이다. 아오자이는 베트남 전통 의상이 아니다. 1900년대 초 하노이 출신 디자이너가 중국의 치파오와 프랑스의 코르셋에서 영감을 받아 두 콘셉트를 조합해 창조한 근대 의상이다. 베트남만의 독창성을 가지고 있진 않지만 포용의 힘으로 베트남을 상징하는 대표적인 의상으로 자리 잡았다.

베트남 중부지방에 위치한 도시 후에^{Hué}는 베트남 마지막 왕조인 응우옌^{Nguyễn}의 수도이다. 후에에는 12대 황제인 카이딘의 능이 있다. 프랑스 영향을 많이 받은 카이딘 황제는 중국과 프랑스의 건축양식을 결합해 전 세계 어디에서도 찾아볼 수 없는 독특한 양식으로 자신의 무덤을 만들었다.

현재 베트남에서 사용하는 문자도 포용의 결과로 고대 B.C. 111년부터 A.D. 938년까지 1,000년간 베트남을 지배한 중국과 1858년부터 1954년까지 약 100년간 지배한 프랑스의 영향을 받아 탄생한 글자가 바로 지금의 베트남어다. 중국 통치 기간 동안 공식 문서에는

카이딘 황제릉에는 유럽에서 수
입한 콘크리트와 목재가 사용됐
으며 기둥과 난간마다 새겨진
조각이 화려함을 더한다.

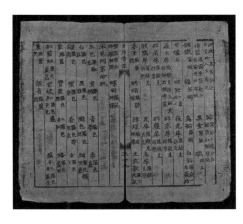

쯔놈으로 쓰인 작품.

중국의 한자를 사용해야 했으므로 한자는 지식층에게 익숙한 언어
였다. 중국의 통치가 끝난 10세기부터 베트남 사람들은 베트남어를
글로 표현하기 위해 중국어를 차용한 쯔놈^Chữnôm을 만들었다. 쯔놈은
13세기 후반부터 본격적으로 확산되었는데 문학과 시뿐만 아니라
정치, 경제, 법률 등의 공식 문서에도 쓰여 베트남 문화와 정신이 잘

담겨 있다. 하지만 쯔놈은 한자를 기반으로 만들어져 여전히 엘리트층을 중심으로 사용했기 때문에 베트남의 문맹률은 여전했다.

이후 프랑스가 베트남을 통치하면서 선교사들은 대중에게 쉽게 포교 활동을 하기 위해 어려운 쯔놈 대신 알파벳으로 베트남어를 표기하기 시작했다. 그 결과 베트남의 문맹률은 낮아졌고 많은 사람들이 교육을 통해 성장하고 발전할 수 있는 기반을 다지게 되었다. 지금의 베트남어는 베트남이 지닌 포용의 힘으로 탄생한 대표적 사례라 할 수 있다.

음식에서도 베트남의 포용력을 찾아볼 수 있다. 프랑스의 빵 문화와 커피 문화를 수용해 샌드위치 반미와 로부스타의 진한 맛을 중화한 연유 커피를 창조해냈다.

포용은 종교에서도 나타난다. 베트남은 불교 인구가 가장 많지만 종교의 자유가 있어 불교, 기독교, 천주교, 힌두교, 토속신앙, 조상신 숭배 등 다양한 신앙과 종교가 공존하며 종교 간 분쟁도 없다. 그뿐만 아니라 베트남 남부의 떠이닌^{Tây Ninh} 지역에는 유교, 불교, 기독교, 도교, 이슬람교를 절충해 만든 신흥 종교 까오다이교^{Đạo Cao Đài}도 있다.

베트남 사람들은 사람에 대한 포용력도 크다. 1,000년간 베트남을 지배하고도 여전히 영토 분쟁을 일으키고 있는 중국을 매우 싫어하면서도 오랜 기간 베트남에서 터전을 잡고 살아가고 있는 중국 혈통의 화교들은 포용한다.

까오다이교 교당의 모습과 이 종교의 상징인 하나의 눈, 천안(天眼).

이렇게 베트남의 문화를 형성해온 포용은 베트남의 현대화를 이끄는 원동력이 되고 있다. 2019년 2월 하노이가 북미 정상회담의 장소가 된 이유도 이러한 포용력의 결과다. 베트남은 북한과 같은 사회주의 국가이지만 시장경제를 추구하고 중국을 견제하기 위해 미국과 우호적 관계를 유지한다. 이 같은 유연한 포용과 개방성으로 베트남은 앞으로도 많은 기회를 얻어 빠르게 성장할 것이다.

포용은 경제성장의 원동력

베트남의 포용력은 경제적 측면에서 그 진가를 발휘한다. 베트남은 세계 여러 국가들과의 자유무역협정^{FTA}* 체결을 통해 글로벌 무역 네트워크를 빠르게 형성하고 있다.

2017년 세계경제포럼에 따르면 베트남의 전체 GDP에서 무역 비중은 200%다. 보통 홍콩, 싱가포르, 룩셈부르크처럼 인구 규모가 작지만 부유한 나라들의 경우 GDP 대비 무역 비중이 300% 이상이다. 내수시장이 너무 작아 수출에 의존할 수밖에 없는 것이다. 그런데 베트남은 1억에 가까운 거대한 내수시장을 가지고 있음에도 무역 비중이 높게 나타나는 점이 매우 주목할 만하다.

세계은행도 인구 5,000만 명 이상 국가 중 베트남의 무역의존도가 가장 높다고 지적했다. 베트남은 '넥스트 차이나'로 주목받으면서 미국과 중국으로 수출하는 전자 제품, 의류 등의 제조 공장이 되고 있다. 이러한 대외의존도는 베트남의 내수시장을 빠르게 성장시키는 기폭제가 되기도 한다. 한 예로 제조업 증가로 취업률이 상승하면서 1990년대 70%나 되었던 극빈율이 2016년에는 10%로 떨어졌다.

베트남의 빠른 성장에는 베트남을 세계와 연결하는 비엣 끼에우$^{Việt kiều}$의 영향도 빼놓을 수 없다. 비엣은 '베트남'을 말하고 끼에우는 '교포'를 뜻한다. 해외에 사는 중국인을 화교라 부르듯 해외에서 나

---

* 아세안, 유럽, 아시아 주요 국가들과 19개 FTA 체결 및 추진 진행 중.

고 자란 베트남 사람을 이렇게 부른다. 1975년 공산당에 의해 베트남이 통일되자 민주주의를 지지했던 사람들은 대거 해외로 도피했다. 당시 해로를 통해 급하게 탈출한 이들을 '보트피플$^{Boat people}$'이라 불렀다.

최근 미국, 호주 등으로 떠났던 베트남 교포나 해외 유학생들이 다시 베트남으로 돌아오고 있다. 이들은 내재화하고 있는 베트남의 문화와 언어 능력을 기반으로 선진국에서 익힌 선진 시스템과 아이템을 베트남에 도입하고 있다. 비엣 끼에우들은 베트남이라는 정체성을 유지하면서 글로벌 시장에서 배울 수 있는 점을 적극 포용해 베트남의 현대화를 가속화하고 있다.

무섭게 이어지는 글로벌 기업의 M&A 성사와 유의점

동남아시장에서 베트남 기업들은 M&A의 주요 타깃으로 떠오르고 있다. 싱가포르나 태국은 경쟁 강도가 높고 인도네시아는 외국인 투자 진입 규제가 강하다. 필리핀은 치안이 좋지 않고 미얀마, 라오스, 캄보디아는 구매 수준이 매우 낮다. 반면 베트남은 빠르게 성장하고 있지만 아직은 경쟁 강도가 낮고 베트남 정부는 외국인 투자를 장려한다. 베트남은 저렴한 노동력을 갖춘 생산기지로도 매력적이지만 더 큰 매력은 1억에 가까운 거대 인구의 성장 잠재력에 있다. 중국처럼 짧은 시간 동안 내수시장 수요가 폭발적으로 늘어날 가능성이 높고 부동산 가격 상승의 기대치뿐만 아니라 아세안 국가의 전략적 요충지로서도 가치가 높다.

글로벌 회계 컨설팅 기업 KPMG에 따르면 베트남에 대한 외국인 투자는 2013년 89억 달러에서 2017년 141억 달러로 58% 증가한 반면 같은 기간 M&A는 115%나 증가했다. 2017년은 베트남의 M&A 투자가 최고점을 찍은 시기이다.

2018년 8월 베트남 기획투자부^{MPI} 후원으로 진행된 베트남 M&A 포럼에서는 지난 10년간 베트남 M&A 시장의 변화를 되돌아보고 발전 방향을 논의했다. 이 자리에서 베트남 부총리 브엉딘후에^{Vương Đình Huệ}는 베트남 M&A 규모가 2017년 102억 달러(약 12조 2,000억 원)로 2016년 대비 30% 이상 성장해 역대 최고 기록을 세웠고 2018년 상반기에는 33억 5,000만 달러(약 4조 3,000억 원)로 전년도 같은 기간 대비 50% 이상 증가했다고 강조했다.*

외국인 투자는 주로 식품 제조, 도소매, 금융, 부동산 등에서 활발하게 이루어지고 있다. 지난 10년 동안 가장 큰 M&A 거래는 2017년 12월 태국의 가장 큰 주류업체인 타이 비버리지^{ThaiBev}가 베

---

* 출처: 이주현, 제10회 베트남 M&A 포럼 참관기, 〈KOTRA 해외시장뉴스〉, 2018년 8월 17일.

트남 최대 주류회사인 사베코^{SABECO, Saigon Alcohol Beer and Beverage Corporation}*의 지분 53.6%를 48억 달러에 인수해 경영권을 확보한 것이다. 타이 비버리지는 국영기업이던 사베코의 생산성을 제고해 2020년까지 전체 매출의 50%를 해외에서 올릴 계획을 세웠고 인수 후 1년 만에 메콩강 주변국인 캄보디아, 라오스, 미얀마를 공략해 해외 매출 40%를 달성했다. 타이 비버리지는 사베코 인수를 통해 아세안 맥주 시장의 24%를 장악하며 아세안 1위 맥주 기업으로 도약했다.

소매 유통 분야의 대표적인 M&A는 2016년 4월 태국 센트럴 그룹^{Central Group}**이 프랑스 대형 유통기업 그룹 카지노^{Groupe Casino}가 투자한 베트남의 빅시^{Big C}를 11억 4,000만 달러에 인수한 것이다. 이를 통해 태국 센트럴 그룹은 베트남의 빅시 43개 매장을 일괄 확보할 수 있었다. 베트남과 태국, 말레이시아 등 아세안 시장에서 생산한 상품들을 센트럴이 가진 유통망에 판매함으로써 규모의 경제^{Scale of economy}를 만들겠다는 전략이다.

도소매 유통 분야에서 또 다른 대규모 딜은 태국의 수출입 대기업 베를리 적커^{Berli Jucker PCL, BJC}의 최대 투자자인 태국 TCC홀딩^{TCC Holding}이 독일 메트로 그룹이 소유했던 베트남의 슈퍼마켓 체인인 메트로

---

*　　베트남 산업무역부 산하에서 육성되는 국영회사이자 베트남 대표 주류회사로 베트남 국민 맥주 '333'과 '비어 사이공'이라는 브랜드로 전국 시장점유율 50% 이상을 차지하고 있다.
**　　태국에서 부동산, 백화점, 유통, 호텔, 레스토랑 등을 운영하는 거대 기업. 이들은 베트남에서 빅시뿐만 아니라 전자 제품을 판매하는 응우엔낌과 파트너십을 맺고 있다.

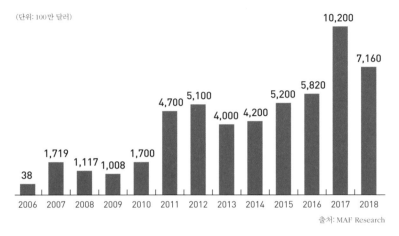

연도별 베트남 M&A 거래액

(단위: 100만 달러)

출처: MAF Research

캐시 앤드 캐리^{Metro Cash & Carry Vietnam}를 인수한 것이다. 2016년 1월 7일 인수 계약을 체결해 메트로의 19개 홀세일 매장과 관련 부동산 포트폴리오를 7억 1,100만 달러에 인수했다. 또 1년 후인 2017년 1월에는 메트로 전 매장의 브랜드 명을 MM 메가마켓^{MM Mega Market Vietnam}으로 교체했다.

금융 분야에서는 2019년 한국의 하나은행이 베트남 4대 국영 상업은행 중 하나인 베트남투자개발은행^{BIDV}의 지분 15%를 8억 6,800만 달러, 즉 한화 1조 원에 인수했다. BIDV는 자산 규모로 베트남 제2의 국영기업으로 이 인수는 베트남 은행업계에서 이루어진 M&A 거래 중 가장 큰 규모다. 2018년 신한카드는 푸르덴셜 베트남 금융회사^{Prudential Vietnam Finance Company} 지분 100%를 1,800억 원에 인수했고 롯데카드는 테크콤 파이낸스^{Techcom Finance} 지분 100%를 900억 원에 인수했다.

부동산 분야에서는 싱가포르 국부펀드인 GIC가 베트남 최대 부동산 개발사인 빈홈스^{Vinhomes}에 8억 5,300만 달러를 투자하며 대규모 거래가 이루어졌다. GIC의 빈 그룹 전체 투자액은 13억 달러에 이른다. GIC는 베트남 각 영역 1위 기업에도 투자하고 있는데 식품 분야의 마산 그룹^{Masan Group} 5%, 항공 분야의 비엣젯에어 5%, 전자제품 분야 FPT에 3.5%, 유제품 분야 비나밀크 0.7%를 투자해 총 투자 금액은 6억 6,000만 달러다.*

부동산 컨설팅 기업인 JLL**에 따르면 SK그룹은 빈 그룹에 10억 달러(약 1조 2,000억 원)를 투자했다. 일본의 노무라 부동산 개발상^{Nomura Real Estate Development}은 호찌민의 랜드마크 중 하나인 선와 타워^{Sun Wah Tower}의 지분 24%를 인수했다고 언론에 밝혔다.

싱가포르의 캐피털랜드^{CapitaLand} 역시 2018년 하노이 서호와 호찌민 2군의 빈쭝동^{Binh Trung Dong}의 주요 지역을 9,000만 달러에 매입해 2021년 주거지 완공을 목표로 개발에 들어갔다. 서호는 하노이에

---

* 출처: Kim Oanh, Vietnam M&A Forum: Top ten deals in 2009-2018, 〈베트남 투자 리뷰(VIR)〉, 2018년 7월 24일.
** 출처: JLL 제공, Overview on M&A activities in Vietnam 2018, 〈리토크 아시아(RETALK ASIA)〉, 2019년 3월 14일.

서 가장 큰 호수로 인근에 호텔과 레스토랑 등이 즐비하다. 호찌민 2군은 상하이의 푸둥을 벤치마킹해 금융 도시로 개발 중이며 유럽과 일본, 한국 등에서 온 외국인이 밀집해 살고 있는 고급 주택 및 쇼핑 단지, 오피스 상권이기도 하다.

지금까지 글로벌 기업들이 베트남 기업을 100% 인수하거나 지분을 투자한 굵직한 사례들을 알아보았는데 여기서 한 가지 강조하고 싶은 부분이 있다. 외국계 기업이 베트남의 지분을 인수하는 방식으로 M&A가 이루어졌지만 사실 베트남 기업들이 외국계 기업을 포용했다고 볼 수 있다. 지분을 적게 갖더라도 '실질적인' 사업주도권은 베트남 기업에 있기 때문이다. 예를 들어 태국 타이 비버리지는 베트남 사베코의 지분을 53.6% 인수해 다수 지분으로 경영권은 확보했지만 이사회 의사결정권은 확보하지 못했다. 베트남은 의결 정족수가 일반적인 국제 기준과 달라 2인 이상 유한책임회사의 의결정족수는 지분 65%를 넘어야 하기 때문이다. 경영권과 의사결정권이 분리되어 운영 효율성이 떨어질 수 있지만 베트남에 가면 베트남법을 따라야 한다.

빠르게 성장하는 베트남에서 성공하려면 베트남을 존중해야 한다. 개발도상국이라고 낮게 보는 마음으로 접근해서는 성공할 수 없다. 2005년 베트남에 진출한 말레이시아의 파크슨^{PARKSON} 백화점은 일곱 개 매장을 운영했으나 지금은 세 개 매장만 남아있다. 롯데마트도 2008년 진출해 자리를 잡았지만 약 400억 원의 누적 손실을 보았고 싱가포르 자본인 편의점 샵앤고$^{Shop\&Go}$는 최근 1달러에 팔렸다. 프랑스 오샹^{Auchan}, 독일 메트로, 태국 빅시 등 많은 유통기업들이 베트남에 진입했지만 운영에 실패해 매각하고 철수했다. 마치 까르푸, 월마트, 테스코 같은 외국계 기업이 한국시장 진입에 실패하고 철수한 것과 비슷하다.

베트남에서 사업을 하기 위해서는 베트남 파트너의 현지시장 경험, 노하우 및 네트워크의 힘이 절대적으로 필요하다. M&A든 합작법인^{JV}이든 베트남 현지 파트너를 존중하고 협력해 최적의 현지화 방안을 찾는 것이 현명하다.

시장쟁탈전에서 살아남는 베트남 현지 기업의 포용 전략

베트남 1위 유통기업인 사이공쿱$^{Saigon \ Co.op}$ 역시 포용력을 바탕으로 경쟁력을 강화하며 혁신 중이다. 사이공쿱이 운영하고 있는 쿱마트는 베트남에서는 한국의 이마트처럼 많은 사람들이 이용하는 대중적인 슈퍼마켓 체인이다. 전국에 128개의 매장(2020년 10월 기준)을 운영하며 '모든 가정의 친구'라는 슬로건에 맞춰 전국 58개 성$^{省, \ tinh}$에 매장이 있다.

하지만 베트남이 유통시장을 개방하자 베트남의 성장 잠재력에 주목한 글로벌 유통기업들이 베트남에 뛰어들면서 슈퍼마켓 시장의 경쟁이 치열해졌다. 호찌민에서만 쿱마트 44개, 롯데마트 4개, 이마트 1개, 빅시 9개 외 MM 메가마켓으로 이름을 바꾼 메트로, 안남고메^{Annam Gourmet} 등 수많은 유통기업들이 경쟁하고 있다.

특히 한국의 이마트와 롯데마트는 쿱마트의 중산층과 젊은 소비자들을 빼앗아갔고 쿱마트는 자연스럽게 '오래된', '나이 든 사람들이 가는', '중산층 이하 사람들이 가는' 이미지로 전락했다. 매장 수에서는 1위를 차지하고 있지만 쿱마트에는 앞으로 혁신하지 않는다면 도태될지 모른다는 위기의식이 생겼으리라.

사이공쿱의 총책임자인 응우옌아인득^{Nguyễn Anh Đức}은 한 매체와의 인터뷰에서 경쟁이 심한 베트남 유통시장에서 쿱마트가 나아갈 방향을 다음과 같이 밝혔다.

"베트남 소매 유통시장이 개방된 것은 장점이 더 많습니다. 우선 외국 유통기업들이 쌓아온 경험은 베트남 소매 유통시장을 한 단계 더 발전시키는 데 기여하고 있습니다. 덕분에 소비자의 눈높이는 높아졌고 그 눈높이에 맞추기 위해 현지 기업들도 지속적인 혁신을 추구하고 있습니다. (중략) 반면 현지 기업에는 현지 시장을 더 잘 알고 있다는 전문성이 있습니다. 이러한 전문성을 외국 기업과의 경쟁에서 우위를 점하는 방법으로 활용해야 합니다. 이를 위해 정부의 정책은 매우 중요한 역할을 할 것입니다. 단기적으로는 산업무역부가 발의한 상업 개발 전략안이 돌파구를 만들기 위해 통과를 기다리고 있습니다."*

이 인터뷰 내용을 보면 베트남 사람들의 본질적인 사고방식을 읽을 수 있다. 과거에는 외세의 침략에 맞서 전쟁을 벌였다면 현재는 외국 자본과 시장쟁탈전을 벌이고 있다. 하지만 좋은 점은 받아들여 성장의 기회로 삼는 개방성, 그리고 경쟁을 배척하기보다 주어진 여건에서 베트남 시장에 유리한 상황을 만들어가려는 포용적 사고방식이 엿보인다. 득 사장이 마지막에 정부 정책을 언급한 것도 베트남 시장에서 현지 기업은 정부 네트워크를 활용해 더 유리한 시장 위치를 점유할 수 있음을 시사한 것이다.

사이공쿱은 2019년 7월 프랑스의 오샹을 인수했다. 오샹은 상대적으로 가장 최근인 2015년 베트남에 진출한 기업이지만 경쟁이 치열한 베트남 시장에서 버티지 못하고 사이공쿱에 인수되었다. 빅시나 메트로와 같은 외국계 유통기업이 태국 같은 외국계 기업에 인수된 것과는 다르다. 사이공쿱은 오샹의 매장과 함께 오샹이 가지고 있는 이커머스 플랫폼과 온라인 애플리케이션까지 인수했다. 사이공쿱 입장에서는 빠르게 변화하는 베트남 시장에서 매장 네트

---

* 출처: SAIGON CO.OP AND AMBITION TO TAKE OVER "THE THRONE" OF RETAIL MARKET, 〈컬러본드(Colorbond)〉, 2019년 5월 13일.

워크는 물론 이커머스 트렌드를 이끌어 갈 수 있는 시너지까지 확보한 셈이다.

자체 경쟁력을 키우기 위한 현지 기업 간 합병

베트남어로 테저이지동이라 불리는 모바일월드는 휴대폰, 노트북, 태블릿과 같은 전자기기에 특화된 소매 유통기업이다. 2004년 사업을 시작해 현재 전국 요지에 1,000개가 넘는 매장이 있다. 큰 규모의 매장과 눈에 띄는 노란색 로고 때문에 베트남을 방문해봤다면 한 번쯤은 본 적이 있을 것이다.

2010년부터 모바일월드는 가전제품 전문의 디엔마이싸인^{Điện Máy} ^{Xanh}이라는 서브 브랜드를 만들어 800개 이상의 매장을 운영 중이다. 2015년에는 박호아싸인^{Bách hoá XANH}이라는 신선 식품 전문 슈퍼마켓 사업을 시작해 1,646개 매장도 운영하고 있다.

그리고 2017년 12월 말부터 본격적인 M&A에 들어가 푹안캉^{Phuc An Khang} 약국 체인을 인수하며 의약품 소매시장에도 뛰어들었다. 2018년 1월에는 베트남 북부 지역 진출을 위해 디엔마이싸인의 경쟁업체인 북부 지역 전자 제품 소매업체 쩐아인^{TRAN ANH}의 지분 90% 이상을 8,500억동, 한화로 약 389억 원에 인수했다. 이를 통해 모바

모바일월드(좌)는 각종 전자 기기 소매 유통기업으로 시작해 가전제품만을 판매하는 디엔마이싸인(중간), 슈퍼마켓인 박호아싸인(우) 등으로 영역을 확장하고 있다.

일월드는 쩐아인의 34개 매장을 확보해 전자제품 소매 체인 시장 점유율 30% 이상의 강력한 입지를 갖추었고 쩐아인이 미리 투자했던 이커머스 인프라까지 흡수하게 되었다. 쩐아인은 단계적으로 디엔마이싸인으로 브랜드를 전환해 현재 쩐아인 브랜드는 사용되지 않고 있다.

쩐아인은 4년 동안 일본 노지마Nojima와 전략적 파트너십을 맺고 노지마의 기술력을 바탕으로 성장을 거뒀지만 결국 경쟁사였던 자국 기업을 파트너로 선택했다. 이러한 움직임을 보면 향후에도 현지 기업들은 자국 기업들과의 병합을 통해 자체적인 경쟁력을 키워갈 것으로 보인다. 외국계 기업의 기술과 선진화된 트렌드를 빠르게 흡수하면서도 국내 기업끼리 힘을 합침으로써 글로벌 기업의 대항마로 입지를 굳건히 다지려는 것이다.

여행 가방의 빈 자리를 활용한 공유경제 서비스

#포용시너지 #편리 #이커머스 #여행업 #물류업 #IT

XTAYPR⊙
★
엑스따이프로

핸드캐리 서비스는 동남아시아나 아프리카 등 자국 시장에서 유통되는 상품이 다양하지 않고 모조품이 많은 나라에서 지난 30년 이상 이용되어왔다. 믿을 수 있는 품질의 상품을 이용하기 위해 외국에서 상품을 핸드캐리로 가지고 들어와 사용해온 것이다.

글로벌 컨설팅 기업인 액센츄어^Accenture^는 전 세계 핸드캐리 시장은 연평균 29.3%의 성장률을 보이고 있으며 2020년까지 총 9,000억 달러(약 1,000조 원)에 이를 것으로 전망했다. 이는 전 세계 전자상거래의 22%에 해당한다. 전체 핸드캐리 거래의 53.6%는 동남아에서 이루어지고 있는데 페이팔^Paypal^이 아시아 태평양 지역의 3만 4,000명을 대상으로 한 설문조사 결과 전체 응답자의 40%가 핸드캐리 상품을 구매한 경험이 있다고 답했다. 동남아에서 핸드캐리 상품의 수요와 잠재력을 짐작할 만하다.

베트남도 핸드캐리 상품의 수요가 높은데 베트남어로는 항싹따이^{hàng xách tay}라고 부른다. 따이^{Tay}는 '손', 싹^{Xách}은 '들고 오다', 항^{Hàng}은 '물건'을 의미한다.

비공식 거래를 전문화·표준화한 서비스

베트남에서 핸드캐리 상품을 파는 비공식 채널이 늘어나면서 유통되는 상품의 진위 여부를 확인하기가 점점 더 어려워지고 있다. 특히 소비자들은 분유, 홍삼 같은 식품의 경우 위조품 판매 가능성이 높아 현지 핸드캐리 업체에서 구매하기를 꺼려서 친구나 친척이 해외에 나가기를 기다렸다가 구매하는 불편함이 있었다.

이러한 베트남 소비자들의 불편을 해소해주는 동시에 믿을 수 있는 해외 정품을 원하는 때에 배송해주는 새로운 서비스가 등장했다. 1985년생 응우옌쯩히에우^{Nguyễn Trung Hiếu}가 설립한 엑스따이프로^{XTAYPRO}가 그것이다. 히에우는 우버^{Uber}와 에어비앤비^{Airbnb} 같은 공유경제 서비스에서 영감을 얻어 여행자 트렁크의 비어 있는 공간에 주목했다.

브랜드 명 '엑스따이프로^{XTAYPRO}'는 '전문적인 핸드캐리'라는 이미

전 세계로 물건을 보내거나 받아야 할 때 '기꺼이' 도와주겠다는 엑스따이프로의 모토.

지를 전달하는데, 스티브 잡스의 'Stay Hungry, Stay Foolish'를 응용한 문구 'Stay Professional'을 함축한 것으로 핸드[Tay] 캐리[Xách]를 표현하기 위해 Stay의 S를 X로 바꾸었다.

엑스따이프로는 비공식채널 거래의 프로세스를 표준화해 파는 사람과 사는 사람을 전문적으로 연결해주며 믿을 수 있는 상품 거래로 모두가 이익을 보게 하는 공유경제 모델이다. 주로 개발도상국의 현지인을 선진국의 여행자나 한 지역을 자주 왕래하는 사람들과 연결시킨다. 여행자들의 남는 수하물 공간을 활용해 과도한 물류비나 인건비를 들이지 않고도 상품이 무사히 전달될 수 있다. 그뿐만 아니라 화물 운송을 위한 별도의 플라스틱 포장이나 연료가 필요치 않아 환경보호에도 긍정적인 영향을 미친다. 이에 녹색을 기업 메인 컬러로 사용하고 있다.

'10분의 1' 가격, 독일의 전통 여행자 배송에서 영감을 얻다

히에우가 베트남으로 돌아온 것은 엑스따이프로를 창업하기 위해서는 아니었다. 2005년부터 2010년 독일 뤼베크 응용과학 기술대학^{Technische Hochschule Lübeck}에서 전자공학 학사, 2010년부터 2012년 영국 리버풀 대학에서 재무수학 석사를 마친 뒤 외국에서 배운 것들을 베트남에 적용해 사회 발전에 도움이 되고 싶다는 막연한 생각으로 돌아왔다.

마침 지인이 반도체 프로젝트를 같이 진행하자는 제안을 해와 호찌민 베트남 국립대학 내 집적회로 설계 연구 및 교육 센터인 ICDREC^{Integrated Circuit Design Research and Education Center}에서 5년 7개월간 시장분석 및 개발자로 일했다. 당시 히에우는 연구에 필요한 시제품들을 일본에서 수입해야 했는데 일본 회사는 구매 수량이 적다며 직접 와서 가져가라고 했다.

히에우는 독일에서 여행자를 통해 물건을 전달한 경험이 있었던 터라 비용과 시간을 절약하기 위해 일본에서 베트남으로 들어오는

동남아시아 지역을 담당하고 있는 위규영 이사(좌)와 CEO인 응우옌쭝히에우(우). 모든 직원이 메인 컬러인 녹색 셔츠를 입고 일한다.

여행자에게 물건 전달을 부탁했다. 그런데 회삿돈을 여행자에게 먼저 지불해야 하는데 만약 여행자가 돈을 받고도 약속을 지키지 않는다면 회사에 손실을 입힐 수 있다는 리스크가 마음에 걸렸다. 이 경험으로 히에우는 엑스따이프로와 같은 서비스가 필요하다는 생각을 하게 되었다. 2014년의 일이었다.

독일의 여행자를 통한 배송 문화의 역사는 1960년까지 거슬러 올라간다. 여행자들은 중앙역이나 대학 내 게시판에 자신이 떠나는 시간과 장소를 알리며 물건을 배송해줄 테니 어디서 만나자는 메시지를 남겼다. 2000년대 인터넷이 발달한 뒤로는 인터넷 카페가 게시판을 대신했고 2010년대에는 스마트폰 앱이 대신했다. 히에우가 처음 독일에 갔을 때는 작은 서류나 편지도 일반 우편으로 베트남에 보낼 경우 오랜 시간이 걸렸고 급행으로 보낼 경우 평균 50달러 이상의 비용을 지불해야 했다. 이러한 사정을 들은 독일 친구가 히에우에게 이 서비스를 소개해줘 10분의 1 비용으로 여행자 배송을 이용한 경험이 있었고, 이 경험이 엑스따이프로에 영감을 준 것이다.

히에우는 많은 여행자들이 수하물 한도를 거의 채우지 않고 여행하는 점에서 기회를 발견했다. 해외 직구를 원하는 현지 소비자들은 작은 사이즈의 상품을 더 빠르고 더 싸고 더 안전하게 쇼핑할 수 있고 여행자들은 여행 경비를 조금이라도 벌 수 있다. 정부는 투명하게 세금을 걷을 수 있으며 나아가 여행산업도 활성화될 수 있다. 여행과 물류, IT를 결합한 새로운 P2P 이커머스 프로세스를 구축하기 위해 히에우는 2016년 11월 엑스따이프로를 설립했다.

하지만 엑스따이프로에 올인하기엔 그의 직장이 안정적이었고 급여도 높아 바로 그만두지 못했다. 그래서 낮에는 ICDREC에서 일하고 밤에는 엑스따이프로 사업 모델을 위한 시장조사를 철저히 했다. 우선 보내는 쪽과 받는 쪽 입장에서 발생 가능한 리스크 요인들을 찾아내고 그랩과 에어비앤비를 철저하게 벤치마킹했다.

이중생활을 한 지 1년이 지나자 몸이 힘들어졌다. 선택과 집중의 시간이 온 것이다. 결국 그는 2018년 안정적인 회사를 퇴사하고 엑스따이프로에서 새로운 도전을 시작했다.

구매자와 판매자 모두를 보호하는 시스템

다른 공유경제 서비스와 마찬가지로 엑스따이프로가 성공하기 위해서는 사용자 간 신뢰를 구축하는 일이 가장 중요하므로 히에우는 사업의 핵심가치를 '정직'에 두고 있다. 모조품 구매나 불법적 행동을 방지하기 위해 유연하지만 엄격하게 이용자 신분을 확인하고 랭킹 시스템 및 안전한 지불 장치를 도입했다.

엑스따이프로 서비스에서 발생할 수 있는 최악의 상황은 여행자가 마약을 운반하는 일이다. 전도연이 주연한 영화 〈집으로 가는 길〉은 누군가의 부탁으로 운반한 물건이 마약이어서 평범한 가정주부가 억울하게 프랑스 감옥에 수감되는 내용을 다뤘다. 엑스따이프로는 이 같은 일이 발생하지 않도록 배송을 원하는 사람의 프로필을 완벽하게 분석한다. 여권, 은행 계좌, 전기·수도세 납부 증명서 확인 등 다양한 인증 장치로 만에 하나 문제가 발생할 경우 신고 조치가 가능하게 한다. 또한 판매자의 상품 영수증과 구매 장소까지 인증을 거쳐 가짜 상품이나 밀수 상품이 거래되지 않도록 철저히 차단하고 있다.

사용자는 매 거래마다 서로를 평가하고 리뷰를 남겨 다른 사용자들과 정보를 공유한다. 판매자와 구매자 모두를 보호하기 위해 엑스따이프로가 먼저 구매자에게 돈을 받고 상품 전달이 완료되면 판매자에게 돈을 전달한다. 이로 인해 손실 또는 분쟁 발생 시에도 원만한 중재가 가능해진다.

그 결과 지금까지 엑스따이프로에서 발생한 고객 클레임은 경미한 수준이다. 예를 들어 37 사이즈 신발을 주문했는데 38 사이즈를 전달한 판매자의 실수 같은 것이다. 어떤 고객은 장인어른 생일 선물로 미국에서 시계를 주문했는데 생일날 아침에 도착하기로 한 물건이 비행기 연착으로 하루 늦게 도착했다. 이 구매자는 물건을 기다리는 대신 현지 매장에서 300달러를 더 주고 시계를 사버렸다. 이 경우는 누구의 잘못도 아니다. 엑스따이프로는 이 두 사례 모두 구매자에게 먼저 환불해주고 판매자가 사 온 물건을 대행 판매한 후 판매자에게 대금을 지불해줌으로써 문제를 평화롭게 해결할 수 있었다. 판매자들이 사 온 물건은 정품이고 현지에서 직접 사는 것보다 가격이 저렴하기 때문에 베트남 시장에서 쉽게 팔린다.

배송 과정에서 문제가 생기는 경우도 있다. 배송 중 주문한 가방에 흠집이 생기면 판매자에게 가격을 낮춰 팔게 하고 구매자는 할인받은 금액으로 가방을 고쳐 사용하도록 중재했다.

페이스북, 한국·베트남 정부까지 주목한 기업

엑스따이프로는 베타버전을 출시하자마자 페이스북에서 주최한 FB 스타트 액셀러레이터 프로그램^{FB Start Accelerator Program}에 참여했다. 유망한 스타트업의 성장을 돕는 이 프로그램을 통해 엑스따이프로는 플랫폼 인프라를 통합하기 위한 디자인, 사용자 테스트, 국가별 현지화 및 기술 등에서 전문가의 코칭을 받을 수 있었다. 그뿐만 아니라 페이스북의 지원을 받았다는 것 자체가 잠재 고객들에게 신뢰를 주어 엑스따이프로의 이용자 수는 800% 이상 증가했다.

엑스따이프로는 한국에도 지사를 내기 위해 한국 정부가 주최한 'K-스타트업 그랜드 챌린지 2018^{K-Startup Grand Challenge 2018}'에 참여했다. 이미 엑스따이프로를 이용해 한국에서 베트남으로 많은 물건이 수입되고 있기 때문이다.

한국 정부는 스타트업들이 아시아 시장으로 사업을 확대할 수 있도록 지원하기 위해 전 세계 1,770개 스타트업 중 80개를 선정했고 이 중 엑스따이프로는 베트남 기업으로는 처음으로 우승(3위)을 했다. 히에우는 2018년 7월부터 2019년 2월까지 한국에 머물면서 4개월 동안 프로그램에 참여해 우승한 후, 이를 계기로 판교에 지사를 설립하고 대기업 등 잠재 파트너들을 만나는 기회를 얻었다.

베트남 정부의 지원도 있었다. 현재 엑스따이프로는 베트남 세관

'K-스타트업 그랜드 챌린지 2018'에서 우승을
차지한 엑스따이프로.

과 협력해 세관 신고를 자동화하는 시스템을 개발하고 있다. 그러면 많은 양의 물품을 수입하더라고 쉽게 세관 신고를 마칠 수 있게 된다. 베트남 정부는 그동안 핸드캐리 시장 현황을 제대로 파악하지 못했고 세금도 제대로 걷지 못했다. 핸드캐리 상품 대부분은 페이스북이나 바이버Viber 같은 소셜 네트워크에서 판매되고 있기 때문이다. 하지만 엑스따이프로를 통하면 정부는 핸드캐리 상품의 투명한 거래현황을 파악할 수 있고 소비자도 보호할 수 있게 된다. 뿐만 아니라 세금*도 걷을 수 있다.

* 한-베 FTA로 90%의 상품은 무관세다. 무관세를 위해 원산지 증명서가 필요한 상품의 경우도 10개 미만의 수량을 수입할 경우에는 적용되지 않는다.

소상공인들에게 기회를 제공하는 플랫폼

현재 엑스따이프로는 베트남, 한국, 싱가포르, 독일에 진출했다. 각 국가에 살고 있는 베트남 유학생, 파견 근로자, 출장자나 여행자에게 이 플랫폼을 알려 판매자가 될 수 있도록 하고 소상공인들의 상품도 세계 소비자들에게 쉽게 알려질 수 있도록 돕고 있다.

여행자가 상품 매입부터 운송까지 일괄로 진행하는 방법도 있고 운송만 하는 방법도 있는데 후자의 경우 상품 매입은 각 국가에 거주하는 베트남 교민들이 대부분 담당한다. 주로 유학생이거나 주부들로 인스타그램을 운영하면서 한국 상품을 소개하고 주문이 들어오면 상품을 구매해 엑스따이프로의 사무실로 전달해준다.*

여행자는 현지에 도착하면 구매자와 약속해 안전을 위해 공공장소에서 만나 상품을 전달한다. 그 후 엑스따이프로는 구매자에게서 미리 받은 상품 대금을 여행자와 판매자에게 입금해준다.

베트남에 진입하려는 한국의 소상공인들도 엑스따이프로를 이용할 수 있다. 과거에는 베트남 소비자에게 상품을 판매하려면 법인을 설립하고 직원을 고용하고 매장을 열고 마케팅 활동까지 모든 것을 다 해야 했다. 하지만 이제는 엑스따이프로를 통해 현지 소비

---

*   싱가포르에서는 이런 방식으로 세후 월 1,000~2,000달러를 벌며 생계를 유지하는 사람도 있다.

자들이 주문한 상품만 보내주면 된다. 별도의 창고가 필요 없으므로 물류 비용, 재고 비용도 없다. 이렇게 시장성 테스트를 통해 수요가 많아지면 그때부터 본격적으로 베트남에 진출해 사업을 시작할 수 있다.

앱 상용화와 국가별 현지화 과제

하지만 국가 간 공유경제 플랫폼이다 보니 아직 해결해야 할 도전 과제들이 많다. 첫째는 더 많은 사용자들이 앱을 다운로드하게 해야 한다. 한번 사용한 사람들은 계속 사용하지만 처음 앱을 다운로드하게 만드는 일이 어렵다.

"사람들이 앱을 다운로드할 때까지 시간이 오래 걸려요. 그랩도 그랬죠. 하지만 한번 사용하면 계속 사용하잖아요. 페이스북을 통해 친구들에게 여행 사실을 알리는 것보다 우리 플랫폼에 올리면 자동 연결 메커니즘Auto matching mechanism으로 더 많은 구매 요청을 받을 수 있어요."

이를 위해 엑스따이프로는 호찌민의 여행자 거리인 팜응우라오Phạm Ngũ Lão로 본사를 옮겨 여행사들과 긴밀하게 일하고 있다. 여행사에 광고를 하고 에어비앤비 및 호스텔과 협력해 여행자들이 앱을

엑스따이프로의 존재가치, 핵심가치, 미래가치에 대해 이야기하는 히에우(우)

다운로드하면 무료 커피를 제공한다.

"엑스따이프로가 타깃으로 하는 여행자들은 저예산으로 여행하는 사람들이에요. 그래서 고급 호텔 이용자보다는 호스텔 이용자들을 대상으로 광고하고 있어요."

또 베트남의 젊은 중상층 사람들이 많이 관람하는 뮤지컬, 축구 등과 같은 이벤트도 후원해 엑스따이프로를 알리고 있다.

둘째는 국가 간 문화가 다른 사람들을 연결하는 사업이므로 언어, 결제 방법, 인터넷 환경, 주요 플랫폼 등을 국가별로 현지화해야하는 것이다.

"예를 들어 페이스북은 베트남에서 가장 많이 사용하는 플랫폼이지만 한국은 페이스북, 구글보다는 네이버를 많이 쓰는 것처럼 국가별로 더 효과적인 마케팅 플랫폼을 이해해야 해요. 또 결제 방식도 달라요. 베트남은 물건을 받고 현금으로 결제하는 대금교환불 COD, Cash On Delivery을 선호하지만 한국은 신용카드, 카카오페이를 사용하기 때문에 크로스 보더Cross border로 진행할 때는 두 개의 결제 대행사 Payment Gateway를 써야 해요. 문화도 유럽 국가들은 거의 비슷한 데 반해 아시아는 각 국가마다 특성이 달라요. 특히 베트남은 남쪽과 북쪽이 매우 다르죠. 예를 들어 주얼리 같은 경우 남쪽 사람들은 디자인 때문에 구입하지만 북쪽 사람들은 재산 개념으로 삽니다.”

마지막으로 국가 간 차이를 반영함과 동시에 모든 사용자가 이해하고 사용하기 쉬운 UX나 UI를 설계해야 한다.

히에우는 엑스따이프로와 같은 크로스 보더 공유경제 서비스 사업을 미래형 사업이라 생각한다. 4차 산업혁명 시대의 비즈니스 모델이면서 다양한 국가에 대한 이해와 젊은 감각이 필요하다. 그래서 이러한 도전 과제들을 해결하고 끝까지 살아남아 현재 세계 10위에서 세계 3위의 크로스 보더 공유경제 서비스가 되는 것을 목표로 한다.

이를 위해 히에우는 CEO로서 조직문화를 굉장히 중요하게 여긴다. 직원들은 대부분 외국에서 공부하고 돌아온 어린 친구들이다. 서양 문화에 익숙하고 관료주의와 맞지 않다. 그래서 히에우는 직급을 매니저와 스태프 2단계로만 나누었다. 서로 대등한 관계에서 각자의 의견과 아이디어를 공유하고 반대 의견을 통해 배울 수 있는 조직문화를 형성하고 있다.

호칭도 직급이 아닌 '형, 오빠, 언니, 누나, 동생'이다. 가족 문제도 함께 공유한다. 집에 일이 있으면 재택근무를 할 수 있다. 직원들은 베트남에 15명, 다른 나라에 15명이 있어 시차를 고려해 유연하게 근무시간을 관리하고 있다.

엑스따이프로는 태국, 일본, 호주로도 확대할 계획이다. 미국은 이용자가 많지만 너무 큰 대륙이고 아마존도 있어 향후 5년은 아시아 태평양 지역에 집중하려고 한다.

히에우는 CEO로서 엑스따이프로를 이끌어오면서 투자도 10번 이상 받았다.

"회사원이 아닌 CEO가 되면서 많이 배우고 있고 나 자신에 대해서도 알게 되었습니다. 미래는 아무도 모릅니다. 우리가 행복한 일을 하기만 한다면 그것이 좋은 일이라고 생각합니다."

베트남 여행사를 위한 B2B 마켓플레이스

#포용시너지 #여행 #IT

★

브이레저

2013년 설립된 브이레저[VLeisure]는 B2B 여행사들을 위한 마켓 플레이스다. 호텔, 항공, 투어 프로그램, 보험 등 여행과 관련된 모든 상품을 여행사에 제공해 수익 창출을 돕고 최종 소비자들도 편리하게 여행의 모든 것을 원 스톱 서비스로 해결할 수 있다.

브이레저를 설립한 판레[Phan Lê]는 4년 동안 비엣젯에어에서 세일즈 매니저로 일하면서 베트남 여행산업의 문제점을 발견하고 브이레저의 사업 모델을 개발할 수 있었다.

베트남 여행산업은 너무 파편화되어 있었다. 비행기 티켓 담당사는 비행기 티켓만 팔았고 호텔 담당사는 호텔 예약만 신경 썼다. 다수를 상대로 영업하는 아웃바운드와 고객 응대를 받는 인바운드도 각자의 영역에만 집중했다.

수익은 1달러, 배상금은 100달러?! 영세 여행사를 위한 B2B 솔루션

베트남 소비자들은 호텔 예약은 묵고자 하는 호텔에 직접 연락해 진행하거나 호텔스닷컴, 아고다 같은 온라인 여행사를 이용한다. 비행기 티켓의 경우 대부분 현금결제를 선호하기 때문에 70%의 소비자들이 오프라인 여행사를 통해 예약한다. 이러한 여행사들은 규모가 작고 영세해 항공권 판매 수익도 매우 적다. 그런데 만약 여행사에서 고객 이름이나 일정 등을 잘못 기입하면 전체 티켓비를 보상해주어야 한다. 즉, 수익은 1~2달러인데 실수가 생기면 100달러를 보상해주어야 하는 것이다.

판레는 이런 작은 여행사들의 어려움을 알게 되었다. 만약 여행사가 비행기 티켓뿐만 아니라 호텔, 렌터카, 여행자 보험 등 여행에 필요한 모든 솔루션을 제공해 수익 규모를 키울 수 있다면 혹시 실수를 해도 여기서 나온 수익으로 위약금 문제를 해결할 수 있을 것이라 생각했다. 여행자도 비행기 티켓 예약 서비스를 이용할 때 여행에 관련된 모든 것을 제공받으면 더 편리할 것이다.

대부분의 여행 비즈니스들이 B2C 사업에 집중할 때 판레는 B2B 사업으로 영세한 여행사들을 도와야겠다고 생각했다. 즉, 여행사가 최종 소비자에게 최적의 여행 솔루션을 제공해줄 수 있는 방안을 B2B 마켓 플레이스를 통해 찾은 것이다.

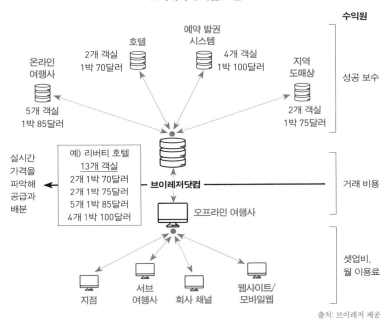

브이레저의 사업 모델

출처: 브이레저 제공

브이레저는 온라인 여행사, 호텔, 예약 발권 시스템GDS, 현지 도매상 등에서 호텔 객실 수와 가격을 실시간으로 제공받고 비교해 오프라인 여행사들에게 공유한다.

영세한 비행기 티켓 여행사들은 4~5성급 호텔과의 협상력이 부족하기 때문에 브이레저는 4,400개의 여행사들을 모아 호텔 공급 업체들과 협상함으로써 좋은 가격으로 호텔 견적을 받아냈다. 이를 통해 최종 소비자들은 저렴한 가격으로 호텔 예약이 가능해졌다.

B2C의 경우 프로모션을 많이 하면 최종 소비자들이 몰려들지만

프로모션을 중단하면 사람들은 다른 곳으로 떠난다. 따라서 브이레저는 협상력을 바탕으로 여행사에 지속적으로 가장 저렴한 솔루션을 제공해주는 것을 중요시한다.

선순환을 만들어내는 운영 시스템

브이레저 시스템은 빅데이터를 활용한다. 4~5년간 쌓인 빅데이터를 활용해 사람들이 가장 많이 찾는 여행지 및 여행 성수기를 예측하고 여행사들이 비수기 때 미리 호텔 객실을 저렴하게 구매해 성수기 때 최종 소비자들에게 최저가에 판매하도록 돕고 있다. 호텔들은 미리 돈을 받을 수 있어서 이익이고 영세한 여행사들은 최종 소비자들에게 좋은 평가를 받아서 좋다.

한편 브이레저는 호텔을 비행기 티켓과 함께 좋은 가격으로 판매하기 위해 다양한 호텔 공급업체들을 만나는 과정에서 새로운 사업 모델을 발견했다. 베트남에는 2~3성급의 작은 호텔이 많은데 이들에게는 객실이나 예약 관리 등을 효율적으로 할 수 있는 기술 지원이 필요했다.

그래서 브이레저는 비즈니스 운영 시스템인 BOS ^{Business Operation System} 패키지를 개발했다. 객실 관리 시스템, 온라인 여행사 관리 시스템,

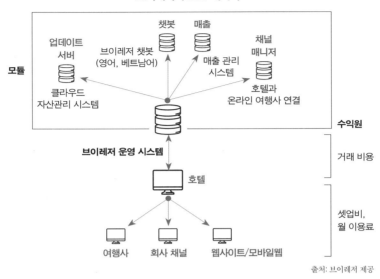

브이레저의 BOS 패키지

모듈

업데이트 서버
클라우드 자산관리 시스템

브이레저 챗봇
(영어, 베트남어)

챗봇

매출

매출 관리 시스템

채널 매니저
호텔과 온라인 여행사 연결

수익원

브이레저 운영 시스템

호텔

거래 비용

여행사   회사 채널   웹사이트/모바일웹

셋업비,
월 이용료

출처: 브이레저 제공

운영을 위한 AI 챗봇 등을 호텔에 제공해주는 것이다. 브이레저는 4,400개의 여행사와 호텔을 연결해 호텔 객실 이용률을 높이고 호텔 운영 비용을 낮출 수 있다. 만약 BOS를 이용한 호텔이 사용료를 지불하지 못할 경우 브이레저는 호텔 룸을 무료로 받아 여행사들에 판매함으로써 선순환 모델을 만들 수 있다.

　브이레저의 비전은 베트남에서 가장 큰 B2B 마켓 플레이스가 된 뒤 베트남에서 구축한 여행사의 구매력으로 캄보디아, 라오스, 미얀마에 허브를 갖추고 아시아로 진출하는 것이다. 그곳에는 앙코르

와트 등 많은 관광자원이 있고 차, 버스, 비행기로 갈 수 있기 때문이다.

유연한 의사결정과 지식 공유 시스템

브이레저는 여행사들뿐만 아니라 직원과의 신뢰를 바탕으로 단계적으로 천천히 비전에 다가갈 계획이다.

"브이레저는 작은 스타트업이라 급여나 복지에서는 글로벌 기업과 비교할 수 없습니다. 대신 분명한 직무 경험을 직원들에게 제시하고 있습니다. 함께한다면 함께 비전을 이룰 수 있습니다. 브이레저의 철학은 신뢰입니다."

이러한 철학 아래 브이레저는 조직을 사업단위^{BU, Business Unit}로 운영하고 있다. 즉, 회사 안의 회사처럼 손실이 나지 않는 한에서 사업단위로 의사결정권을 부여한다.

"매출과 비용이 같아서 수익이 0이면 괜찮아요. 여행사에서 호텔을 최종 소비자에게 10달러에 팔았는데 호텔이 여행사에게 12달러를 요청하면 일단 받아들이되 부서에서 손해만 없으면 됩니다. 다른 회사는 영업팀과 지원팀을 별도로 두지만 우리는 한 팀 안에 영업 담당과 지원 담당을 둡니다. 한 명은 사냥꾼으로 나가서 견적서

브이레저 창업자인 판레(좌)와 함께.

를 받아오고 다른 한 명은 농부로서 지원을 하며 효과적인 프로모
션 등을 상의해 결정하죠."

브이레저는 직원들이 오래 함께 일할 수 있도록 위키피디아 같
은 지식 공유 시스템을 갖추고 있다. 여행사의 질문을 받아 답변한
내용들을 시스템을 통해 공유한다. 4,400개의 여행사에서 한 개씩
만 질문을 받아도 4,400개로 이것들이 쌓이면 지식 자산이 되어 전
직원이 똑같은 언어로 여행사에 응대할 수 있게 된다. 그뿐만 아니
라 모두 같은 비전을 공유하고 같은 꿈을 꿀 수 있도록 콘퍼런스 등
에서 시장 트렌드나 미래 전망을 배우면 직원들과도 정보를 공유해
지속적으로 성장할 수 있도록 돕는다.

판레는 스타트업을 준비하는 사람들에게 다음과 같이 조언한다.

"먼저 시도하세요. 실패하면 그 실패에서 배우십시오. 아직 나이가 어리다면 일단 큰 회사에서 일해보세요. 거기서 프로세스를 배운 뒤 스스로에게 적용하는 것이 더 효율적입니다."

함께 알기

국경을 넘어 함께 미래를 만들어가는 Z세대

시대에 따라 글로벌 트렌드를 이끄는 중추 세대가 이동한다. 1980년대 미국에는 베이비 부머세대, 1990년대 일본에는 단카이세대, 2000년은 한국의 X세대, 2010년은 중국의 빠링허우가 중추 세대였다.

그리고 2020년대는 베트남의 찐 엑스가 그 배턴^{Baton}을 이어받을 것으로 보인다. 여기에 4차 산업혁명으로 세계 전체의 판도가 바뀌는 상황은 디지털 네이티브 비중이 높은 베트남에 더 유리하게 작용할 것이다.

글로벌 Z세대는 1996년 이후부터 2000년대 초반 출생자로 정의되는데 베트남의 1990년대 후반생들도 글로벌 Z세대에 속한다고 볼 수 있다. 이들은 모두 디지털 네이티브라는 공통된 특징을 지닌다.

한국의 Z세대는 646만 명으로 추산되는데 베트남의 Z세대는 1,440만 명으로 한국의 2.2배나 된다. 이들은 많은 면에서 서로 유사한데 디지털 네이티브 세대로서 동영상 위주로 지식을 습득하며 이모티콘으로 감정을 표현하고 사회 이슈에 관심을 보인다. 하지만 한국의 Z세대는 경제 저성장기에 있어 'N포세대'라고도 불리는 어두운 면이 있다.

반면 베트남의 Z세대는 경제성장 단계에 있어 장밋빛 미래를 꿈꾸는 세대다. 한국이 고도 성장기였던 1980년대 본격적으로 핵가족이 생겨난 것처럼 베트남도 10년 사이 평균 가족 구성원 수가 눈에 띄게 줄어들어 1999년 4.6명이던 가족 구성원 수가 2019년에는 3.5명이 되었다. 전체 가구 수의 66%가 부모와 한두 명의 자녀로 이루어진 핵가족 형태가 된 것이다. 그래서 중국의 소황제처럼 자녀가 원하는 것은 무엇이든 다 들어주는 시대적 흐름이 베트남에도 나타나고 있다.

베트남 Z세대는 오락, 외식, IT기기 등 가족 소비를 결정하는 주체가 되었다. 호찌민 호아센 대학 심리학 교수인 판뜨엉이엔Phan Tưởng Yên은 1990년대 중반 이후 태어난 세대들은 자유, 개인주의, 취향이라는 문화적 흐름에 큰 영향을 받는다고 했다. 자신의 흥미와 취향에 따라 매우 개인화된 소비 성향을 보이며 변화와 자유를 위한 유연성을 중시한다. 스타일리시한 오토바이와 최신 스마트폰으로 변화와 자유를 표현하며 부모 세대는 접근이 힘들었던 여행, 패션, 식음료, 고급 오토바이 등에 더 많이 노출되고 기꺼이 소비한다.

호찌민에 기반을 둔 소비자 컨설팅 기업인 디시전랩Decision Lab이 베트남 Z세대의 여가 활동을 조사했는데 총 열두 가지 응답 중 오직 두 가지만 오프라인 활동이고 나머지는 온라인 또는 비대면 활동으로 나타났다. 이전 세대들

베트남 평균 가족 구성원 수

	1979	1989	1999	2009	2019
가족 구성원 수	5.22	4.84	4.61	3.8	3.5
100년간 증감 수		-0.38	-0.23	-0.81	-0.3

출처: 2019 베트남 인구 및 주택 총조사

이 카페라는 공간에서 사람들을 만나 시간을 보냈던 것과는 많이 다르다. 베트남은 날씨가 덥고 프랑스의 영향으로 카페 문화가 발달해 베트남 사람들이 여가시간을 보내는 제1의 장소는 단연 카페였다. 그러나 Z세대에게 카페에서 시간 보내기는 가장 순위가 낮은 12위에 해당한다.

온라인 세상에서 생활하다 보니 Z세대는 사람을 직접 마주하는 것보다 온라인을 통한 커뮤니케이션에서 더 편안함을 느낀다. 베트남 Z세대가 선호하는 커뮤니케이션 방법을 살펴보면 50%는 메신저^{Messenger}, 잘로^{Zalo} 같은 채팅 앱을 통해 소통하는 것에 익숙하다. 단 30%만이 사람을 직접 마주하는 커뮤니케이션에서 편안함을 느끼고 있으니 오프라인 만남의 장소인 카페는 공간으로서의 중요도가 낮아질 수밖에 없다. 나머지 20% 중 9%는 전화 통화, 7%는 이메일을 선호하며 커뮤니케이션할 사람이 없다고 응답한 비중도 4%다.

온라인이 더 편하다 보니 사회적 관계 역시 주로 온라인을 통해 이루어진다. 가까운 사람과의 소통은 물론 친구를 사귀는 것도 온라인을 통한다. SNS를 통해 친구의 근황을 확인하며 친구의 친구 또는 관심사가 비슷한 추천 친구 등으로 온라인 네트워크를 확장해나간다. 이들은 자신의 생각과 감정을 글보다는 이모티콘을 통해 표현하며 이모티콘 자체가 자신의 아바타이자 개성을 표출하는 수단이다. 이들에게 소셜 네트워크에서 '좋아요'나 '댓글 수'는 인기와 존재감을 확인하는 일종의 바로미터다.

이들은 평균 일곱 개 플랫폼에서 시간을 보내는데 특정 유형의 콘텐츠를 특정 소셜 채널에서 즐긴다. 인스타그램에는 일상을 담고 잘로에서는 친구들과 메시지를 주고받으며 페이스북에서는 정보를 얻고 실시간으로 경험을 공

베트남 Z세대의 여가 활동

(단위: %)

페이스북 뉴스 구독	79
온라인 음악 청취(스포티파이 등)	74
음악 청취(CD, MP3, MP4)	73
채팅(잘로, 왓츠앱)	71
유튜브 동영상 청취	68
페이스북, 트위터 등 업로드 및 확인	64
컴퓨터/비디오 게임	62
온라인 영화 시청	61
집에서 친구나 가족과 시간 보내기	59
온라인 게임	57
온라인 포털 신문 및 뉴스 읽기	50
카페에서 놀기	43

출처: 디시전랩, 2018

베트남 Z세대의 커뮤니케이션 방법

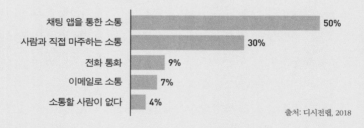

채팅 앱을 통한 소통	50%
사람과 직접 마주하는 소통	30%
전화 통화	9%
이메일로 소통	7%
소통할 사람이 없다	4%

출처: 디시전랩, 2018

유하며 의견과 신념을 표현한다. 유튜브에서는 관심 있는 정보를 즐긴다.

베트남의 Z세대는 언제나 온라인에 연결되어 있지만 온라인에서 공유되는 정보를 절대적으로 신뢰하지는 않는다. 비록 디지털 세계에 살고 있더라도 자신의 본모습을 보이며 의지할 수 있는 대상은 직접 만나 관계를 맺는 실제 세계에 있다. 베트남 고유의 가족주의와 관혜 문화가 이들에게도 여전히 중요한 것이다. 이들이 믿는 정보원은 부모님, 자주 만나는 친구, 친척과 권위 있는 전문가이며 온라인에서만 만난 친구나 온라인 댓글, 광고 등은 잘 믿지 않는다. 온라인에서 공유된 내용에는 상업적인 영리 목적이 있음을 잘 알고 있고, 소셜 네트워크에서 보여지는 일상이 아름답고 행복하게 포장된 단편인 것도 인식하고 있다.

Z세대는 과거 TV를 통해 수동적으로 주입식 정보를 얻은 세대와 달리 주도적으로 자신이 원하는 정보를 검색한다. 특히 사회적으로 이슈가 되는 정보에 관심을 기울인다. 중국과의 영토 분쟁이라든지, 환경오염, 인권, 가정폭력, 동물보호, 사이버 테러 등에 관심이 높으며 각 이슈에 대해 명확한 의견을 표현할 줄 안다.

2016년 오바마 전 미국 대통령이 베트남을 방문했을 때 Z세대가 오바마 대통령에 열광한 것도 그의 연설이 Z세대 사이에서 공감을 일으켰기 때문이다. 오바마는 Z세대가 가진 사회의식을 언급했고 베트남 청년들에게 '할 수 있다'는 자신감과 함께 장밋빛 비전을 심어주었다.

Z세대는 사회적 이슈에 관심을 갖는 자신을 스스로 '멋있다'고 생각한다. 최근 한국에서도 기업의 사회적 책임, 공정 무역, 환경보호 캠페인 등이 마케

팅에 활용되고 있는데 이러한 활동은 베트남 Z세대의 구매 결정에도 중요한 요인이 되고 있다.

동시대를 살아가는 디지털 원주민이지만 고도 성장기의 베트남과 저성장기의 한국에서 살아가는 Z세대의 미래 전망은 각기 다르다. 그럼에도 이들은 욜로라는 동일한 가치관으로 자기 삶의 소중함과 정체성을 잃지 않는 세대들이다. 국가별 경제 상황은 달라도 디지털 사회라는 공동체 안에서 한국과 베트남의 Z세대들은 글로벌 보편성을 공유하고 있는 것이다.

함께 알기

모든 계층을 포용하는 핸드캐리숍, 끄어항항싹따이

베트남에서는 다양한 채널을 통해 화장품이 판매된다. 백화점, 단일 브랜드 매장, 슈퍼마켓이 대표적이다. 백화점 화장품은 주로 상류층이 이용하고 중산층은 이니스프리, 더페이스샵, 시세이도 등이 운영하는 단일 브랜드 매장에서 화장품을 산다. 슈퍼마켓 화장품은 주로 중산층 이하 소비자들이 이용한다.

하지만 현지인의 삶 속으로 좀 더 들어가보면 상류층부터 중하층까지 모두가 이용하는 화장품 판매 채널을 알 수 있다. 바로 핸드캐리숍인 끄어항항싹따이^{cửa hang hàng xách tay}다.

핸드캐리숍은 정식 통관을 거치지 않고 들여온 상품을 판매하는 비공식 채널이다. 블랙마켓이지만 베트남 정부는 이들을 개인 소상공인으로 간주하고 일정 규모 이상 커지지 않는 한 통제하지 않았기에 끄어항항싹따이 채널이 베트남에서 영향력이 커지는 배경이 되었다(최근 끄어항항싹따이 채널의 규모가 커지자 베트남 정부는 본격적으로 밀수상품의 단속에 들어갔다).

핸드캐리숍이 전 계층 소비자들에게 인기 있는 이유는 무엇일까?

첫째, 트렌디한 다양한 상품을 가장 먼저 만나볼 수 있다. 이 채널은 주로 미국, 한국, 일본 등 베트남 사람들이 선호하는 국가에서 유명하지만 아직 베트남에 공식 수입되지 않은 상품을 가장 빨리 선보이는 채널이다.

둘째, 가격이 저렴하다. 최근 베트남 젊은 층들은 물건을 살 때 스마트폰으로 가격을 검색해 비교한다. 예를 들어 한국에서 1만 원인 상품이 베트남에서는 얼마에 판매되는지 파악하고 있는 것이다. 따라서 같은 물건이라도 모든 채널의 판매가를 비교해 최저가로 파는 곳을 찾아간다. 핸드캐리숍은 관세를 내지 않은 물건들을 판매하기 때문에 공식 채널보다 저렴하게 판매할 수 있다. 원산국의 판매가와 동일하거나 더 싸기 때문에 소비자들이 선호한다.

셋째, 관계 기반이다. 핸드캐리 사업은 개인이 운영하므로 처음에는 지인을 대상으로 하다가 점차 입소문이 나면서 규모가 커지는 구조이다. 1장에서 다룬 것처럼 베트남은 관혜 기반 사회다. 평판이 사업을 살리기도 하고 죽이기도 한다. 핸드캐리숍을 운영하는 사람은 고객별로 특성을 파악해 맞춤형 제안을 해주면서 관계를 기반으로 사업을 한다. 핸드캐리숍의 소비자 가치 제안은 분명하다. 최신 상품을 가장 먼저 가장 저렴하게 만나볼 수 있고, 고객에게 딱 맞는 제안을 하며 지속적으로 관심을 표현하는 것이다.

그럼 이들의 약점은 무엇일까? 첫째, 정식 통관을 거치지 않아 베트남어 라벨이 없고 효과나 사용법 등의 설명서도 없다. 둘째, 한국, 일본, 미국 등 원산국에서 1+1 또는 50% 할인하는 프로모션 상품을 구입해 가기 때문에 유통기한이 짧은 상품들이 많다. 셋째, 관계가 형성되지 않은 고객에게는 위조품을 판매하기도 한다. 따라서 핸드캐리숍이 아무리 대중적인 채널이라도 여기에 불만을 가진 소비자들도 존재한다.

한국의 화장품 기업들이 베트남에서 사업을 시작할 때 마주하는 어려움 중 하나가 바로 이 핸드캐리숍과의 가격경쟁이다. 우리는 외국인이기 때문에 정식 통관을 거쳐 물류비까지 부담하면 한국 판매가와 동일하게 판매하기 어렵기 때문이다.

핸드캐리숍 덕분에 성공한 브랜드, 이니스프리

그런데 핸드캐리숍과 가격경쟁을 하지 않고 오히려 핸드캐리숍의 영향을 받아 베트남에서 성공적으로 운영되고 있는 화장품 브랜드가 있다. 바로 이니스프리다. 그 비결은 무엇일까?

첫째, 핸드캐리숍이 사전 마케팅을 해줬다. 2016년 10월 베트남에 공식 진출하기 전부터 베트남에서 이니스프리의 브랜드 인지도는 높았다. 물론 이니스프리 자체의 국내외 마케팅 활동도 있었지만 현지에서 이니스프리를 미리 홍보하는 데는 핸드캐리숍의 역할이 컸다.

핸드캐리숍은 이니스프리를 한국에서 핫한 상품으로 소개하며 판매했다. 한류가 대세였기 때문에 당시 홍보 모델인 이민호와 윤아의 포스터와 등신대를 매장에 설치해 브랜드를 알렸다. 소비자들은 핸드캐리숍에서 이니스프리 상품을 구매해 사용하면서 품질이 좋다는 인식까지 갖게 되었다. 즉, 핸드캐리숍은 이니스프리라는 브랜드를 알려주고 고객들이 미리 상품을 사용해볼 수 있는 이용 경험을 제공해준 것이다.

둘째, 핸드캐리숍의 단점을 이니스프리의 강점으로 활용했다. 핸드캐리숍은 가격이 저렴하지만 최상의 품질을 접하는 데는 한계가 있었다. 이니스프리는 '가격'보다는 '가치'로 고객과 커뮤니케이션했다. 핸드캐리숍에서는 경험할 수 없는 고품격 서비스와 멤버십을 통한 고객 관리, 유통기한이 넉넉한 상품, 정품 보장, 친절한 베트남어 설명 등은 이니스프리의 브랜드 이미지를 가성비 있는 매스티지Masstige 브랜드로 만들어주었다.

셋째, 이니스프리만이 가진 브랜드 스토리인 자연주의 콘셉트를 매장에 구현하고 고객경험을 강화했다. 핸드캐리숍은 여러 브랜드의 상품을 판매하는 곳이므로 이니스프리의 브랜드 콘셉트를 온전하게 전달하지 못한다. 윤아의 이니스프리 베트남 방문 행사, 매장 내 VR 체험 등은 이니스프리의 오리지널리티를 강화했다.

핸드캐리숍으로 시작해 브랜드숍이 된 리시박스

핸드캐리숍에는 두 가지 유형이 있다. 하나는 오프라인 매장에 기반을 두고 페이스북 등 온라인을 통해 고객과의 커뮤니케이션 및 홍보를 진행하는 유형Offline to Online이고, 다른 하나는 온라인으로 시작해 오프라인 매장으로 진출하는 유형Online to Offline이다.

초기에 시작된 핸드캐리숍은 옷가게나 미용실, 스파 매장 등에서 기존 고객에게 화장품을 함께 판매하면서 지인들의 입소문을 통해 새로운 고객을 유인했지만 페이스북이 활성화되면서 온라인으로 홍보를 확대하고 있다.

하지만 대부분의 핸드캐리숍은 임차료 같은 고정비 부담이 없는 온라인으로 먼저 사업을 시작한다. 온라인을 통해 브랜드를 홍보해 사업 기반을 확보한 뒤 오프라인 매장을 오픈한다. 베트남 사람들은 오프라인에서 직접 눈으로 상품을 확인하고 구매하는 것을 선호하기 때문이다

대표적인 예로 2015년 온라인으로 사업을 시작한 리시박스LIXIBOX는 소비자

온라인에서 시작해 자사 브랜드 상품까지 개발하며 오프라인 매장을 갖게 된 리시박스.

들에게 브랜드를 알리기 위해 소셜 인플루언서가 선정한 화장품을 낱개로 판매하거나 서브스크립션 박스$^{Subscription box}$로 정기 구독자를 확보하고 온라인 커뮤니티를 운영했다. 고객들과 관계를 형성하고 브랜드 신뢰도를 높이기 위해 온라인 매거진도 발행하며 인지도를 쌓아갔다.

그 후 2018년 20평 규모의 플래그십 매장을 오픈했으며 오프라인을 통해 고객이 상품을 직접 체험하고 품질을 확인할 수 있도록 테스터 등을 배치해 운영하고 있다. 처음 리시박스의 플래그십 매장에서는 미국 프리미엄 멀티 브랜드 화장품 매장인 세포라^{Sephora}에서 취급하는 글로벌 유명 브랜드를 중심으로 핸드캐리한 상품을 판매했다. 하지만 사업이 성장하면서 자사 브랜드를 개발해 소비자들에게 가성비 좋은 양질의 상품을 제공하고 있다.

리시박스는 온라인으로 사업을 시작했기 때문에 모바일로 소통하는 Z세대를 타깃으로 페이스북에서 다양한 마케팅과 프로모션을 진행하고 있다. 베트남에 체류하던 중 대학생으로 보이는 한 여성이 리시박스 플래그십 매장에서 한화로 5만 원 상당의 '하일로 페이셜 클렌저'를 두 개나 구입하는 것을 보았다. 점원에게 쇼핑백을 한 개 더 요청하며 아주 기쁜 마음으로 매장을 나서는 것을 보고 뒤따라가 그녀와 잠깐 인터뷰를 한 적이 있다.

대학생이 이 상품을 두 개나 구입했다면, 그녀의 생활비의 대부분을 탕진한 셈이다. 그녀에게 무엇을 샀는지 보여달라고 하며 어떻게 이 브랜드를 알게 됐고, 왜 두 개나 구입을 했는지 물어보았다. 그녀는 낯선 외국인의 물음에 전혀 거부 반응 없이, 막 쇼핑을 끝낸 뒤 기쁜 마음을 마음껏 공유해주었다.

"페이스북에서 리시박스 광고가 많이 보여서 하일로 페이셜 클렌저를 알게 되었어요. 여드름이 많은 제 피부에 딱 필요한 상품이라고 판단했죠. 써보니까 너무 좋아서 친언니에게도 선물하고 싶어서 하나 더 샀어요. 두 개를 사면 작은 사이즈의 클렌저까지 함께 받을 수 있어서 너무 기뻐요!"

이처럼 베트남 사람들은 트렌드나 유행에 따르기보다, 나에게 맞는지를 꼼꼼하게 살펴보고, 필요하다면 과감하게 구입한다. 한국을 방문한 베트남 사람들의 구매 성향을 관찰해보아도 마찬가지다. 한국은 베트남보다 물가가 몇 배나 높지만, 한국의 문화를 경험하고 음식을 먹어 보는 데 있어 주저하지 않는다. 베트남에 없는 상품 중 입소문이 난 상품은 자신에 필요한지 한 번 더 조사하고, 가치가 있다고 판단되면 과감하게 지갑을 열고 있다.

CHAPTER 5

편리

최근 베트남에서 사업을 시작했다면 반드시 추구해야 할 핵심 키워드 중 하나는 '편리'다. 도시화, 현대화의 과정에서 사람들의 라이프 스타일이 점점 바빠짐에 따라 '편리'는 삶의 질을 개선하기 위한 키워드로 항상 떠오른다. 베트남도 현재 그 단계에 와 있는데, 다만 베트남의 편리 개념에는 베트남만의 특수성이 결합되어 있어 그 미묘한 차이를 이해할 필요가 있다.

편리란 접근성이다: 편의점의 빠른 성장

베트남에 놀거리, 구경거리가 부족했던 10년 전만 해도 베트남 사람들은 새로운 볼거리가 생겼다는 소문을 들으면 아무리 먼 곳이라도 기꺼이 찾아갔다. 어디든 찾아갈 수 있는 오토바이도 있고 시간적 여유가 있으니 멀리 가는 여정 또한 즐겼다. 그래서 2007년 베트남에 뚜레쥬르 1호점을 오픈할 당시 접근성은 그다지 중요한 변수가 아니었다. 중요한 것은 '가시성'이었다. 눈에 잘 띄어야 사람들에게 인지되고 입소문이 나 찾아오게 할 수 있기 때문이다.

따라서 베트남 뚜레쥬르 매장 후보는 오토바이 유동량이 많은 로터리나 양방향 통행로를 중심으로 선정됐다. 한국 뚜레쥬르는 가시성과 접근성 모두가 중요했지만 당시 베트남은 매장 자체가 '간판'이 되는 가시성 조건만 충족하면 됐다.

시간이 흐르고 여러 글로벌 브랜드들이 베트남에 속속 진출하면서 전과 다른 놀거리와 볼거리가 여기저기 등장하기 시작했다. 외국인 투자 증가로 일자리가 늘어나 사람들이 바빠지면서 여유 시간도 줄어들었다. 동시에 소득 증가로 차량 이용자가 늘어나면서 도로의 교통 체증도 심해졌다. 그렇게 베트남 사람들도 시간 부족에 시달리기 시작했다. 예전처럼 멀리 떠나는 여정도 즐기지 않게 되었다.

이제 베트남에서 점포를 개발하는 데는 가시성 못지않게 접근성도 중요해졌다. 이러한 시장 흐름을 읽고 가장 먼저 반응한 업체는 편의점이다. 베트남 시장조사 전문 기관인 큐앤드미의 2019년 자료에 따르면 베트남 편의점 수는 3,000개를 넘어섰고 국제식품연구소[IGD] 조사에 따르면 베트남 내 편의점 사업은 2021년까지 연평균 37.4% 성장해 아시아에서 가장 빠르게 성장할 것으로 내다보고 있다.

사실 베트남에 오래 거주한 전문가들조차도 베트남에서 편의점

2017~2021년 아시아 주요 국가별 편의점 연평균 성장률

(단위: %)

국가	2021년까지의 연평균 성장률
베트남	37.4
필리핀	24.2
인도네시아	15.8
말레이시아	10.5
인도	10.3
한국	8.4
중국	7.1
태국	6.6
일본	5.5

출처: IGD 리서치

이 이렇게 빠르게 성장할 것이라고는 예상하지 못했다. 그 첫 번째 이유는 편의점 같은 스몰 박스 Small box 리테일은 일반적으로 1인당 GDP가 7,000달러 이상일 때 빠르게 성장하기 때문이다. 한국 최초 편의점인 세븐일레븐도 88올림픽을 치르고 난 1989년, 1인당 GDP가 5,700달러일 때 들어왔다. 두 번째로 편의점은 매장 수가 많을수록 수익이 나는 구조인데 베트남 인구는 1억에 가깝지만 도시화율이 40%밖에 되지 않아 매장을 열 수 있는 핵심상권이 많지 않기 때문이다.

그럼에도 접근성 좋은 근거리 매장에 대한 소비자 니즈가 커지면서 세븐일레븐, 서클 K, 패밀리마트, GS25, 미니스톱 등 다양한 글로벌 편의점들이 베트남에 진출했다. 이에 베트남 빈 그룹도 구멍가게들을 빈마트 플러스Vinmart + 로 바꿔가며 공격적으로 편의점 시장에 뛰어들었다. 이 편의점 브랜드들은 인구 1억 베트남의 잠재력이 터지는 순간을 위해 시장을 선점하고 때를 기다리고 있는 것이다.

지역별 편의점 수 현황

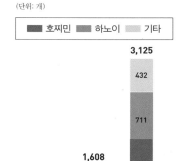

(단위: 개)

편의점	호찌민	하노이	기타	합계
세븐일레븐	27	0	0	27
박호아싸인	378	134	0	512
비즈B's마트	125	0	0	125
서클 K	190	118	16	324
패밀리마트	130	0	21	151
GS25	32	0	0	32
미니스톱	113	0	2	115
사짜푸드	213	0	0	213
샵앤고	101	17	0	118
빈마트 플러스	575	502	288	1,465
자까마트	38	0	5	43
합계	1,922	711	432	3,125

출처: 큐앤드미

　　편의점의 물리적 접근성은 모든 나라에서 보편적으로 적용되는 부분이지만 베트남의 편의점은 심리적 접근성도 낮추고 있다. 베트남 대학교 강의실이나 도서관에는 아직 에어컨이 많지 않다. 경제적으로 풍족하지 않은 사람들이나 학생들은 보통 저렴한 길거리 음식이나 에어컨이 없는 서민 식당에서 음식을 먹는다.

　　그런데 편의점에서는 길거리 음식보다 조금 비싸지만 카페보다는 저렴하며 길거리 음식보다 위생적인 음식을 에어컨이 설치된 쾌적

한 환경에서 즐길 수 있다. 베트남 사람들이 편의점에서 가장 많이 소비한 제품은 음료와 간편한 즉석식품이다. 또 인터넷도 할 수 있고 카페처럼 친구들과 수다를 떨 수 있는 편안한 공간이기도 하다.

편리란 시간 절약이다: 페이스북을 잡아라

편의점과 함께 온라인 쇼핑도 베트남에서 급성장하고 있다. 편의점이 공간 면에서 물리적·심리적 접근의 편리를 제공한다면 온라인 쇼핑은 시간 면에서 편리를 제공한다.

베트남 여성들은 집안일과 육아 외에도 사회활동을 병행한다. 쓸 돈은 있지만 쓸 시간이 없는 상황이다. 그래서 베트남 사람들은 시간을 아껴줄 무언가를 필요로 하게 되었다.

여기서 기회를 읽은 사업가들은 페이스북을 통해 '개인 비서'처럼 쇼핑을 대신해주는 서비스를 제공할 정도다. 의식주에 필요한 모든 아이템들이 페이스북을 통해 거래되어 워킹맘들의 쇼핑 시간을 절약해준다.

피Phi는 워킹맘이자 베트남의 한 대기업에서 본부장으로 일하고 있다. 빠르게 성장하는 현지 회사 특성상 수많은 프로젝트를 동시에 진두지휘하고 있다. 아침 8시 30분에 출근해 저녁 7시에 퇴근하는 피는 집에서는 가족들의 저녁 식사를 직접 챙기는 주부로 돌아간다. 자녀의 등하굣길 픽업을 비롯해 엄마로서의 역할도 최선을 다하고 있다.

최근에 피는 2,000만 원 정도를 들여 주방을 리모델링했다. 인테리어 디자인부터 최종 확인까지 많은 공이 드는 작업이었지만 페이스북에서 인테리어 전문업체를 만나 아주 '편리'하게 해결했다. 피의 표현에 의하면 페이스북 인테리어 전문업체 사장은 '개인 비서'처럼 피에게 다양한 디자인 옵션들을 보고하고 지시를 받은 뒤 다음 단계를 진행해나가 작업 과정과 결과가 매우 만족스러웠다고 한다. 시간도 절약하면서 자신이 직접 한 것만큼 마음에 드는 결과물을 얻었기 때문이다.

페이스북은 메신저 기능이 있어 판매자와 구매자 간의 1:1 밀착 소통이 가능하기 때문에 판매자는 구매자가 원하는 것을 세세하게 이해할 수 있다.

페이스북 같은 비공식 채널에서 2,000만 원이라는 큰돈을 쓰는 거래가 매일 매 순간 이루어지고 있는 곳이 베트남이다. 베트남에서 페이스북을 통한 온라인 거래가 활발한 이유는 소비자와 판매자 양쪽 모두에게 진입 장벽이 낮기 때문이다. 앞서 언급했듯 페이스북은 베트남에서 사용률이 가장 높은 소셜 네트워크다. 이미 많은 사람들이 페이스북 앱을 사용하고 있기 때문에 별도의 거래용 앱을 다운로드받을 필요 없이 페이스북 메신저로 판매자와 소비자가 1:1 소통을 할 수 있어 편리하다. 또 베트남에서는 현금 거래가 이루어지며 오토바이로도 상품 배달이 가능해 전자결제 시스템이나 물류회사와의 계약이 필요 없어 누구나 쉽게 온라인셀러가 될 수 있다.

하지만 페이스북을 통한 온라인 거래는 공식적으로 집계되지 않는다. 만약 라자다, 소피, 티키 등과 같은 대형 전자상거래업체들의 실적에 페이스북을 통해 비공식적으로 이루어지는 전자상거래까지 흡수한다면 아마 베트남 온라인 시장 규모는 지금보다 두세 배는 더 커질 것이다.

독일의 시장 데이터 분석기관인 스태티스타statista에 따르면 2020년 베트남 유통시장 규모는 1,800억 달러로 추산된다. 이 중 비공식 채널을 제외한 온라인 시장 규모는 60억 달러로 전체 유통시장의 3%에 불과하다. 온라인 쇼핑 비중이 20%를 넘는* 한국과 비교하면 여전히 베트남의 성장 잠재력은 매우 크다. 또 2024년까지 베트남 유통시장은 연평균 11% 성장이 예상되는데 이를 견인하는 것은 온라인 유통이다. 오프라인 유통은 7% 성장할 것으로 전망되는 반면 온라인은 연평균 24%의 성장이 기대된다. 이러한 온라인 성장의 원동력은 크게 세 가지로 볼 수 있다.

* 출처: 이새샘, 쑥쑥 크는 온라인쇼핑, 소매 판매 비중 20% 돌파, 〈동아일보〉, 2019년 1월 3일.

첫째, 이커머스 플랫폼들의 공격적인 투자다. 라자다, 소피, 티키, 어더이로이Adayroi, 센도Sendo가 글로벌 거대 자본의 투자를 받아 공격적으로 마케팅 및 물류와 결제 시스템 인프라를 구축하며 시장 선점을 위해 출혈경쟁을 하고 있다.

둘째, 소비자들의 시간 기근 현상이다. 이 때문에 시간을 절약할 수 있는 온라인 쇼핑 방법을 찾는다. 베트남 산업무역부 산하 전자상거래 및 정보기술 기관E-Commerce and Information Technology Agency에 따르면 소셜 미디어에서 발생한 구매의 70%는 페이스북에서 이루어졌다. 온라인 소비자의 77%가 구매 목적으로 페이스북을 이용한 반면 카카오톡과 비슷한 베트남의 잘로를 이용하는 온라인 소비자는 5%에 불과

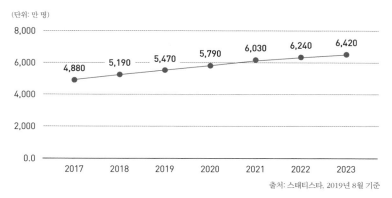

베트남 전자상거래 예상 이용자 수

(단위: 만 명)

했다.*

셋째, 스마트폰 이용자 비중이 높다. 베트남의 스마트폰 이용자 수는 한국 인구보다 더 많은 5,400만 명이고, 그중 디지털 네이티브 인 Z세대의 비중이 가장 높다.

편리란 소비자 중심이다: 상품을 받아야만 결제한다

베트남 소비자는 진정한 '갑'이다. 온라인 시장의 구매 프로세스에서 마지막 순간까지 소비자가 주도권을 가지기 때문이다. 베트남 소비자들은 온라인 쇼핑을 하더라도 물건을 직접 눈으로 확인한 후 비용을 지급한다.

베트남은 선결제·후배송하는 한국과 접근 방식 자체가 다르다. 한국은 상품을 수령할 때 배송 기사와 직접 만날 수 없으면 집 앞에 그냥 놔두거나 경비실 등의 다른 곳에 보관하는 식으로 분실 위험을 감수해야 한다. 그뿐만 아니라 구입한 상품이 온라인상의 이미지와 다를 수도 있지만 이를 감수하고 구매 결정을 해야 한다. 선불로 결제한 후에 배송이 진행되기 때문이다. 상품을 수령했는데 마

---

* 출처: Vietnam E commerce sees impressive result, 〈베트남뉴스〉, 2018년 12월 22일.

음에 들지 않으면 번거로운 반품 절차에 따라 쇼핑에 불필요한 시간과 수고를 들여야만 한다. 어디까지나 판매자와 배송자 입장의 편의가 우선이다.

하지만 베트남에서는 소비자 편의가 우선이다. 베트남 소비자의 90%는 COD 방식으로 배송 시점에 현금으로 결제한다. 온라인 최종 주문 단계에서 COD, 계좌 이체, 신용카드 등 다양한 결제 방식을 선택할 수 있긴 하지만 신용카드가 있는 소비자들도 COD 방식으로 구매하는 것을 더 선호한다. 온라인 구매를 하더라도 상품을 손에 넣기 전 마지막 단계에서 최종 의사결정을 할 수 있고 마음에 들지 않는다면 배송 기사를 돌려보내면 그만이다. 구매 전에 고민하는 시간을 보내거나 반품을 하는 등의 불편을 감수할 필요가 없다.

그런데 왜 베트남에서는 COD의 영향력이 클까? 일부 사람들은 베트남에 신용카드 보유자가 적어 어쩔 수 없이 COD가 보편화된 것이라며 베트남을 미개발 국가로 취급한다. 하지만 COD는 일종의 문화 현상이다. 정부가 COD를 대신해 신용카드와 모바일 결제를 추진하고 있지만 COD가 빠르게 사라지지는 않을 것이다.

우선 베트남 사람들의 소비에 반영된 문화적 맥락을 살펴볼 필요가 있다. 베트남 사람들은 타인을 쉽게 믿지 못한다. 수천 년 동안 전쟁이란 역경을 견뎌내고 타국의 통치를 받으며 축적된 특성으로 이는 상품을 선택할 때도 은연 중에 반영되고 있는 것이다.

이들은 믿을 수 있는 사람들, 즉 친구나 친척, KOL^{Key Option Leader}의 이용 경험은 참고하되 결국 선택은 자신의 판단을 따른다. 그래서 상품을 구매할 때 직접 눈으로 확인해야 지갑을 여는 것이다. 이로 인해 베트남에는 COD가 일반화되어 있으며 이러한 구매 프로세스 역시 일종의 문화처럼 소비자가 추구하는 가치를 반영하는 것이다.

배달의 민족 베트남

한국은 배달 앱이 활성화되어 어떤 음식을 주문하든 오토바이로 신속하게 배달해준다. 2013년 베트남의 수많은 오토바이를 보면서 베트남에서 배달 사업을 하면 잘 되겠다는 생각을 한 적이 있다.

베트남 유통업 협회^{AVR, The Association of Vietnam Retailers}에 따르면 호찌민과 하노이의 음식 배달 앱 이용자 수는 2017년 두 도시 인구의 30%에서 2018년 상반기 70%로 매우 빠르게 성장했다. 스태티스타는 베트남 음식 배달의 시장 규모가 2020년 2.7억 달러에서 연평균 16.5% 성장해 2024년에는 5.1억 달러 규모에 이를 것으로 예측했다.

베트남에서 음식 배달 서비스가 발달한 이유 역시 스마트폰이 널리 이용되고 소비자들이 편리함을 추구하는 경향 때문이다. 글로벌 시장조사 기관인 지컴^{GCOMM}이 하노이와 호찌민에서 소비자 600명을 조사한 결과 99%가 매달 최소 2~3회의 음식 배달 서비스를 이용하고 39%는 1주일에 2~3회 이용한다고 밝혔다.

현재는 도시 중산층을 중심으로 음식 배달 서비스가 제공되고 있지만 전국적으로 온라인 배달 서비스가 확대된다면 그 성장 잠재력은 엄청나게 커질 것이다. 이 시장을 장악하기 위해 싱가포르, 인도네시아 기반의 배달 업체들이 베트남에 진출해 경쟁을 벌이고 있다.

2019년 1월 칸타월드패널 조사에 따르면 가장 자주 쓰는 배달 서비스 앱으로 68%가 그랩푸드^{GrabFood}를 뽑았고 나우^{Now}는 19%로 2위, 고푸드$^{Go-Food}$가 1%로 3위, 나머지는 리시^{Lixi}, 로십^{Loship}, 베트남엠엠^{Vietnammm}(2019년 2월 배달의 민족이 인수) 등이다.

참고로 그랩은 차량 공유앱으로 시작해 그랩푸드^{GrabFood}, 그랩페이$^{Grab Pay}$, 그랩익스프레스$^{Grab Express}$ 등 베트남 소비자들의 생활에 필요한 교통수단, 음식 배달, 문서 배달 등의 서비스를 그랩슈퍼앱$^{Grab super app}$을 통해 제공하고 있다. 그랩은 4차 산업혁명 시대에 걸맞게 고객의 빅데이터를 축적해가며 사용자들이 더 편리하게 이용할 수 있도록 그랩 페이로 O2O 생태계를 점점 키워가고 있다.

그 덕분에 그랩푸드는 푸디^{Foody}, 나우, 베트남엠엠 등 다른 음식 배달 서비스보다 늦게 음식 배달시장에 진출했지만 편의성과 신속성으로 고객을 사로잡아 현재는 베트남 소비자들이 가장 많이 이용하는 배달 서비스가 되었다.

베트남의 주요 주문·배달 서비스 플랫폼

플랫폼	출시 연도	비고
베트남엠엠	2011년	- 2016년 푸드팬더^{Foodpanda} 인수 - 현재 나우브이엔^{Now.vn}과 견주는 주요 플랫폼 - 온라인 플랫폼과 모바일 애플리케이션으로 구동
잇브이엔^{Eat.vn}	2011년	- 2012년에 VC코프^{Corp}가 인수
나우브이엔 Now.vn	2012년	- 전 딜리버리 나우^{Delivery Now}가 인수 - 베트남 주요 음식 주문 증가 플랫폼인 푸디가 소유 - 푸디를 기반으로 현재 베트남 음식 배달 서비스 플랫폼 중 우위에 있음
랄라^{Lala}	2017년	- 론칭 1년 사이 현지 주요 스타트업으로 부상
그랩푸드	2018년	- 현재 베트남 최대 O2O 택시 플랫폼인 그랩의 신규 사업 - 모바일 애플리케이션으로만 서비스 제공
고푸드	2018년	- O2O 택시(오토바이) 플랫폼인 고비엣^{Go-Viet}의 신규 사업 (고비엣은 고젝^{Go-Jek}이 베트남에 진출하며 현지 시장에 맞게 변경한 이름).

출처: KOTRA 호찌민 무역관

음식 배달 서비스는 직장인들의 점심시간 풍경도 바꿔놓았다. 외국계 기업이 베트남에 진출하기 전 베트남 직원들은 점심시간에 집에 가서 점심을 먹고 왔다. 날씨도 덥고 오토바이로 빠르게 다녀올 수 있기 때문에 집에서 점심을 먹고 낮잠까지 자고 왔다. 그러다 회사 업무가 점점 바빠지면서 점심시간도 짧아지자 회사 인근 길거리 음식점에서 점심을 먹고 사무실에서 낮잠을 잤다.

하지만 이제는 음식 배달로 사무실에서 편리하게 점심을 먹는다.

더운 날씨에 식당을 찾아 돌아다니거나 길거리에 앉아 음식을 먹지 않아도 된다. 베트남 현지 기업의 경우 남은 점심시간에는 사무실에 비치해둔 이불과 베개를 펴서 여유롭고 편안하게 오침을 즐기는 풍경이 그려지고 있다.

온디맨드
가사도우미 서비스

#편리 #공유경제 #상생 #커뮤니티

★

비타스키

2013년 베트남 지역전문가로 일하면서 썼던 리포트 중 하나가 〈정리맨이 필요해〉였다. 베트남 사람들의 라이프스타일을 연구하기 위해 현지인의 집을 방문한 적이 있는데 청소를 거의 하지 않고 사는 것처럼 보였다. 바닥에 먼지가 쌓여 신발을 벗고 들어서면 발바닥이 까매질 정도인 집이 있고 침대 위에 옷가지들이 가득 쌓여 있는 집도 많았다. 그들은 잘 때 침대 구석으로 옷을 밀어내고 잔다고 했다. 당시 방문한 집 중 열의 여덟은 심각하게 '정리맨'이 필요한 상태였다.

개인 차이가 있겠지만 베트남 사람들이 정리를 잘 하지 않는 이유는 더운 날씨로 인한 느긋한 성격, 맞벌이로 인한 시간 부족, 정리에 도움이 되는 수납 공간 부족이라고 생각했다. 상류층 가정에는 집안 살림을 하는 도우미가 있기도 했는데 안방의 침대며 화장대의 물건들은 정리해주지 않았다. 도우미의 영역은 공동 공간 청소, 빨래, 요리이고 개인 물건 정리는 그들의 역할이 아니었기 때문이다.

세월이 흘러 베트남 사람들의 소득 수준이 증가하면서 가사도우미 서비스가 많이 생겨났다. 그중 정리 서비스의 표준을 다시 세운 공유경제 가사도우미 스타트업이 등장했는데 바로 비타스키[bTaskee]다.

실리콘밸리에서 돌아와 만든 홈클리닝 서비스

비타스키의 심벌은 주황색 벌이다. 벌은 각자 열심히 일하면서 공동체를 이루어 사회에 기여한다는 점에서 비타스키와 유사하다. 주황색은 베트남 사람들이 좋아하는 붉은색과 노란색을 혼합한 것으로 희망, 신뢰 같은 이미지를 고객에게 전달하기 위해 채택했다고 한다.

비타스키 창업자 나탄 도[Nathan Do]는 캐나다와 베트남 복수국적자다. 열여덟 살 때 그의 가족은 모두 캐나다로 이민을 갔다. 워털루 대학에서 소프트웨어 엔지니어를 공부한 뒤 캐나다에서 테크놀로지와 소프트웨어 관련 일을 했다. 사업이 하고 싶어 서비스형 소프트웨어[SaaS, Software as a Service] 기반의 스타트업을 시작했는데 잘되지 않아 매각하고 다시 회사원이 되기도 했다.

기존 홈클리닝 서비스의 판도를 바꾼 창업자 나탄 도.

하지만 그는 늘 사업을 꿈꿨기에 곧 회사를 그만두고 미국 실리콘밸리로 갔다. 실리콘밸리는 물가가 비싸서 엔지니어 인건비로 1년에 10만 달러를 지불해야 했고 주택 및 사무실 임대료도 너무 비싸 그동안 모은 돈으로는 1년도 버티지 못할 것 같았다.

그래서 나탄은 미국 대신 6억 3,000만 명의 인구가 있는 동남아 시장으로 눈을 돌렸다. 동남아 여행을 한 후 나탄은 빠르게 성장하는 동남아시장에서 사업에 도전하기로 결심했다. 무엇보다 벌어놓은 돈으로 몇 년은 버틸 수 있으리라 판단했다. 동남아 국가 중 베트남에 우선 진출한 이유는 자신이 베트남 사람인 탓도 있지만 베트남은 인구 수가 많고 그중에서도 젊은 경제 인구가 가장 많은 인구 황금기에 있으며 중산층이 증가하고 있어 다른 국가보다 더 빠르게 성장할 좋은 조건들을 가지고 있기 때문이었다.

그렇게 베트남에 돌아온 나탄은 홈클리닝 서비스에서 불편한 경험을 했다. 3개월 동안 청소 도우미를 찾지 못했고 아는 사람이 없어 적당한 업체를 소개받지 못했으며 온라인에는 가격이 나와 있지 않았다. 그는 이러한 불편함을 해결하기 위해 홈클리닝 사업에 관심을 갖기 시작했다.

"베트남은 과거 유교 문화의 영향으로 계층에 따라 하인을 두어서 인지 청소를 잘 안 해요. 베트남 사람들은 평균적으로 수입의 10%를 홈클리닝에 사용하고 있습니다. 최근 베트남은 소득 수준이 빠르게 상승하고 있어요. 예를 들어 소프트웨어 엔지니어가 3년 전 1,000달러를 받았다면 현재는 2,000달러를 받아요. 그래서 홈클리닝 시장의 전망도 매우 밝습니다."

도우미들의 급여를 세 배 인상하다

나탄은 시장조사 후 베트남에 홈클리닝 서비스의 수요가 매우 높지만 소비자 만족도는 낮다는 사실을 알게 되었다. 게다가 기존 업체들은 인력의 잦은 이탈로 역시 어려움을 겪고 있었다. 나탄은 기존 홈클리닝 사업의 근원적인 문제를 파악하는 일부터 시작했다. 그리고 문제의 원인을 세 가지로 정리했다.

첫째, '도우미'라는 직업에 대한 사회의 낮은 인식이 문제였다. 무시하는 시선 탓에 그 일을 하는 도우미들의 자존감과 직업 만족도가 낮았다. 자신의 직업을 숨기기도 하고 도우미보다 수입이 적은 식당 일을 선택하기도 한다. 도우미 일을 한다 하더라도 급한 돈을 벌기 위한 임시직으로 생각하기 때문에 이직률이 매우 높았다.

둘째, 도우미들은 투입한 노동량에 비해 소득이 낮았다. 나탄의 조사에 따르면 이들의 급여는 약 400만 동으로 월 21만 원 정도였다. 호찌민에서는 이 돈으로 생활하기가 매우 힘들지만 도우미로 일하는 사람들은 급여 협상력이 낮아 주는 대로 받았다.

셋째, 도우미라는 직업은 안정적이지 않았다. 쉽게 해고되기 일쑤고 이 집 저 집으로 옮겨 다니며 일해야 하는 것 역시 잦은 이직의 원인이 되었다. 또한 이들의 99%가 여성이고 교육 수준이 낮아 다른 직업적 대안이 많지 않기 때문에 돈을 더 주는 곳이 생기면 바로 직장을 옮겼다. 그 결과 홈클리닝의 수요는 점점 올라갔지만 안정적인 인력 공급이 이루어지지 않았다.

나탄은 이러한 문제를 근본적으로 해결하기 위한 솔루션을 담아 비즈니스 모델을 구상했다. 첫 번째 문제를 해결하기 위해 그는 커뮤니티로 접근했다. 사회적 선입견을 한 사람이 바꾸기는 힘들지만 커뮤니티를 이룬다면 쉽게 바꿀 수 있을 것이라는 생각에 홈클리닝 플랫폼을 만들기로 했다. 또한 플랫폼은 우버처럼 소비자들이 쉽게 모바일로 예약할 수 있고 도우미의 프로필을 제공하여 안심하고 이용할 수 있게 했다.

두 번째 문제를 해결하기 위해 도우미들의 최저임금을 높이기로 했다. 비타스키는 도우미의 급여를 기존 업체에 비해 세 배 더 올렸다. 풀타임으로 일할 경우에는 월 1,600만 동(약 85만 원)을 받을 수 있는데, 이는 베트남 대졸 사원이 5년 이상 근무했을 때 받을 수 있는 수준이었다. 그 결과 많은 도우미들이 비타스키로 몰려들었다.

세 번째 문제 해결을 위해 도우미들 스스로 주인의식을 가지고 일하게 했다. 해고를 당하는 것이 아니라 자신이 일하고 싶은 장소와 시간을 선택해 일할 수 있도록 구조를 바꿨다. 그래서 몸이 안 좋거나 아이들을 돌봐야 할 때는 스스로 근무시간을 조정할 수 있도록 했다. 이를 위해 도우미들이 원하는 시간에 비타스키 앱에 접속해 유연하게 일하는 구조를 만들었다.

홈클리닝 서비스 산업의 생태계를 바꾸는 거대한 미션

나탄의 미션은 비타스키를 통해 홈클리닝 서비스 산업 생태계를 완전히 바꾸고 업계를 이끌어나가는 것이다. 강도 높은 노동을 하는 도우미들의 처우를 공정하게 개선해주고 서비스 품질을 높여 소비자의 신뢰를 쌓아 업계의 기준을 세우면 경쟁사들도 따라와 산업 전체의 수준도 높아질 것이다.

먼저 비타스키는 집 안, 세탁기, 에어컨 청소 분야에서 도우미의 시간당 인건비를 6만 동(약 3,000원)부터 시작하는 것으로 정했다. 주말과 피크 타임에는 가격이 20% 오른다. 이는 일반 카페 파트타이머 인건비의 2~3배이지만 노동강도와 시장조사 결과를 고려해 공정한 금액으로 설정했다.

소비자들도 비타스키의 서비스 수준이 높기 때문에 기꺼이 대가를 지불하려 한다. 기존 홈클리닝 업체를 이용할 경우 실력 있는 도우미를 구하기 어렵고 출장 등으로 집을 비워도 한 달 비용을 무조건 내야만 했다. 그러나 비타스키를 이용하면 집이 비는 기간에는 비용을 지불하지 않아도 되어 오히려 더 저렴했다. 만약 1년 동안 도우미 서비스 계약을 하면 그 도우미가 아플 때에는 비타스키를 통해 다른 도우미를 부를 수 있다. 물론 파티 등의 행사를 위해 하루만 도우미를 이용할 수도 있다. 또 외국인이라 도우미와 소통이 안 되어도 비타스키 챗봇을 이용하면 도우미와 직접 이야기할 필요 없이 도우미에게 요구 사항을 전달할 수 있다. 따라서 누구나 비타스키를 편리하게 이용할 수 있다.

현재 3~4개의 경쟁사들이 비타스키를 벤치마킹해 높은 수준의 임금을 도우미에게 지급하며 소비자에게 좋은 서비스를 제공해주

비타스키 직원들은 기존 홈클리닝 업체와 달리 심벌 컬러인 주황색 유니폼을 입고 일한다.

고 있다.

"비타스키의 미션은 홈클리닝 산업을 계속 선도해나가는 거예요. 기존 업체들은 변화를 위해 뭔가를 해야 하는데 수십 년간 아무것도 바꾸지 않았어요. 고객을 얻으려면 진화하고 변화해야 해요."

비타스키는 더 나아가 고객과의 신뢰를 구축하고 있다. 베트남에서 물건 도난은 빈번한 일이다. 심지어 호텔의 객실 관리 직원은 객실에 놓아둔 고객의 노트북 등을 훔치고 다음 날부터 일하러 나오지 않는 경우도 있다. 그런데 외국인 밀집 지역인 호찌민 2군과 7군에 살고 있는 외국인들은 집에 사람이 없을 때도 비타스키 서비스를 이용하기 위해 아예 집 열쇠를 맡기기까지 할 정도다.

이를 위해 비타스키는 업체 중 유일하게 보험에도 가입했다. 이들이 도난 보험을 들려 하자 베트남 보험회사 모두가 거절했는데 이미 도난 빈도가 높다는 것을 알고 있었기 때문으로 추측된다. 나탄은 포기하지 않고 홍콩, 싱가포르, 영국의 보험회사에까지 연락해 1년 만에 영국 보험회사와 계약을 체결할 수 있었다.

한국 고객까지 사로잡은 서비스 기준

현재 비타스키 고객 구성비는 베트남인이 80%, 베트남에 살고 있는 외국인이 20%로 이 중 한국인이 10%, 서양인이 10%다. 하지만 처음 3~4개월은 호찌민 7군에 살고 있는 한국인에게만 집중했다. 사무실도 한국인이 많이 사는 스카이 가든^{Sky Garden}에 냈다. 한국 사람들이 가장 까다롭기 때문에 이들의 기준에 맞추면 다른 모든 고객들을 만족시킬 수 있을 것이라는 전략이었다. 기존 베트남 업체들은 같은 이유로 한국 고객을 받지 않으려 했다. 어떻게 커뮤니케이션할지도 몰랐고 어떻게 맞춰야 할지도 몰랐기 때문에 회피한 것이다.

비타스키도 처음에는 한국 고객들과 베트남 도우미 모두에게서 엄청난 컴플레인을 받았다. 나탄은 한국 고객들의 목소리를 직접 들으며 한국 사람들과 베트남 사람들의 기준이 다르다는 점을 알게 되었다.

"베트남 사람들은 약속 시간에 조금 늦어도 된다고 생각하지만 한국 사람들은 약속된 시간에 와야 한다고 생각해요. 5분만 늦어도 그냥 취소를 하죠. 아파트에 사는 한국 사람들은 도우미가 집으로 올라오기를 기대해요. 그래서 픽업하러 내려오라는 도우미들의 말을 이해하지 못하죠."

나탄은 컴플레인을 모아 한국 고객들이 원하는 방향으로 업무 방식과 트레이닝 프로그램을 전면 수정하고 도우미들을 재교육했다. 비타스키는 최고를 지향하기 때문에 서비스 기준도 높여야만 했다.

그렇게 기준을 높였더니 미국, 유럽, 베트남 고객들이 비타스키 서비스에 좋은 평가를 하기 시작했고 고객층도 빠르게 넓혀갈 수 있었다. 현재 비타스키는 호찌민, 하노이, 하이퐁, 껀터, 비엔호아, 빈즈엉, 다낭, 냐짱, 달랏의 아홉 개 도시에 진출해 있다.

캐나다 마인드로 생산성을 높이다

나탄은 베트남 사람이지만 정작 베트남을 잘 알지 못한다는 것이 그의 약점이었다. 그는 열여덟 살에 베트남을 떠나 조국에서 일한 적이 없다. 캐나다에 사는 15년 동안 베트남도 그도 많이 변했다. 일할 때 적합한 베트남어가 떠오르지 않아 영어를 써야 할 때도 있었고 베트남 사람들이 이해되지 않을 때도 많았다. 그러나 4년 동안 베트남에서 비타스키 사업을 하면서 베트남 문화를 배웠고 여기에 캐나다에서 배운 것들을 통합하고 있다. 만약 그가 평생을 베트남에서만 살았다면 베트남 사람들과 같은 마인드를 가졌을 것이다. 그러나 베트남을 모른다는 그의 약점은 오히려 비타스키 사업을 운영하는 데 강점이 되었다. '캐나다 마인드'로 더 생산적으로 성과를 내고 있기 때문이다. 그래서 직원들에게도 높은 기준을 제시해 계속 성장하게 만들고 있다.

"많은 베트남 사람들이 문제가 생기면 회피해요. 직원들에게 미팅을 시키면 늘 '불가능하다', '베트남은 원래 이렇다'고 말해요. 이런 반응은 바람직하지 않아요. 대답을 다르게 해야 변할 수 있다고 알려줘요. 불가능하다는 말 대신 못한다는 것을 인정하라고요. 그 사람이 못하면 다른 사람이 하면 되니까요. 또 베트남 사람들은 늘 양식Template을 원합니다. 양식이 있어야 자신이 무슨 일을 할 수 있는지 알 수 있어요. 이것은 베트남 문화와 교육의 영향이에요. 베트남 문화는 무엇을 해도 되는지 안 되는지를 명확히 알려줘야 해요. 대학에서도 늘 양식을 제공해요. 시험을 볼 때도 교수들이 학생들 모두가 시험에 통과할 수 있도록 예상 답안을 만들어준 결과예요. 스스로 생각할 기회를 주지 않는 거죠. 대부분 베트남 회사들도 양식을 채우게 하는데 이는 창의력을 저해하고 새로운 관점을 받아들일 기회를 주지 않는 셈이에요."

이 이야기를 듣고 나 역시 베트남 현지 회사와 일할 때 왜 그들이

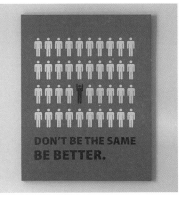

나탄이 직원들에게 강조하는 두 가지 정신. '해낼 때까지는 항상 불가능해 보인다(좌)'
'다른 사람과 똑같아지지 말고 더 나은 사람이 되라(우)'.

양식을 요청했는지 이해가 되었다. 함께 일했던 사람들은 현지 회
사의 본부장급으로 회사의 각 부문을 총괄하는 사람들이었다. 베트
남 사람들이 디테일한 매뉴얼을 필요로 한다는 것은 알고 있었지만
이들은 현장에서 일하는 사람도, 신입사원도 아니었다.

　가이드라인을 상세하게 정해주는 건 오히려 그들을 무시하는 일
이라 생각해 일부러 논의 안건만 전해주고 현지 시장에서 보는 의
견을 달라고 요청했는데 아무도 답을 하지 않았다. 그래서 다시 요
청을 했더니 의견을 전달하는 데 쓸 양식을 요청해왔다. 그러면서
베트남 사람들은 명확하게 할 일을 알려줘야 움직인다는 말도 참고
하라며 덧붙였다. 그 요청에 따라 양식을 만들어주는데 마치 신입

사원에게 일을 가르쳐주는 것 같은 기분이 들었다.

나탄은 회사 설립자로서 현재 선생님의 마음으로 직원들을 교육하고 있다고 했다. 기업문화와 비즈니스에 해가 되지 않는다면 무엇이든 할 수 있다는 기준을 정해주며 스스로 일하는 문화를 천천히 만들어가고 있다.

베트남 문화를 바꾸는 일은 많은 시간이 걸리기에 신입사원들에게는 간단한 양식을 주지만 일을 잘하는 직원들에게는 스스로 할 기회를 주고 나탄이 코칭을 하면서 직원들이 스스로 성장할 수 있게 한다. 동기부여가 된 직원들은 자발적으로 공부하고 조사해 최선의 해결책을 가져온다.

나탄은 베트남 직원들은 역량도 있고 일도 열심히 하지만 목적의식이 부족해 업무 몰입도가 떨어진다는 점을 발견했다. 그래서 나탄은 직원들에게 각자가 비타스키의 리더가 되어 나탄에게 의지하지 말고 스스로 의사결정을 하기 위해 노력해야 한다고 독려한다.

합격점 4.6점 이상, 철저한 품질관리

비타스키의 지원 조직에는 IT 엔지니어, 마케팅, 고객 서비스와 인력관리팀이 있다. 나탄은 동기부여뿐만 아니라 좋은 직원들을 유지하기 위해 업계 평균 임금 인상률인 10%의 두 배인 20%씩 임금을 인상해주고 있다. 도우미는 시간당 5만 동에서 6만 동으로 임금을 올리기도 했다.

나탄은 도우미들이 비타스키에서 오래 일할 수 있도록 높은 급여 외에 의료보험도 제공한다. 이 역시 홈클리닝 업계에서는 비타스키가 유일하다. 또 트레이닝 프로그램과 목표 달성자 시상으로 동기를 부여한다. 그러나 비타스키의 규칙을 어기거나 문제를 일으키면 비타스키에서 일할 수 없다.

트레이닝 프로그램은 비타스키에 입사할 때 모바일 앱으로 언제든 볼 수 있도록 제공한다. 주로 고객 응대 태도, 청소 순서 등의 내용으로 비디오를 통해 좋은 예와 나쁜 예를 배울 수 있다. 고객 평가 점수 5.0점 만점에 4.6점 이하를 받을 경우에는 오프라인 교육을 받아야 한다. 고객 평가 점수 합격점은 처음에는 4.0점이었는데 2019년 4.4점으로 올렸고 현재는 4.6점으로 꾸준히 기준을 높이고 있다. 단, 오프라인 교육은 두 번까지 제공하며 세 번째로 교육 대상자가 되면 비타스키에서 일할 수 없다.

도우미의 서비스 관리를 위해 슈퍼바이저는 랜덤으로 1~5%를 골라 고객 입장에서 체크리스트를 기반으로 5분간 점검한다. 그리고 도우미의 업무 프로세스를 주간 단위로 보고한다. 체크리스트를 지키지 못하거나 고객 컴플레인을 받은 도우미는 오프라인 교육을 받게 된다. 또 한 달에 20회 이상은 일해야 한다는 기준도 있다.

"너무 적게 일하는 건 비타스키에 집중하지 않는다는 것으로 간주해요. 20회는 많은 횟수가 아니거든요. 주 5일에 하루 한 번만 일하면 되고 그 외 시간에는 다른 일도 추가로 할 수 있습니다."

비타스키는 고객 평가 점수와 근무시간을 결합해 매월 시상을 한다. 한 달에 70시간 이상 일하는 사람에게는 추가 보너스를 지급하는데 만약 150시간 이상 일하면 특별상을 받고 수입의 3%도 추가로 받는다. 이렇게 목표 달성에 대한 보상을 주는 일은 베트남 문화에 적합한 방식이다.

시상은 도우미들이 모인 커뮤니티에서 이루어지므로 다른 직원들에게 더 열심히 일해야겠다는 동기부여가 되고 있다. 또 새로 들어온 직원은 커뮤니티 내에서 성과가 높은 선배들을 보고 스스로 배워나갈 수 있다. 강한 커뮤니티를 통해 자연스럽게 서비스 품질이 좋아지고, 다른 사람에게 안 좋은 영향을 주는 사람들은 자연스럽게 걸러지고 있다고 한다.

비타스키는 지점을 낸 도시마다 커뮤니티가 있어 비타스키의 도우미들은 각자 원하는 곳에서 일할 수 있다. 호찌민에서 일하던 도우미는 고향인 껀터에 비타스키가 운영되자 고향으로 돌아갔다. 덕분에 다른 도시들을 방문하면서 돈도 벌고 여행도 즐기는 도우미도 생겨나기 시작했다.

신규 시장 개발을 위한 스텝 밟기

비타스키는 새롭고 혁신적인 서비스로 고객경험을 향상시키려 한다. 홈클리닝 서비스업계 최초로 챗봇을 론칭했는데 비타스키 앱 안에서 전화 통화도 가능하다. 또 고객들이 비타스키를 이용하고 포인트를 모아 영화, 레스토랑, 여행 등 다른 상품으로 교환할 수 있는 서비스도 론칭했다. 항공사 마일리지처럼 실버, 골드, 플래티넘 등급이 있는데 등급에 따라 이용할 수 있는 제휴사가 다르다. 현재 100개의 제휴 파트너가 있고 매달 평균 30개의 신규 파트너가 추가되고 있다. 플래티넘 회원은 파인다이닝 식사 등 특별한 경험을 할 수 있도록 구성되어 있다.

비타스키는 최근 고객의 아기 돌봄 요청을 가장 많이 받고 있다. 비타스키의 모든 서비스에 기존 업체와는 다른 높은 기준이 세워져 있으므로 현재 변호사, 의사와 협업해 이와 관련해 최고 품질의 서비스를 만들기 위해 기획 중이다. 앞으로의 서비스는 고객들이 전혀 생각하지 못했던 수준이 될 것이고 서비스 비용 또한 그에 맞는 고가로 책정될 것이다. 하지만 자녀를 위한 서비스이므로 고객들은 기꺼이 지갑을 열고 금액을 지불할 것으로 예상하고 있다.

비타스키의 다음 목표 시장은 태국, 말레이시아다. 인도네시아는 고젝에서 이미 이 시장을 선점하고 있다. 싱가포르 현지에서는 도

비타스키의 사무실 외관.

우미를 찾기 힘들고 다른 나라에서 동원해야 한다. 그래서 초청장 뿐만 아니라 숙소 등 많은 지원이 필요하다. 필리핀은 집중할 만한 도시가 1~2개뿐이고 그나마도 이미 선점한 회사가 있다.

"태국은 스타트업 자원과 기반이 우수하나 IT 중심인 베트남과 달리 서비스와 상품 기반이에요. 이미 베트남에서 업무 프로세스가 확립되었기 때문에 새로운 지역 진출도 가능합니다. 태국에서 도우미를 채용해 교육하며 비타스키의 시스템과 프로세스를 적용하고 있어요. 어느 지역에 가든 현지인을 채용하는 것이 원칙입니다. 현지인들이 현지 시장과 고객을 가장 잘 이해하기 때문이죠. 전략과 프로세스에 현지 경험을 결합하면 더 좋은 결과가 나옵니다."

한국시장에 아이 돌봄 서비스 론칭 계획을 이야기하는 나탄 도(우).

　동남아 이외의 진출 국가로는 한국시장을 염두에 두고 있다
고 한다. 먼저 아기 돌봄 서비스를 베트남에 론칭해 베트남의 한
인타운에서 테스트해본 뒤 반응이 좋을 경우 투자자를 설득해 한
국 진출을 추진할 계획이다. 한국의 출산율은 점점 떨어지고 있
지만 나탄은 한국의 아기 돌봄시장은 계속 성장 중이라 말한다.
2004~2005년 한국의 맞벌이 비율은 13%였는데 2019년에는 44%
로 세 배나 늘었고 곧 60%가 될 것으로 예상하기 때문이다.

　사업 5년 차가 된 나탄은 이제 운영보다 전략 수립에 더 많은 시
간을 보내고 있다. 투자자와 일하고 신규시장 개발에 힘쓴다. 비타
스키로 인해 고객들의 홈클리닝 서비스에 대한 인식이 바뀌고 있

음을 느끼고 있다. 많은 사람들이 비타스키를 이용하고 도우미들의 삶도 더 나아지고 경쟁사들도 비타스키가 세운 표준에 맞춰 동반 성장하고 있다.

그는 스타트업에 도전하는 사람들에게 다음과 같은 이야기를 하려 한다. "고객의 문제점^{Pain point}을 찾아내 가장 중요한 것에 집중하세요. 생각보다 현실은 더 어렵기 때문에 물질뿐만 아니라 정신적 준비가 필요합니다. 그리고 쉽게 포기하지 말고 실패를 통해 성장하길 바랍니다."

헬스케어와 웰니스를 위한
종합 보험 플랫폼

#편리 #혁신 #포용시너지

파파야

베트남과 보험 사업은 어울리지 않는 것 같으면서도 잠재력이 커보인다. 베트남 사람들은 미래보다 현재를 더 중시하기 때문에 미래를 위한 대책인 보험에 얼마나 관심이 있을까 하는 의구심이 들지만 한편으로는 건강에 대한 관심이 매우 높기 때문에 소득이 증가한다면 보험에도 과감한 투자를 할 것으로 보인다.

게다가 베트남은 사회주의 국가다. 따라서 정부가 사회보험을 평등하게 지원해줄 것 같지만 자본주의 시장경제를 도입한 베트남에서는 꼭 그렇지만도 않다. 1989년까지는 국가에서 모든 의료 서비스를 무료로 제공했으나 1989년 민간 참여를 허용하는 의료 분야 자유화 의료개혁이 이루어지면서 개인 건강보험이 발전하기 시작

사회보험기금 가입자 현황

*가입률은 경제활동인구(15~59세) 대비 가입자 수임.   (단위: %)

구분	2009	2010	2011	2012	2013	2014	2015
가입률	15.5	16.2	17.1	17.4	18.2	18.8	20.1

출처: 베트남 사회보장청, 2015

했다.*

국가의 사회보험을 지원받으려면 회사에 소속되어 있어야 한다. 한국처럼 회사에서 의료보험의 일부를 지원하고 직원이 나머지를 내야 한다. 보험으로 받을 수 있는 혜택은 매우 제한적인데 반드시 공공 병원에 가야 하고 기본 처치 이상을 받으면 개인 부담이 높아진다. 하지만 자영업자가 많은 베트남의 사회보험 가입률은 낮은 편이다.

인식의 변화와 보험 상품의 다양화

현재 베트남 인구의 7%만이 개인 보험을 가지고 있는데 실물을 좋아하는 베트남 사람 특성상 눈에 보이지 않는 미래 보험 상품에 투

*   출처: 조용운, 《베트남 생명보험산업의 현황 및 시사점》, 보험연구원, 2018년.

자하는 것은 정서에 맞지 않기 때문이다. 게다가 보험이 왜 필요한지 설득하기보다 보험 가입을 강요하는 판매 사원들 때문에 베트남 사람들의 보험 인식은 아직까지 좋지만은 않다.

하지만 외국계회사들이 직원의 복리후생으로 보험을 들어주기 시작하면서 보험 혜택을 받은 사람들이 늘어나자 그러한 인식도 조금씩 바뀌어가고 있다. 보험회사들도 고객 접근 방식을 바꿔 매출 확보보다는 서비스 품질에 더 집중함으로써 소비자들의 태도 변화에 영향을 주고 있다.

또한 암 이외에도 개인에게 맞춤화한 질병보험, 자동차보험, 비행기 연착 보험, 이커머스의 정시 도착 보상 보험 등 다양한 보험 상품이 늘어나고 있다.

세 번의 사업 실패 이후 찾은 기회

파파야는 이러한 변화를 반영한 종합 보험 온라인 플랫폼이다. 파파야를 창업한 흥판Hùng Phan은 파파야 이전 세 개의 사업체를 운영했고 두 회사에서 직장생활을 했다. 그는 2013년 미국에서 MBA를 마치고 베트남으로 돌아오면서 기업가를 꿈꿨다. 그러나 당시 베트남 시장 상황은 최저점을 찍고 있었고 그의 아버지는 정부에서 일하는 보수적인 사람이라 아들이 안정적인 직장에 들어가길 바랐다.

그는 일단 시티은행에 입사해 낮에는 회사에서 일하고 밤에는 미국에 있을 때 좋아했던 레스토랑과 비슷한 사업을 하며 새벽 한 시까지 일했다. 그렇게 2년 동안 무척 힘든 시간을 보내고 결국 사업을 접었지만 기업가로서 많은 것을 배운 시간이었다고 한다. 그리고 이 시기에 파파야의 공동 창업자를 만나 새로운 사업에 함께 도전했다. 남성을 위한 온라인 패션몰과 집에서 키우는 채소 사업이었다. 그러나 또다시 실패를 경험했다.

판은 그 후 시티은행을 그만두고 홍콩 기반의 FWD라는 생명보험회사에 입사한다. 입사하자마자 FWD는 베트남 진출을 추진했고 판은 베트남 법인 설립과 관련된 모든 일을 담당하게 됐다. 그는 2년간 FWD에서 일하면서 5년 동안 해야 할 일을 압축해 경험했다고 말한다. 베트남 사람들이 가장 걱정하는 질병은 암이기에 FWD에서는 암 보험을 온라인으로 개발했다. 판은 그곳에서 온라인 보험 플랫폼뿐만 아니라 영업, 운영, 마케팅 그리고 필요한 기술 등 보험회사 운영에 필요한 전반적인 것들을 배울 수 있었다.

FWD에서 보험산업을 이해하고 보험 운영 시스템을 파악하면서 판은 베트남 보험시장에서의 사업 기회를 발견하게 된다. 시티은행 때와는 다르게 FWD에서는 일에 최대한 집중하면서 파파야 사업 준비를 했다. 20대 때와는 달리 가족도 생겼기 때문에 책임감 있게 일하려면 사업에 대한 확신이 필요했기 때문이다.

2018년 11월 판은 '베트남의 모든 사람에게 재무적 안전장치를 제공하기 위해 존재한다'는 미션으로 파파야를 설립했다.

"한국, 싱가포르 등 많은 사람들이 보험을 가지고 있는 나라에서는 힘든 일이 생겨도 삶에 그다지 큰 변화가 없어요. 보험회사에서 비용을 다 처리해주기 때문이죠."

파파야의 사업 모델은 예방과 보험의 조합이다. 고객들이 더 건강한 삶을 살 수 있도록 헬스케어와 웰니스 라이프스타일을 우선 도모하고 보험은 가장 마지막에 사용하는 안전장치로 두고 있다.

이를 위해 1차적으로는 기업을 상대로 직원들의 복리후생을 위한 건강보험 상품을 판매해 보험의 효익을 개인들이 알게 한 뒤 2차적으로 직원 스스로 개인에게 필요한 보험을 파파야를 통해 가입할 수 있도록 해 고객층을 확대하려는 전략을 세웠다.

이와 함께 기업이 추가 비용을 내면 직원들의 건강한 라이프스타일을 위한 복지 패키지로도 준비했다. 건강검진과 건강 관련 자기계발 지원, 예를 들면 요가, 피트니스, 스파 등의 프로그램을 직원들에게 제공한다. 이는 궁극적으로 기업의 보험료 인상 폭을 낮추는 효과가 있다.

현재 이러한 서비스를 이용하는 회사들은 대부분 외국계 회사이거나 베트남 대기업이다. 하지만 예산이 부족한 중소기업도 파파야의 고객이 될 수 있다. 이 경우 직원들은 개인적으로 일반 멤버십보다 할인된 가격으로 복지 패키지 프로그램들을 이용할 수 있다.

'쉽게, 신속하게' 고객경험을 개선하다

파파야에는 두 가지 핵심가치가 있다. 첫째, 투명성이다. 보험은 다소 전문적이고 고객들이 접근하기 어려운 영역이다. 예를 들어 보험계약서는 매우 복잡하다. 그래서 고객들이 계약 내용을 쉽게 이해할 수 있도록 쉬운 용어로 프로세스와 상품 정보를 고객에게 알려주는 투명성을 가장 중요한 가치로 삼고 있다.

둘째는 친근함이다. 브랜드 이름이 파파야인 이유는 파파야는 동남아를 대표하는 과일로 많은 사람들이 좋아하기 때문이다. 쉽게 먹을 수 있고 부드럽고 달콤하다. 또 발음하기도 좋아 기억하기도 쉽다. 파파야 보험을 이용하는 고객경험이 파파야를 먹을 때처럼 친근하기를 바라는 것이다.

이를 위해 파파야는 모바일 앱을 개발해 개인 고객이 건강보험 증서를 편리하게 보관하고 보험을 처리할 일이 발생했을 경우 쉽게 접수할 수 있도록 하며 편리하게 웰니스 패키지를 선택해 이용할 수 있도록 하고 있다.

파파야는 고객 입장에서 최대한 신속하게 보험료를 신청해 지급받을 수 있도록 프로세스를 조정할 계획이다. 현재는 파파야 모바일 앱을 통해 고객들이 보험비 청구 가능 여부를 확인하고 보험 접수를 한다. 파파야는 해당 내역을 보험회사에 전달해 보험회사가 고객에게 직접 비용을 지급하는 프로세스다. 즉, 최종 소비자와 보험회사의 중계 역할로 사건을 접수한 뒤 보험회사의 결정을 기다려야 하기에 신속한 고객 서비스 제공에 한계가 있다. 하지만 장기적으로 파파야가 사건 접수부터 비용 지불까지 모든 프로세스를 처리해 고객경험을 개선할 예정이다.

보험 기반의 헬스케어 토탈 솔루션 제공자로 진화

파파야는 종합 보험 플랫폼으로서 사업 진행 과정에서 많은 도전 과제들이 있었다. 첫째로 보험업에 규제가 많아 보험에 테크놀로지를 접목하기 위해서는 법을 철저히 지켜야 했다.

둘째는 많은 기업들을 파파야 플랫폼으로 끌어들이기 위해 트렌디한 보험 상품이 필요했다. 이를 위해 파파야는 보험회사에 새로운 보험 상품 개발 아이디어 제안도 하고 있다. 그러나 파파야는 신생 플랫폼으로 아직 고객이 된 기업이 많지 않기 때문에 베트남 보

보험 서비스의 고객경험 개선을 위해 노력하는 CEO 훙판(우).

험회사들은 파파야가 제안하는 신상품을 개발하려 하지 않는다. 아무리 외국에 이런 좋은 상품이 있다고 제안해도 잠재력보다는 시장 사이즈를 기준으로 상품을 개발하기 때문이다.

　마지막으로 테크 기업으로서 좋은 IT 인력을 유지하기가 힘들다. 최근 그랩 등 테크 기업들이 늘어나면서 IT 인력의 몸값은 부르는 게 값이 되었다. 작은 스타트업들은 좋은 인력을 돈으로 붙잡기 힘들다. 그래서 판은 직원들의 성장을 위해 FWD에서 함께 일한 전문가를 멘토로 데려와 팀을 돕고 있다.

　"미션이 중요하다고 생각해요. 파파야의 미션을 보고 함께 꿈꿀 수 있는 좋은 사람을 끌어당기기 위해서 말입니다. 미션을 공유하는 사람을 찾기 위해 오랜 시간을 보내고 있습니다."

파파야의 5년 뒤 비전은 '소비자들이 헬스케어를 생각하면 제일 먼저 떠오르는 플랫폼이 되는 것'이다. 헬스케어와 관련된 모든 부분은 파파야를 통해 해결할 수 있게 할 생각이다. 건강검진, 운동, 의사 진료 예약, 치료, 약 배달 등 궁극적으로는 보험을 기반으로 한 헬스케어 토탈 솔루션 제공업체가 되는 것이다.

큰 그림을 작게 나눠 작은 성공을 쌓아가다

스타트업을 하면 무수한 변수가 생기고 해야 할 일도 많다. 스타트업 창업자로서 판은 스스로에게 질문한다. '이것이 지금 내 비즈니스에 도움이 되나? 내 고객에게 가치가 있는가?' 대답이 '아니요'라면 하지 않는다.

"CEO로서 가장 중요한 덕목은 우선순위를 정하는 것이라고 생각해요. 그리고 운동을 열심히 합니다. 스타트업 창업자는 투자자, 보험회사, 고객사 등에게 많은 거절을 당해요. 스트레스 관리를 잘해서 에너지를 잘 유지해야만 해요. 특히 힘들어도 함께 일하는 사람들에게 파이팅 넘치는 에너지를 줘야 일하는 여정을 즐길 수 있거든요."

판은 스타트업의 각 단계마다 다른 커뮤니케이션 방법이 필요하다고 말한다. 직원이 서너 명일 때는 그냥 이야기만 해도 모두가 하는 일들을 공유할 수 있다. 하지만 직원이 열 명이 넘으면 모두 같은 방향을 보고 일할 수 있도록 시스템을 만들어야 한다. 주간 미팅과 주간 이메일 업데이트 등을 통해 정보를 공유하고 전직원이 KPI 트래킹을 하면서 참여할 수 있도록 만드는 것이 중요하다고 강조한다.

그는 스타트업에 도전하는 사람들에게 다음과 같이 이야기한다.

"나는 '그냥' 도전해보고 그게 어떻게 되는지 배우고 복기하면서 오늘의 내가 되었다고 생각해요. 이는 스타트업 창립자들의 공통 자질입니다. 그냥 도전하고 피드백하고 배우고 다시 하고를 반복하는 거죠. 20대 때는 멋지면 그냥 했어요. 하지만 경험이 쌓이면서 지금 나는 더 큰 그림을 그리고 왜 이 일을 하는지 보려 합니다. 그리고 그 큰 그림을 다시 작게 나눠서 작은 성공들을 쌓아가고 있어요."

오토바이가 만드는 쇼핑 문화

베트남 하면 떠오르는 대표 아이콘 중 하나는 오토바이다. 베트남에는 약 5,000만 대의 오토바이가 있다고 한다. 9,000만 명이 넘는 인구를 고려하면 두 명 중 한 명은 오토바이를 가지고 있다는 말이다. 한국에서 운전면허증을 딸 수 있는 연령이 만 18세인 것처럼 베트남도 오토바이를 타려면 18세가 되어야 한다. 성인 기준으로 따져보면 베트남 사람 네 명 중 세 명은 오토바이를 가지고 있는 셈이다.

2019년 평균 가족 구성원 수가 3.5명이면, 가구 수는 2,700만으로 추정할 수 있다. 즉 가구당 한두 대의 오토바이가 있는 것이다. 도로에서 자녀를 태우고 다니는 오토바이를 쉽게 볼 수 있는 것도 이 때문이다. 이렇게 오토바이는 성인들의 발을 대신하는 주요 교통수단이다.

오토바이가 많은 세 가지 이유

날씨가 더운 다른 동남아 국가와 비교해봐도 베트남의 오토바이는 압도적으로 많다. 그 이유는 무엇일까?

첫째, 베트남은 대중교통이 발달하지 않았다. 버스가 다니긴 하지만 많지 않고 이용자 입장에서 보자면 더운 날씨에 걸어서 버스 정류장까지 가서 기다리고 내려서 목적지까지 걸어가는 일이 너무 힘들다. 물론 베트남 정부가 대중교통에 많은 투자를 하지 않은 것도 한몫한다. 한때, 베트남에는 한국의 시내버스가 돌아다녔는데 버스 앞쪽에 '용산행'이라고 적혀 있는 것을 볼 수 있었다. 한국에서 중고 버스를 수입해 재활용했기 때문이다. 그런 버스를 발견하면 반갑고 재밌다가도 투자력이 부족한 베트남의 현실을 실감하곤 했다. 현재는 이런 중고 버스를 베트남 정부에서 수입하지 않아 더 이상 볼 수 없다.

지하철은 아직 상용화되지 않았다. 하노이 지하철은 2019년 시범 운행까지 완료했고 정식 개통을 준비하고 있으며 호찌민은 공사 중이다. 호찌민은 일본, 하노이는 중국의 공적개발원조^{ODA}를 받아 지하철 건설을 진행하고 있다. 원래 호찌민도 2018년 개통이 목표였으나 자금이 모자라 공사가 지연되었다.

둘째, 도로가 매우 좁다. 특히 호찌민의 도로는 하노이보다도 좁다. 그러나 오토바이 밀도는 호찌민이 하노이보다 높다. 하노이는 베트남전쟁 때 도로가 많이 파괴되었고 수도가 된 이후 인근 지역까지 통합·흡수하면서 신도시처럼 계획하에 도로를 확장했다.

반면 전쟁의 피해가 적었던 호찌민은 과거의 도로가 현재까지 잘 보존되어 있는 상황이다. 그래서 도로가 좁아 일방통행이 많고 사람이 걸어 다닐 수 있는 인도마저 잘 갖춰져 있지 않아 오토바이가 최적의 교통수단으로 떠오른 것이다. 실제 호찌민의 오토바이 수는 호찌민 인구수보다 많다. 호찌민 통계청에 따르면 호찌민 인구수는 2019년 900만 명이지만 출근이나 기타 업무상 이유로 호찌민을 오가는 유동 인구까지 고려하면 누적 오토바이 수는 총

950만 대로 추정됐다.

셋째, 소득 수준에 따른 구매력 때문이다. 베트남이 지금보다 더 소득 수준이 낮았을 때의 대중교통은 자전거였다. 자전거를 이용한 베트남 인력거인 씨클로가 관광 상품으로 남아 있는 데서 옛 흔적을 찾아볼 수 있다.

베트남에 살 때 택시로 다니기 애매한 거리는 자전거를 타고 다녔는데 자전거를 타보니 왜 자전거에서 오토바이로 교통수단이 변했는지 체감할 수 있었다. 발을 굴려 자전거를 타면 땀이 비오듯 쏟아져 생활하기 불편하다. 반면 오토바이는 페달을 돌리는 노동을 하지 않아도 속도가 나기 때문에 자전거를 탈 때처럼 땀이 많이 나지 않는다.

물론 자동차가 더 편하고 더위와 싸우지 않아도 되지만 현재 베트남 사람들의 소득 수준으로 자동차를 구매하기는 아직 무리다. 호찌민 일간신문 〈뚜오이째Toui Tre〉에 따르면 베트남에서는 자동차 관세가 매우 높다. 한화로 2,400만 원의 2리터 엔진을 가진 자동차 한 대를 구입한다고 예를 들어보자. 수입세가 60%이고, 45%의 특별소비세, 10%의 부가세가 포함돼 이 차량을 구매하려면 5,160만 원을 내야 한다. 반면 오토바이는 한화로 환산했을 때 평균 180~240만 원으로 월평균 소득이 약 50만 원대인 베트남 사람들이 구매 가능한 수준이다. 그뿐만 아니라 차량의 경우 4인승 승용차는 월평균 주유비가 약 7만 5,000원 정도지만 오토바이는 약 9,600~19,200원 수준이다. 즉, 도시 인프라와 대중교통 현황, 날씨, 소득 대비 구매력 등을 고려할 때 오토바이는 베트남 사람들이 환경에 순응해 살아가기에 가장 최적화된 교통수단인 것이다.

오토바이가 상권에 미치는 영향

오토바이는 베트남의 상권에도 영향을 준다. 같은 동남아 국가인 인도네시아, 싱가포르, 필리핀, 말레이시아의 경우 로드숍보다는 쇼핑몰이 더 발달해 있다. 무더운 날씨에서 살아가기 위해서는 당연한 일이다. 처음 인도네시아 자카르타에 갔을 때 쇼핑몰이 마치 우주에 있는 우주선 같다는 느낌을 받았다. 쇼핑몰 밖은 너무 더워 잠시 걷는 것조차 힘들었지만 쇼핑몰 안은 안전하고 쾌적해서 오랜 시간 머물러도 문제가 없었기 때문이다.

반면 베트남은 쇼핑몰보다 로드숍이 우세하다. 우선 베트남에는 쇼핑몰을 지을 만큼 투자력 있는 기업이 많지 않았다. 호찌민 최초의 쇼핑몰은 한국 포스코가 지은 다이아몬드 플라자로 최고급을 지향했다. 그 결과 현지 소비자들에게 쇼핑몰은 상류층들이 가는 곳으로 자리매김되었다. 또한 인도네시아, 태국, 싱가포르 사람들이 쇼핑몰을 생활공간으로 생각하는 것과 달리 베트남 사람들에게는 그저 더위를 피해 가족과 식사를 하거나 영화를 보며 여가 시간을 보내기 위해 놀러 가는 곳이기 때문에 새로운 쇼핑몰이 생기면 기존 몰에서 신규 몰로 이동해버린다.

베트남 사람들은 오토바이를 타고 다니면서 로드숍에 익숙해졌다. 필요한 물건이 생기면 집에서 매장까지 오토바이를 타고 도어 투 도어^{Door to door}로 이동한다. 베트남 사람들은 이 지점에서 '편리'를 느낀다. 쇼핑몰에 들어가려면 지하 주차장으로 들어가서 주차를 하고 쇼핑몰로 올라가야 하는데 많은 베트남 소비자들은 이런 점이 불편하다고 호소한다.

베트남에서도 쇼핑몰 문화가 정착될 날이 언젠가는 오겠지만 소득 수준 상승과 자동차 증가 등 많은 변수들이 동시에 일어나야 할 것이다. 이러한 이유로 베트남 최고층 쇼핑몰인 랜드마크 81의 향방에 관심이 쏠리고 있다. 이 건물은 높이가 461.2미터로 인도차이나반도에서 가장 높은 건물일 뿐만 아니라 세계에서 열네 번째로 높다. 열세 번째로 높은 러시아 상트페테르부르크의 라흐타 센터Lakhta Center보다 0.8미터 낮은 정도다.

랜드마크 81이 생기면서 베트남에서 두 번째로 높은 건물이 되어버린 우리나라 경남기업이 건설한 하노이의 경남 랜드마크 72는 초기 오픈 효과가 2~3년 지속된 후 어려움을 겪고 있다. 랜드마크 72는 로얄시티 빈컴 메가몰이 오픈하자 유동 인구가 분산되었고 로얄시티 빈컴 메가몰 역시 초기 오픈 효과 이후 유동 인구가 많이 줄어든 상태다.

호찌민의 경우 최고급 백화점으로 자리매김했던 다이아몬드 플라자는 동커이 빈컴센터가 들어서면서 지금은 옛 명성만 남아 있을 뿐이다. 그러나 다카시마야Takashimaya가 2016년 10월 호찌민 사이공센터에 오픈하면서 '초프리미엄 쇼핑몰'로 포지셔닝해 빈컴센터는 여전히 상류층 소비자들에게 인기 있는 장소이다.

반면 랜드마크 81은 아직 포지셔닝이 분명하지 않고 호찌민 중심에서 조금 떨어져 있어 접근성도 애매하다. 다만 공원과 다양한 편의 시설, 호텔이 위치해 있어 앞으로 호찌민의 진정한 랜드마크로 자리 잡을지 지켜봐야 할 것이다.

낮밤의 풍경까지 바꾸다

오토바이는 여성들의 피부 관리와 패션에도 큰 영향을 미친다. 베트남 여성들의 낮과 밤 스타일은 다르다. 여름 나라에서는 1년 내내 여름옷만 입고 살 것 같지만 평균 기온 35도 이상에서도 베트남 여성들은 오히려 온몸을 꽁꽁 감싸고 다닌다. 더울수록 옷을 가볍게 입어야 한다는 일반적인 상식과는 다르다.

낮 시간, 베트남 여성들은 오토바이를 탈 때 우주인처럼 중무장을 한다. 눈은 선글라스로 가리고 코와 입도 마스크로 가리고 게다가 모자를 쓰고 그 위에 헬멧까지 쓴다. 복장을 살펴보면 팔은 토시로, 다리는 스타킹이나 앞치마로 덮는다. 그리고 청재킷이나 심지어 가죽점퍼를 입고 오토바이를 탄다. 강렬한 태양과 거리의 먼지로부터 자신을 보호하기 위해서다.

그런 그녀들을 보면서 아름다움과 피부 보호 중 무엇이 더 중요할까 하는 의문이 들었다. 그래서 설문조사를 해보았는데 베트남 여성들의 대답은 '둘 다 포기할 수 없다'였다. 그녀들은 밤이 되면 변신을 한다. 낮에 태양을 피하기 위해 베일로 감췄던 베트남 여성들의 아름다움이 밤이 되면 나비가 허물을 벗고 자태를 드러내듯 과감하게 표현된다. 특히 호찌민에는 파티 문화가 발달해 더욱 화려하다.

지역전문가로 활동하면서 베트남 주변 국가인 태국, 말레이시아, 미얀마, 라오스, 캄보디아의 주요 도시도 함께 조사했었다. 베트남에 살기 전 태국을 방문했을 때는 별 감흥이 없었으나 베트남에 살다 태국을 방문했을 때는 완전히 선진국으로 보였다. 지하철의 유무가 사람들의 라이프스타일에 미치는

베트남 여성의 낮 복장과 밤 복장.

영향을 실감했다.

지하철이 발달하면 지하철 역을 중심으로 쇼핑몰, 오피스, 호텔 등이 연결된다. 더운 날씨를 고려해 설계된 도시에서 사는 사람들은 태양에 노출되는 일이 최소화되고 일상에서 대부분의 시간을 실내에서 보낼 수 있다. 즉, 날씨로부터 자유롭기 때문에 같은 동남아권이라도 태국 여성은 뷰티와 패션에 더 많은 투자를 할 수 있다.

반면 베트남 여성들은 낮에는 태양과 먼지로부터 자신을 보호해야 해서 밤이 되어서야 하얀 피부를 드러내며 메이크업과 스타일을 과시할 수 있다. 만약 베트남에 지하철이 일상생활 속에서 활성화된다면 베트남 여성들도 태국 여성들처럼 날씨의 영향에서 자유로워져 뷰티와 패션에 더 적극적으로 투자할 것으로 기대된다.

'목적형 구매'를 이끌어내다

오토바이는 소비 형태에도 영향을 미친다. 베트남 소비자는 충동구매보다는 목적형 구매에 더 익숙하다. 도보 문화나 쇼핑몰 문화로 아이쇼핑이 편리한 환경에서는 충동구매가 쉽게 일어난다. 하지만 베트남은 쇼핑몰보다는 로드숍이 발달해 있다. 사람들은 뭔가 필요한 것이 생기면 윈도쇼핑을 하기보다는 사전에 철저하게 조사한 후 오토바이를 타고 원하는 물건을 파는 매장으로 곧바로 찾아간다.

베트남 소비자의 구매 과정을 따라가 보자. 로드숍이 발달한 베트남에는 약국 거리, 철물점 거리, 분유 거리 등이 형성되어 있다. 소비자들은 원하는 물건이 생기면 우선 해당 카테고리를 판매하는 거리를 떠올리고 그 거리에 가서 자신의 단골 가게 또는 지인에게 추천받은 곳으로 직행한다. 매장 앞에 주차하고 원하는 물건을 바로 사서 나온다. 무작정 들어간 매장에 원하는 물건이 없다 해도 작은 것이라도 사서 나온다. 관혜 문화 때문에 아이쇼핑만 하고 매장을 나오는 일은 베트남 사람들에게 불편하기 때문이다.

최근 쇼핑몰이 생겨나 쇼핑몰 내에서 아이쇼핑이 가능하지만 베트남에서는 아직까지 다른 나라처럼 충동구매 문화가 잘 정착되어 있지 않다. 오랜 기간 몸에 밴 쇼핑 습관 때문에 베트남 사람들은 여전히 구매 전 철저히 사전조사를 한다. 주변 사람들의 의견을 참고하기도 하고 온라인으로 검색을 해본다. 실제 매장에 가면 해당 상품을 직접 눈으로 보고 손으로 만져가며 조사한 내용을 확인한다. 이 모든 과정을 통과했을 때 지갑을 연다. 쇼핑몰이라도 목적형 구매가 이루어지는 것이다.

참고로 유교 영향을 많이 받은 하노이는 브랜드 충성도가 높은 반면, 서양 문화의 영향을 더 많이 받은 호찌민은 새로운 브랜드를 쉽게 받아들인다. 따라서 명품이 아닌 일반 브랜드들은 호찌민에 먼저 진출하는 전략을 선택한다. 단 베트남 사람들은 브랜드 신뢰도를 중요하게 여기므로 브랜드 신뢰도 확보를 위해 인지도를 높일 수 있는 곳에 매장을 여는 것이 중요하다. 가성비로 유명한 SPA 브랜드인 자라와 H&M이 각각 2016년, 2017년 호찌민의 A급 사이트인 동커이 빈컴센터에 1호점을 오픈했다. 자라나 H&M 모두 호찌민에서 브랜드 인지도를 확보할 수 있는 최상의 자리에 입점한 것이다. 자라가 H&M보다 가격이 조금 더 높다. 그러나 소비자들은 자라의 디자인과 품질이 H&M보다 더 뛰어나다고 인지하고 있기 때문에 자라를 더 선호한다. 매장 위치로 인지도는 어느 정도 확보했을지라도 브랜드 신뢰도에는 다양한 요소가 영향을 미치는 것이다.

베트남 소비자들은 목적형 구매를 하기 때문에 세계 어느 나라보다 스마트하고 합리적이며 가치지향적 소비를 한다. 과거에는 입소문에만 의존해 구매 의사결정을 내렸다면 이제는 온라인으로 상품평을 쉽게 검색하고 상품 성분, 원산지, 제조사까지도 확인할 수 있다. 쇼핑몰, 멀티브랜드숍이 생기더라도 베트남에서는 충동구매보다는 목적형 구매가 지속될 것이다.

베트남 사람들의 양치 습관

대부분 베트남 사람들은 하루에 이를 몇 번, 언제 닦을까? 한국에는 양치와 관련해 3·3·3법칙이 많이 퍼져 있다. 하루 세 번, 식후 3분 내, 3분 동안 닦는데 그 이유는 밥을 먹은 후 입안에 남아 있는 세균을 없애기 위해서다.

하지만 베트남 사람들은 하루에 두 번만 이를 닦는데 일어나자마자 한 번, 자기 전에 한 번 닦는다. 베트남 사람들은 식후에 생기는 세균보다는 잠자는 동안 생기는 세균에 더 민감하기 때문이다. 아침 식사 전에 이를 닦지 않으면 밤사이 입안에 생긴 세균을 함께 먹게 되어 건강에 해롭다는 인식이 있다.

그러나 식후 입안에 생기는 세균 걱정은 하지 않는 모양이다. 밥을 먹고 난 뒤 과일을 먹고 차를 마시고 이쑤시개로 정리하면 그만이다. 그래서 베트남 식당에 가면 식사 후 이쑤시개를 제공해주는 것이 식사 전에 젓가락을 제공해주는 것처럼 필수다. 또한 상대방이 앞에 있는데도 이를 쑤시고 물로 입안을 헹군다. 그러면 식후 입안 청소는 끝이다. 한국에서는 이러한 모습이 다소 불쾌감을 줄 수 있는 것과는 대조적이다.

베트남 파트너사 직원들이 한국을 방문한 적이 있는데 한국 식당에서 점심을 먹고 나서 분위기가 조금 이상했다. 왠지 이쑤시개가 필요한데 말을 못하고 있는 것 같아 식당 종업원에게 이쑤시개를 요청해 가져다주었다. 그러자 모두가 기다렸다는 듯이 무척이나 기뻐하며 동시에 이를 정리하는 풍경이 연출되었다.

베트남 사람들에게 밥을 먹고 이를 닦지 않으면 찝찝하지 않느냐고 물어보았는데 이들은 괜찮다고 말했다. 저녁 식사는 특별한 일이 없으면 집에서 먹기 때문에 식사 후 이를 닦는지 확인해보니 식후가 아닌 자기 전에 이를 닦는다고 했다.

베트남에서는 왜 이를 하루에 두 번만 닦게 됐을까? 한국이 과거 이 닦기 캠페인을 했던 것처럼 베트남에도 '하루에 이를 두 번 닦자'는 캠페인이 있었다. 하루에 한 번도 이를 닦지 않는 사람이 많았기 때문이다. 게다가 베트남 물은 석회수이다 보니 이를 삭게 할 수도 있다. 중국, 베트남 등 석회수가 있는 곳에 오래 산 사람들의 치아가 거무스레한 것도 바로 이 때문이다.

베트남 각지를 돌아다니다 보면 거리 곳곳의 좋은 입지에서 치과를 쉽게 발견할 수 있다. 그리고 슈퍼마켓에 가보면 구강 청결제가 특히 많은 공간을 차지하며 진열되어 있다. 모두 베트남 사람들의 치아 상태가 좋지 않다는 사실을 알려준다.

그러나 한국계 회사를 다니거나 한국 유학을 다녀온 친구들은 점심 식사 후 이를 닦으러 화장실에 간다. 한국 사람들과 같은 습관이 생긴 것이다. 베트남 사람들은 TV 캠페인 영향보다도 주변 사람의 영향을 더 많이 받기 때문이다.

한국이나 베트남 모두 치아 세균을 인식하고 있다. 그것이 밤사이에 생긴 세균인지 식후에 생기는 세균인지 시각의 차이가 있을 뿐이다. 한국에서도 칫솔 세균 방지 케이스가 상품화되듯 베트남에서도 세균 걱정을 덜어줄 상품 제안이 가능해 보인다. 치아 건강에 초점을 맞춰 식사 후 양치가 불편하면 구강 청결제를 더 자주 사용하도록 권장할 수도 있다. 또 과거에는 검은 치아가 미의 기준이어서 미얀마처럼 씹는 담배인 '꽁야'로 이를 검게 만들었지만 최근에는 치아 미백에도 관심이 높아지고 있으므로 화이트닝 기능성 치약이나 칫솔 등의 상품 제안도 유용할 것으로 보인다.

CHAPTER 6

경험

한국 사람들은 일반적으로 미래를 위해 현재를 희생하며 살아가는 경향이 있다. 대학에 가기 위해 중·고등학교 시절은 입시에 열중하고 막상 대학에 가면 다음 관문인 취업 준비를 위해 청춘을 희생한다. 또 취직을 하면 결혼 준비를 위해 돈을 모아야 하고 결혼하면 집을 사기 위해 아끼며 저축하고 집을 사면 다시 자녀 교육을 위해 투자와 저축을 하며 살아간다. 지금 누릴 수 있는 소중한 순간들을 놓치거나 희생하면서 말이다.

그러다 목표를 다 이루고 나면 왠지 모를 허무감이 밀려오거나 지나버린 청춘과 흘려보낸 젊은 시절을 후회하기도 한다. 욜로라는 말이 2017년 김난도 교수의 《트렌드 코리아 2017》에 소개되자 오직 한 번 사는 인생을 오롯이 만끽하라는 메시지가 한국사회에서 큰 반향을 일으키기도 했다.

한국인이 미래지향적인 성향이라면 베트남 사람은 현재지향적이다. 앞서 꾸준히 말했듯 베트남에서 욜로라는 개념은 새로운 트렌드가 아니다. 베트남 사람들은 현재를 즐기고 자기 자신의 모습을 있는 그대로 받아들이기 때문에 행복 지수가 높은지도 모른다. 이들은 '뭣이 중한지' 잘 안다. 삶에서 가장 소중한 가족에 우선순위를 두고 순간순간의 가치를 알고 있다.

예전에 본 한 풍자화에서 베트남 커플이 해변에 앉아 바닷가 풍경을 바라보고 있었다. 두 사람은 멀리서 쓰나미 같은 파도가 밀려오고 있는데도 그 순간을 즐기느라 대피하지 않고 여유를 즐기는 표정이었다. 그 그림은 현재를 즐기느라 미래를 대비하지 않는 베트남 사람들의 성향을 비꼰 것이지만 그만큼 현재에 충실한 베트남 사람들의 특성을 잘 드러냈다.

소비의 우선순위는 '경험 추구'

2019년 아시아 태평양 국가를 대상으로 실시한 유로모니터의 라이프스타일 조사에 따르면 베트남 소비자는 2030년까지 여행, 레저와 레크레이션 관련 항목에 지출을 가장 많이 늘릴 것이라고 대답했다. 소득이 증가하면서 이 항목에 지출이 늘어난다는 것은 소비 우선순위가 '경험 추구'에 있음을 의미한다.

실제로 베트남 소비자들의 66%가 '경험에 기꺼이 소비할 것'으로 대답했는데 이는 아시아 태평양 소비자 평균인 57%보다 9% 높은 수치이다. 베트남이 상대적으로 경험 추구 가치가 높은 이유는

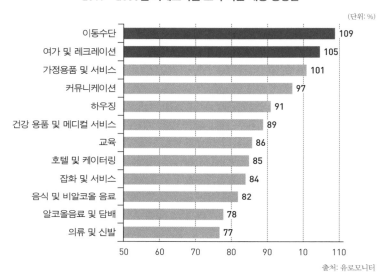

2019~2030년 카테고리별 소비 지출 예상 성장률

(단위: %)

이동수단	109
여가 및 레크레이션	105
가정용품 및 서비스	101
커뮤니케이션	97
하우징	91
건강 용품 및 메디컬 서비스	89
교육	86
호텔 및 케이터링	85
잡화 및 서비스	84
음식 및 비알코올 음료	82
알코올음료 및 담배	78
의류 및 신발	77

출처: 유로모니터

세 가지가 있다. 첫째, 베트남 사람들의 본래 성향 때문이다. 이들은 기본적으로 욜로를 추구하며 호기심도 굉장히 많다. 둘째, 인구 중 경험을 중시하는 밀레니얼과 Z세대의 비중이 높기 때문이다. 이들은 취향에 맞는 브랜드 소비와 경험을 통해 남들과 차별화된 이미지를 구현하고 과시하고 싶어 한다. 셋째, 경제성장에 따라 중산층이 증가했기 때문이다. 우선순위였던 교육과 건강 이외에 새로운 경험을 위한 지출이 가능해졌다.

베트남 카페 의자가 바깥을 향하는 이유

베트남 지역전문가로 활동하던 시절 유일한 낙은 예쁘고 독특한 인테리어의 카페나 레스토랑을 찾아다니는 일이었다. 베트남의 모든 음식을 다 경험해보리라는 야심 찬 계획도 있었고 인테리어 콘셉트를 보며 베트남 사람들의 취향을 읽는 것도 재미있었다.

그럼에도 늘 허전함이 있었는데 카페나 레스토랑을 제외하면 놀러 갈 만한 곳이 그리 많지 않았기 때문이다. 더운 날씨 때문에 한적하게 산책을 즐길 만한 곳도 없다. 오토바이도 많고 보행자가 안전하게 걸어 다닐 수 있는 인도도 별로 없어 이동이 제한적이었다.

베트남 사람들도 같은 허전함이 있었을 것이다. 그래서인지 어디에 뭐가 생겼다고 입소문이 나면 사람들은 단숨에 그곳을 찾아갔다. 한번은 호찌민 외곽에 '예쁜 다리'가 생겼다고 입소문이 나자 너 나 할 것 없이 그곳을 찾아가 멋진 사진을 찍어 페이스북에 포스팅하는 현상이 나타났다.

호찌민 경제대학교 앞에는 거북이 호수가 있다. 내 눈에는 대형 분수인데 사람들은 그곳을 호수라고 부른다. 호찌민에는 호수가 별로 없기 때문에 인공적으로 만들어진 거북이 호수는 한때 호찌민의 명소 중 하나였다. 연예인들의 뮤직비디오 촬영 장소이자 신혼부부들의 웨딩 촬영 장소, 젊은 커플들의 데이트 장소였다.

거북이 호수(좌)를 중심으로 형성된 로터리에서 젊은이들은 친구들과 음료와 스낵을 즐기며 시간을 보낸다. 빈 그룹이 지은 랜드마크 81(중간)에 넓게 조성된 인공 호수(우).

하노이에는 서호나 호안끼엠 호수처럼 규모가 큰 호수들이 많아서 데이트를 하거나 주민들이 산책하고 운동할 수 있는 장소가 있지만 호수가 거의 없는 호찌민에서는 거북이 호수가 소박한 경험거리를 제공했던 것이다. 2018년 빈 그룹이 랜드마크 81을 지으면서 바로 옆에 대형 인공 호수 공원을 만들었다. 저녁 시간에 그곳을 가보면 수많은 시민들이 나와 가족들과 연도 날리고 산책도 하며 즐기는 풍경을 볼 수 있다.

호찌민에는 호수 대신 공원이 많다. 날이 저물면 학생들은 공원으로 놀러 간다. 이렇게 사람들이 모이는 곳에는 다양한 노상들이 있는데 신문지를 깔아주고 음료를 판매하며 자릿세를 받는다. 또 키를 재주고 1만 동, 약 500원을 받는 행상도 있다. 베트남 사람들은 병원에 잘 가지 않아 혈액형이나 키를 잘 모르기 때문에 키를 재주는 것도 재미있는 경험거리가 된다. 호수와 공원은 카페를 즐기기 부담되는 학생들 또는 자연을 즐기며 걷고 싶은 사람들이 경험할 수 있는 가장 일반적인 장소다.

경험거리가 부족하다 보니 베트남의 카페나 펍은 의자를 외부로 향하게 놓는 곳이 많다. 즐길거리는 많지 않지만 호기심 많은 베트남 사람들은 그곳에 앉아 지나가는 사람들을 관찰하기 좋아한다. 관찰을 통해 이야깃거리를 만들고 새로움을 받아들인다.

내가 베트남에서 즐길거리가 부족하다고 느낀 것은 경험의 질이 낮은 것도 한몫했다. 베트남의 박물관이나 미술관, 오페라하우스 등의 시설물 관리 상태는 매우 열악하다. 저렴한 입장료에 상응하는 상태다. 에어컨이 없는 곳도 많아 땀을 흘리며 관람하기도 한다. 콘서트장이 있어도 음향 시설이 좋지 않고 연극 공연장이 있어도 콘텐츠에는 변화가 없다. 문화유산으로 관광산업을 만들어가는 유럽과 비교하면 베트남의 문화시설에는 영감과 감동이 부족하다.

베트남 사람들은 손재주가 뛰어나 훌륭한 작가들이 많음에도 이를 잘 구현할 수 있는 플랫폼이 부족하다. 길거리 골목에 이러한 작품이 저렴한 가격에 판매를 기다리며 전시되어 있을 뿐이다.

베트남이 경제적으로는 빠르게 성장하고 있지만 문화를 즐길 만한 장소나 콘텐츠도 아직 부족하다. 상품이 필요하면 핸드캐리로

호찌민 골목에서 판매되고 있는 예술가
들의 작품들.

빠르게 조달할 수는 있어도 이벤트, 공연 등 다방면에서 디테일이
살아 있는 콘텐츠 기획물과 플랫폼을 구현하려면 시간이 필요하다.
바로 여기에 고객 니즈가 있고 고객 니즈가 있는 곳에 사업 기회가
있다.

경험 추구 니즈에 따라 변화하는 베트남

페이스북에는 베트남 사람들의 라이프스타일이 담겨 있다. 베트남

사람들은 페이스북에 현재의 기분, 모습, 공간 등 모든 순간을 기록하고 공유하기 때문이다. 여가 생활도 파악할 수 있는데 최근 눈에 띄는 여가 트렌드는 요가와 헬스다. 어려운 요가 동작 사진, 요가원 등록증을 들고 찍은 사진, 나이키 같은 브랜드 운동복을 갖춰 입고 전신 거울 앞에서 찍은 셀카 등이 페이스북에 자주 등장한다.

2013년만 해도 베트남에는 운동에 대한 니즈가 많지 않았다. 취미로 치는 테니스 정도를 운동으로 간주했다. 피트니스는 상류층이 하는 운동으로 5성급 호텔 피트니스 센터에 가야 할 수 있었다. 요가는 중산층 사람들이 하는 운동으로 포지셔닝되었으나 대중화되지는 않았다.

2015년 호찌민에 1호점을 오픈한 캘리포니아 피트니스는 소득 수준이 높아진 중산층을 공략했다. 캘리포니아는 기구를 이용한 피트니스뿐만 아니라 그룹 액티비티 프로그램을 통해 회원들이 다양한 체험을 할 수 있게 했다. 여기에 요가도 포함되면서 피트니스의 대중화와 함께 요가 또한 여러 계층에서 즐기는 운동으로 확산되었다.

경험 추구 트렌드는 당연히 여행업도 활성화시켰다. 2013년만 해도 많은 사람들은 자신이 살고 있는 지역 외 베트남의 다른 지역을 여행하지 못했다. 그래서 신혼여행을 베트남 달랏, 사파 등과 같이 다른 기후를 가진 고산지대로 많이 갔다.

하지만 소득 수준 향상과 함께 여행은 보편적 트렌드가 되었다.

싱가포르의 시장조사 기관인 어플루엔셜^{Affluential}에 따르면 베트남 상류층은 2019년 평균 1년에 여섯 번 해외여행을 가고 국내 여행을 포함하면 총 열네 번의 여행을 한다고 한다. 이는 아시아 최고 수준이다.

20대 젊은이들은 파트타임으로 돈을 모은 뒤 여행을 간다. 소득이 증가하고 저가 항공이 늘어나자 여행을 즐기는 세계의 젊은이들과 같은 라이프스타일을 향유한다. 베트남 사람들이 가장 많이 여행을 가는 나라는 가까운 중국, 캄보디아, 태국, 라오스, 싱가포르 순으로 저가 항공으로 비자 없이 편리하게 접근할 수 있는 곳들이다.

온라인을 통한 홈스테이도 빠르게 증가하고 있는데 베트남의 에어비앤비로 알려진 럭스테이^{Luxstay}는 론칭 1년 반 만에 일본, 싱가포르, 한국 등 글로벌 기업으로부터 투자를 유치해 급속도로 성장하고 있다. 럭스테이 설립자는 2018년 기준 월평균 예약 건이 약 1만 건을 상회한다고 밝혔다.

동시에 베트남에는 아마추어 사진작가들이 늘고 있다. 이들은 겉모습만큼은 전문 사진작가처럼 꾸미는데 검은 옷을 입고 전문가용 카메라를 들고 다닌다. 요즘 호찌민에는 이런 차림으로 다니는 젊은 층들이 눈에 많이 띈다. 알아보니 전문 사진작가 코스튬플레이가 일종의 쿨한 트렌드라고 한다.

베트남 정부는 경험 요소를 제공하기 위해 호찌민과 하노이에

'걷는 길, 포디보$^{phố đi bộ}$'를 조성했다. 호찌민의 포디보는 서울 광화문 광장을 벤치마킹해 평상시에도 차가 다니지 않는다. 하노이에서는 호안끼엠 호수 근처를 금요일 저녁부터 주말 동안 차나 오토바이 통행을 막고 사람들이 편하게 걸어 다닐 수 있도록 하고 있다.

특히 호찌민의 포디보가 있는 응우옌후에$^{Nguyen\ Hue}$ 거리는 페이스북에서 가장 많은 체크인이 기록된 곳이기도 하다. 바닥에서 뿜어져 나오는 분수와 그 속을 뛰어다니는 아이들, 삐에로나 동물 캐릭터 탈을 쓰고 사진을 찍어주는 사람들, 비눗방울 놀이, 버스킹 공연, 음료와 간식을 파는 사람들 등으로 거리는 흥으로 넘실거린다. 걸을 만한 곳이 많지 않은 호찌민에서 이 거리는 밤과 주말 시간에 사람들로 붐빈다. 특히 호찌민의 밤공기는 시원해서 저녁 시간에 이 거리에 가면 축제에 온 것 같은 즐거움을 느낄 수 있다. 또 코로나가 발생하기 전에는 축구 경기 때마다 사진처럼 발 디딜 틈 없이 사람

출처: 〈당비엣〉

서울 광화문 광장을 벤치마킹해 만든 호찌민 응우옌후에 거리.

일명 '카페 아파트' 내에 있는 여러 카페들 중 한 곳을 골라 이용하는 것은 메뉴판에서
음식을 고르는 것 같은 재미있는 경험을 제공해준다.

들이 가득 모이는 광장이 되기로 했다.

　호찌민 포디보 한쪽에는 '카페 아파트'라고 불리는 오래된 건물이 있다. 한국에서 옛날 골목길을 찾아다니는 레트로 감성이 트렌드이듯 베트남은 골목 대신 오래된 아파트가 이 같은 역할을 하고 있다. 아파트의 집들을 개조해 자그마한 카페, 식당, 옷가게, 액세서리 가게 등을 만들었다. 아파트 층층이 입점된 가게들을 돌아다니며 내가 가장 가고 싶은 장소를 고르는 일은 마치 어떤 음식을 먹을까 고민하며 메뉴판을 들여다보는 것 같아 재미있다. 또 그 아파트에 있는 모든 카페를 경험해보는 것도 새로운 도전이 될 수 있다.

　이제 호찌민과 하노이 같은 대도시에서는 더 이상 외국인과 현지인의 구분이 없다. 그러한 대표적인 공간이 코워킹 스페이스다. 베트남은 디지털 노마드의 성지라 불리며 수많은 스타트업이 생겨나

더워크숍커피는 다양한 국적의 사람들이 한곳에서 함께 일하는 공간이다.

고 있다. 위워크^{WeWork}나 CEO스위트^{CEO Suite}와 같은 코워킹 스페이스도 있지만 카페처럼 편하게 가서 사람들과 어울려 함께 일하고 음료와 음식까지 즐길 수 있는 곳도 있다.

더워크숍커피^{The Workshop Coffee}에 가면 다양한 국적의 사람들과 한 공간에서 일할 수 있다. 이곳은 열악한 미술관을 대신해 멋진 그림들을 전시하는데 인테리어 요소로도 활용하고 판매도 한다. 현대미술 작가들의 그림을 전시하고 사람들의 심미적 감각까지 높여준다. 이 카페는 코워킹 스페이스이자 젊은 예술 작가들의 등용문이면서 사진작가들에게는 예쁜 사진을 찍기 위한 필수 방문지가 되고 있다.

온라인으로 경험할 수 있는 영역이 더욱 넓어지고 있지만 베트남 사람들은 천성적으로 호기심이 강하기 때문에 그들의 직접적 경험 욕구는 점점 더 커지고 있다. 빠른 경제성장에 비해 국가가 문화적 경험의 질을 높여주지 못하는 상황이다 보니 돈 많은 사업가들은 이러한 욕구를 포착해 젊은 소비자들을 끌어모으고 있다. 크레이그 토머스 갤러리^{Craig Thomas Gallery}나 더 팩토리 컨템포러리 아트 센터 The Factory Contemporary Arts Centre처럼 갤러리와 카페를 결합해 좀 더 좋은 환경에서 예술을 경험할 수 있는 공간이 조금씩 늘어나고 있다.

이색 경험을 제공하는 호찌민의 핫플레이스

베트남에는 다양한 이색 레스토랑과 카페가 많다. 오랜 기간 베트남 소비자에게 사랑받아온 곳도 있고 새로 생긴 곳도 있다. 여기서 소개하는 장소들은 베트남에서 생활하는 동안 이색적인 경험으로 내게 영감과 활력을 준 곳들이다.

먼저 카페 루진^{Café L'usine}를 소개한다. 복합 라이프스타일 콘셉트의 레스토랑인 루진은 '다양성과 호기심을 내재하고 있는 호찌민'이라는 도시에서 영감을 받아 이러한 콘셉트를 구현했다고 한다. '발견의 감각을 큐레이션하다, 다양한 문화를 가진 베트남 라이프스타일과 디자인을 전 세계에 선보이다'라는 메시지는 루진이 제공하는 음식, 음료, 상품, 인테리어, 음악 등 매장을 구성하는 요소마다 녹아 있다.

카페 루진은 복합 라이프스타일 콘셉트를 구현해 사람들에게 새로운 경험을 선사한다.

2013년만 해도 루진은 세련된 의류 편집숍이면서 브런치를 즐길 수 있는 카페로 베트남에서 매우 혁신적인 곳이었다. 당시에는 동커이Đồng khởi와 레러이Lê Lợi에 두 개 매장이 있었는데 현재는 레타인톤Lê Thánh Tôn과 타오디엔Thảo Điền, 푸미흥Phu My Hung까지 총 다섯 개 매장을 운영하고 있다. 물론 여전히 외국인과 회사원이 많은 상권에 위치해 있지만 매장을 다섯 개까지 확대했다는 데 의의가 있다.

2013년에는 관광객, 외국인이 주 이용자였다면 현재는 루진을 이용하는 현지인들도 많이 늘었다. 루진이라는 공간이 제공하는 도시적 감성, 다양한 사람들과 어울릴 수 있는 오픈된 공간, 숙련된 직원들의 서비스는 루진을 이용하는 소비자들을 동일한 취향으로 묶고 있다.

두 번째로 소개하고 싶은 곳은 누아르, 다이닝인더다크Noir, Dining in the

^{dark}다. 이곳의 한 끼 식사는 메뉴에 따라 한화로 3~5만 원 정도로 고가이지만 편견을 깨고 오롯이 나의 감각에만 집중하는 경험을 할 수 있다. 레스토랑 이름대로 어둠 속에서 식사를 하게 되는데 두 눈에 의존해 세상을 살아왔던 사람들에게 이 공간은 불편함 그 자체다. 어둠에 익숙한 누군가의 도움이 필요하며 그들에게 의존해야 한다. 식당을 방문하면 시각장애인 종업원의 어깨에 손을 얹고 따라 간다. 종업원은 나를 안전하게 테이블까지 데려다주고 앉혀주고 음식이 나오면 나의 손을 잡고 그릇의 형태를 알려주고 음식의 위치를 설명해준다.

매우 낯선 경험으로 몇몇 사람들은 숟가락을 자기 입속으로 제대로 넣지도 못한다. 앞이 보이지 않는 상태에서 촉감, 향, 미각에 의존해 음미하며 무슨 음식일까 상상하면서 먹게 된다. 동행과 같은 메뉴를 선택해 먹길 추천하는데 같은 음식이라도 사람에 따라 자신의 과거 경험에 의존해 상상하므로 다양한 이야기를 나눌 수 있기 때문이다. 거기서 오는 잔잔한 재미에 더해 어둠 속에서 나와 함께하는 사람의 목소리에만 집중할 수도 있다. 그래서 내가 하는 말과 상대의 말에 주의를 기울이게 된다. 암흑 속에서 뭐라도 보일까 싶어 눈에 힘을 주고 열심히 두리번거려 보아도 물체의 실루엣조차 보이지 않는다. 아주 작은 하얀빛이 북극성처럼 방향을 나타낼 뿐이다.

레스토랑에 들어가기 전 안대를 하고 퍼즐을 맞추는데(좌), 이 퍼즐은 그릇과 식판을 상징한다(우).

출처: 누아르 앙식 홈페이지

캄캄한 레스토랑 안에서 식사를 하고 나오면(좌) 진한 재스민 향기와 탱글한 감촉의 재스민 팔찌를 선물해준다(우).

이곳에 들어가기 전 눈을 안대로 가리고 퍼즐 맞추기를 했는데 이 연습이 어둠 속에서 사용할 그릇과 식판을 암시했음을 깨닫게 된다. 다 먹고 난 뒤에는 식판의 일치하는 자리에 그릇을 잘 맞춰 놓아야 한다. 아무도 말해주지 않아도 어둠 속에서는 다들 신중히 움직이므로 대부분 그릇을 제대로 놓는다. 그렇게 사람들은 낯선 환경에 적응해간다.

어둠 속에서 나오면 어떤 음식을 먹었는지 복기할 시간이 주어진다. 안내자의 설명과 나의 상상을 이야기하며 마침내 내가 먹었던 음식 사진을 보고 다시 한 번 그때 입속에서 느꼈던 맛과 감촉을 상기한다. 그리고 그 음식의 의미와 가치에 대한 설명을 듣는다.

마지막에는 새하얀 재스민 팔찌를 채워주는 것으로 새카만 어둠 속에서의 특별한 경험이 마무리된다. 들어갈 때는 호기심만 가득하지만 나올 때는 조금 감격스럽다. 장애인에 대한 편견을 깨는 것일 수도 있고 환경과 상황에 따라 약점이 강점이 될 수도 있음을 깨닫는 것일 수도 있으며 어둠 속에서 약자가 된 나를 돌봐준 직원에 대한 감사와 사랑일 수도 있다. 재스민 꽃의 향기는 강한 여운을 남긴다.

마지막으로 소개하고 싶은 곳은 카르멘 바^{Carmen bar}다. 아주 오래된 곳으로 내가 처음 방문한 것은 2005년이었다. 작은 동굴처럼 생긴 입구로 등을 굽혀 들어가면 그 안에서는 흥겨운 새로운 세상이 펼쳐진다. 베트남 특유의 가옥 구조를 그대로 살린, 전면은 좁고 내부가 긴 구조라 객석과 무대가 매우 가깝다. 그래서 가수와 눈을 마주치며 음악을 감상할 수 있고 가수의 목소리와 악기 소리가 그 공간을 가득 채운다. 가수들은 팝송과 남미 음악을 주로 부르지만 많은 사람들에게 익숙한 곡들로 선곡해 관객의 흥을 불러 일으킨다. 유

출처: 비엣가우테이팅 홈페이지

출처: 베가스케리벨 홈페이지

카르멘 바는 베트남 가옥 구조를 그대로 살려 만든 공연장으로 공연자들을 가까이서 볼 수 있고 함께 호흡할 수 있다.

럽 사람들은 흥이 차오르면 무대 앞으로 나가 춤을 추기도 한다.

세 장소는 모두 한때 외국인들의 전용 공간이었지만 이제는 베트남 현지인의 비중이 70%를 넘는다. 그만큼 베트남 소비자들의 소득 수준이 향상되었음을 보여줄 뿐만 아니라 경험 소비 공간에 대한 갈증이 크다는 사실의 반증이기도 하다.

2008년 롯데마트 1호점이 호찌민 7군에 오픈했을 때 롯데마트 고객은 대부분 한인이었다. 7군 푸미흥에 한국인이 밀집해 살고 있었기 때문이다. 하지만 2013년에 다시 찾은 롯데마트 1호점은 베트남 사람들이 90% 이상을 차지하고 있었다.

2007년 뚜레쥬르가 베트남에 첫 매장을 오픈했을 때도 주 이용 고객들은 일본, 유럽, 한국 주재원이었지만 지금은 현지인의 비중이 더 높다. 여전히 일반 베이커리보다 높은 가격대지만 이제는 프리미엄 매장이 아닌 가성비 좋은 공간이 된 것이다.

뚜레쥬르 베트남 사업 전략을 수립할 때 의도적으로 프리미엄 포지셔닝을 했다. 베트남과 같은 도입기 시장에서 시장 흐름은 프리미엄에서 매스 시장으로 이동하기 때문이다. 15년이 지나 돌아보니 그 전략이 유효했다. 앞에서 소개한 세 가지 브랜드 모두 뚜레쥬르처럼 초기에는 외국인과 상류층의 전용 공간이었지만 시간이 지나면서 대중화 단계로 넘어가고 있다.

독특한 홈스테이 문화를 만들어가는 공유경제 플랫폼

#경험 #통합 #편리 #커뮤니티

럭스테이

글로벌 트렌드를 베트남 시장에 최적화해 세 개의 스타트업을 만든 청년이 있다. 그의 이름은 스티븐 응우옌[Steven Nguyen]. 이미 IT 스타트업 계에서는 유명 인사다.

그러나 그는 보통의 스타트업 대표들과는 이력이 다르다. 해외 유학파도 아니고 심지어 대학도 나오지 않았다. 교육열이 뜨거운 베트남에서 스스로 대학을 가지 않겠다고 결정하고 밀어붙인 것은 이례적이다. 당연히 부모님과 주변 사람들의 반대가 극심했지만 스티븐은 인터넷 비즈니스에 시간을 온전히 집중하고 싶어 원하는 길을 선택했다.

"열정이 있으면 원하는 것을 하면 돼요. 아주 간단합니다. 대학을 가지 않겠다고 해서 엄청난 압박을 받았고, 그것을 극복한 것은 좋은 경험이었어요. 왜냐하면 사업을 하면서 부딪힌 일들은 그에 비하면 아무것도 아니었거든요.(웃음)"

제2의 유니콘을 꿈꾸는 고졸 CEO

1989년생인 그는 2007년 고등학교를 졸업하자마자 웹사이트 서비스 회사인 넷링크^{Netlink}를 설립했다. 스티븐은 고등학교 때부터 프로그래머로 활동하며 웹사이트를 개설해주는 서비스를 했는데, 온라인 미디어 시대가 되면서 그가 고등학교를 졸업할 무렵에는 열 개 이상의 신문사들이 웹사이트 제작을 의뢰해 왔다.

넷링크는 퍼블리싱과 리소스를 공급하는 데 구글에서 베트남 최초이자 유일하게 퍼블리싱 인증을 받았다. 2012년 유튜브가 베트남에 진출하자 많은 사람들이 유튜브를 시청했고 이용자 수는 매우 빠르게 늘어났다. 유튜브가 인플루언서와 크리에이터를 육성할 파트너를 찾자 넷링크는 파트너십 프로그램을 제안했다. 그렇게 스티븐의 두 번째 회사인 MCN 네트워크 회사 미튜브^{Metube}가 2014년 설립되었다. 미튜브에는 3,000개 유튜브 채널을 운영하는 수많은 콘텐츠 크리에이터가 있다.

스티븐은 넷링크와 미튜브 사업을 동시에 진행하는 동안 너무 많

스티븐이 두 번째 설립한 회사인 미튜브. 콘텐츠 크리에이터를 보유한 유튜브의 파트너
사다.

은 아이디어 탓에 다양한 시행착오를 경험했다. 돈을 벌긴 했으나
기대만큼 수익이 크지는 않았다. 주변 멘토들은 여러 가지 일을 동
시에 하는 것보다 하나에 집중하는 것이 더 큰일을 할 수 있을 거라
고 조언해주었다. 스티븐은 2017년 10년간 운영한 넷링크를 매각
하면서 다음과 같은 큰 목표를 세웠다.

"럭스테이로 1~2년 내에 제2의 유니콘이 되는 것을 지향하고 있
습니다. 하지만 저의 계획은 베트남의 유니콘 기업이 되는 것뿐만
아니라 그랩처럼 동남아시장 전체로 확장해 베트남 기업도 경쟁력
이 있다는 사실을 보여주는 거예요."

스티븐은 두 개의 사업을 운영하면서 인력 채용부터 전략 수립
및 수익 창출 노하우를 익혔고 사업에 필요한 인적 네트워크 그리
고 자금을 조성할 수 있었다.

에어비앤비와의 차별화

럭스테이 사업 아이디어는 '베트남에서 부유한 사람들은 대부분 부동산과 관련된 일을 한다'는 발상에서 탄생했다. 베트남의 부동산은 급성장하고 있고 투자나 임대를 위해 구입한 아파트, 빌라, 주택이 많아지는 추세였다. 하지만 그는 이러한 시류에 편승하기보다는 좀 더 큰 그림을 그렸다.

스티븐은 자기 혼자가 아닌 더 많은 사람들이 돈을 벌 수 있도록 돕고 싶었다. 그래서 베트남 정부가 관광산업을 경제 주요 부문으로 채택한 데서 착안해 부동산과 관광업을 결합한 사업을 만들어 더 많은 일자리를 창출함과 동시에 베트남의 여행산업 발전에 기여하기로 했다.

스티븐은 관광산업이 발달할수록 전통적인 호텔이나 리조트보다는 다양한 형태의 임대와 홈스테이의 수요가 늘어나는 글로벌 트렌드를 읽었다. 그리고 아직 베트남에는 이 시장을 조직화한 플랫폼이 없다는 점을 발견하고 베트남 여행의 홈쉐어링 플랫폼 사업의 선두 주자로서 럭스테이를 설립했다.

2016년 럭스테이가 사업을 시작할 당시 에어비앤비는 베트남에 공식적으로 진출하지 않았지만 2015년부터 약 4만 개의 홈 렌털 서비스를 제공하고 있었다. 스티븐은 시장조사 및 사업개발 단계에

럭스테이 사무실에서 만난 스티븐. 10년 차 CEO이지만 그는 이제 겨우 서른한 살이다.

서 에어비앤비와 차별화할 수 있는 세 가지 사업 기회를 발견했다.

첫째, 에어비앤비는 주로 베트남으로 들어오는 인바운드 고객을 타깃으로 한다. 따라서 럭스테이는 베트남 현지 소비자를 타깃으로 설정할 수 있었다. 둘째, 베트남 밀레니얼과 Z세대는 온라인으로 편리하게 여행 준비를 한다. 여기에 착안해 베트남 현지 소비자 중 온라인에 익숙한 젊은 층을 1차 타깃으로 하고 현지 스타일을 추구하는 외국인 고객으로 점차 확대해가기로 했다. 셋째, 에어비앤비는 베트남에 사무소가 없기 때문에 베트남 현지인이 서비스를 이용하거나 문의를 해야 할 경우 불편이 따를 수밖에 없었다.

스티븐은 베트남 시장과 베트남 소비자를 가장 잘 안다는 점을 장점으로 삼아 에어비앤비와 차별화된 세 가지 사업 전략을 세울 수 있었다. 첫째, 에어비앤비에 없는 숙소를 개발해 소개하는 것이다. 이를 위해 호스트들이 숙소를 더 효율적으로 운영할 수 있도록 지원하는 데 많은 투자를 했다. 둘째, 베트남 현지 관광을 연계했다. 셋째, 최고의 IT 기술을 추구하기보다는 우선 베트남 사용자의 취향에 적합한 디자인과 콘텐츠를 제대로 전달하는 데 집중하기로 했다.

"나의 미션은 변화와 파괴를 통해 게임 체인저가 되는 거예요. 기존 트렌드나 소비행위의 룰을 바꿔 영향을 미치고 싶습니다. 아이디어가 많아서 테스트하고 검증하면서 실행해요. 절대 'No'라고 말하지 않고 실제로 일어나게 만듭니다."

럭스테이는 에어비앤비를 경쟁사로 간주하지 않는다. 타깃 고객이 다르기 때문이다. 에어비앤비의 주요 고객은 베트남 현지인이 아니며 베트남 현지 고객 중 에어비앤비를 아는 사람도 많지 않은 상황이다. 베트남 소비자에게 홈쉐어링은 새로운 개념이므로 이들이 홈쉐어링 하면 가장 먼저 떠올리는 브랜드가 되는 것이 목표다.

럭스테이는 오히려 호텔을 경쟁사로 생각하고 있는데, 베트남 현지 고객들은 여전히 전통적인 숙박업소를 이용하는 데 익숙하기 때문이다. 이를 극복하기 위해 같은 가격이면 호텔보다 홈쉐어링에서 더 나은 경험을 얻을 수 있다는 것을 지속적으로 홍보하며 이용 행태를 변화시키려 노력하고 있다.

그러나 현재 사업 초기 단계여서 베트남 시장에서 럭스테이의 리스팅 수는 에어비앤비보다 적다. 에어비앤비는 외국인들을 대상으로 해 대부분의 도시에 숙소가 있는 반면 럭스테이는 베트남 현지인을 위해 새로운 관광지의 숙소를 개발하고 있다.

스티븐은 아직 에어비앤비와 시장점유율을 비교할 때는 아니라고 선을 그으면서도 1~2년 후에 경쟁이 가능하리라고 자신한다. 현재 도시 외의 관광지에서는 럭스테이의 비중이 에어비앤비보다 더 높기 때문에 전략적으로 작은 곳을 먼저 공략하고 나중에 도시를 공략할 계획이라고 한다.

파트너와 함께 성장하다

스티븐의 자신감은 많은 베트남 사람들이 기업가가 되고 싶어 하는 것을 아는 데서 나온다. 특히 땀 엑스와 찐 엑스 세대들은 여행 사업에 관심이 높으며 기업의 사회적 책임도 인식하고 있다. 럭스테이와 같은 가치를 가진 파트너들과 일을 하면 서비스의 질이 전체적으로 높아질 수 있기 때문이다.

럭스테이는 호스트를 위한 트레이닝 프로그램을 운영하고 있다. 호스트를 교육해 전문성을 높이면 그들이 고객에게 더 잘 서비스

럭스테이 CEO 스티븐(중간)과의 인터뷰. 통역은 매니징 디렉터이자 AHC의 인플루언서 켄달 응우옌이 도움을 주었다(좌).

할 수 있어 지속 성장이 가능하기 때문이다. 또 집은 있으나 호스트 역할을 하고 싶지 않은 사람을 위해 대신 운영해주는 '스위트 호스트 프로그램'도 지원하고 있다. 그리고 지역별 슈퍼 호스트가 이끄는 커뮤니티를 지원해주기도 한다. 커뮤니티에서는 유명한 호스트와 신규 호스트의 만남을 통해 럭스테이 운영 사례를 배우고 도움을 주고받으며 빠르게 성장할 수 있다.

럭스테이는 사업 초기 소비자들의 관심을 끌기 위해 아름다운 가구들로 꾸며진 집들을 저렴한 가격으로 공급했다. 현재 럭스테이는 1만 5,000개의 숙소를 테마에 맞게 큐레이션해 제공한다. 아파트, 빌라, 스튜디오 등 숙소 타입별, 그리고 지역별, 가격대별 제안은 물론 미니멀리즘, 빈티지 등 소비자들의 취향까지 고려해 선택의 편의성을 제공하고 있다.

또 사진과 현실의 차이를 최소화하기 위해 호스트로 부터 보정이 된 사진이나 왜곡이 심한 입체 사진은 받지 않는다. 공유경제에서는 평판이 중요하기 때문이다. 중장기적으로 평판 관리는 호스트의 몫이며 럭스테이는 공정한 경기장을 만들어 모두가 함께 성장할 수 있게 하는 데 집중할 것이다.

무엇보다 럭스테이는 호스트와 고객 모두 행복할 수 있도록 매일 24시간 서비스 센터를 운영하여 문제가 발생할 경우 서로 간의 이익이 손상되지 않도록 신속하게 대응하고 있다.

비전을 함께 실행할 적임자를 만나는 것

스티븐은 럭스테이 사업 확장을 위해 투자를 유치하는 데도 노련하다. 일본의 사이버 에이전트와 제네시아, 베트남의 ESP 캐피털과 파운더스 캐피털, 한국의 넥스트랜스에서 총 600만 달러의 지원을 받았다. 2019년 5월에는 한국의 GS숍과 벤처캐피털인 본 엔젤스에서 450만 달러를 투자받았다.

2019년 6월에는 〈샤크 탱크 베트남Shark Tank Vietnam〉 시즌 3에 출연해

출처: CEO 리드 홈페이지

출처: 베트남 비즈니스 TV 홈페이지

2019년 6월 〈샤크 탱크 베트남Shark Tank Vietnam〉시즌 3에 출연해 〈샤크 탱크 베트남〉 역사상 가장 큰 규모인 600만 달러의 투자를 받았다.

〈샤크 탱크 베트남〉 역사상 가장 큰 규모인 600만 달러의 투자를 받았다. 〈샤크 탱크 베트남〉은 스타트업 투자와 마케팅 지원을 위해 만들어진 미국의 리얼리티 프로그램 〈샤크 탱크〉를 베트남 방송국인 VTV^Vietnam Television가 베트남 버전으로 만든 TV 프로그램이다.

어떻게 이렇게 큰 투자를 받을 수 있었는지 묻자 그는 다음과 같이 대답했다.

"많은 사람들이 함께 부자가 될 수 있는 비전을 공유했을 뿐이에요. 비전 실현을 위한 적임자를 어떻게 찾는지 말해 그들을 감동시켰어요."

스티븐은 아무리 10년 넘게 사업을 했어도 새로운 사업을 할 때마다 시장 상황이 바뀌기 때문에 사업은 늘 어렵다고 말한다. 또 사업 규모가 커짐에 따라 과거와는 다른 방법으로 비전에 다가가는 적임자를 찾는 것 역시 어려운 일이라고 말한다. 가장 중요한 것은 회사가 크든 작든 자신의 비전을 함께 실행할 적임자를 만나 팀을 이루는 것이라고 강조한다.

그는 적임자를 만나기 위해 채용 과정에서 전문성보다는 학습 능력을 우선 본다. 그의 사업은 늘 새로운 것을 만들기 때문이다. 스티븐은 유학파도 아닌 고졸이지만 인터넷 세상 속에서 모든 정보를 다 배웠다. 그에게 외국 문화나 학벌은 별로 중요하지 않다. 특히 스타트업은 늘 고비가 있으므로 '할 수 있다'는 긍정적인 태도와 어려운 시기도 함께 이겨낼 수 있는 충성심이 중요하다고 말한다. 장기적이고 큰 비전이 있어야 작은 문제도 해결할 수 있기 때문이다.

럭스테이는 다른 배경, 다른 문화를 가진 사람들로 뒤섞여 있고 서로 다른 아이디어를 존중하는 조직문화를 가지고 있다. 스티븐이 강조하는 것은 다양한 직원들의 생각의 힘을 통해 문제 해결법을 찾는 것이다. 테크놀로지에 존재하는 문제를 예측해 어떻게 게임 체인저가 되어 게임의 룰을 파괴할 것인지 직원들의 아이디어를 받아들이고 테스트해보고 변화를 만들어가고 있다.

베트남 여행산업의 판을 바꾼다

현재 럭스테이는 베트남 시장에 집중하고 있다. 향후 5년 동안 베트남 정부는 경제 발전을 위해 여행산업 지원을 강화할 것이다. 전국적으로 여행산업을 활성화하는 프로젝트가 생기고 있고 테크 스타트업을 위한 여러 정책과 개혁을 실시한다. 또 부동산 임대 관련 많은 세금 지원 혜택이 있다. 이러한 시대적 기회를 활용해 유능한 인재 확보 및 시장점유율 확대를 가속화해 베트남 여행산업의 판을 바꾸는 것이 그의 1차 목표다.

럭스테이의 5년 후 비전은 공유경제 생태계를 통해 더 많은 사람들이 쉽고 즐거운 경험을 할 수 있게 함으로써 베트남을 관광 허브로 만드는 것이다. 이를 위해 2018년 9월 일본의 라쿠텐 라이풀 스테이^{Rakuten LIFULL STAY}*와 전략적 제휴를 맺어 양사의 리스팅을 공유하고 양국 관광객 유치를 위해 마케팅 협업도 했다.

럭스테이의 다음 타깃 국가는 한국이다. 한국 관광객은 코로나 전인 2019년 430만 명이 방문하며 매년 30% 이상 증가하고 있던 상황이었다. 물론 중국인 관광객도 많지만 이들은 패키지로 여행을 오는 경우가 많기 때문에 자유여행을 선호하는 한국을 아주 큰 잠

---

* 일본 최대 전자상거래업체인 라쿠텐과 800만 매물을 보유한 부동산 정보업체 라이풀이 합작해 만든 회사.

재시장으로 보고 있다. 현재 한국 버전의 럭스테이를 제작 중으로 한국어뿐만 아니라 한국 문화도 반영해 한국 사람들에게 맞는 콘텐츠를 개발하고 있다.

스티븐은 어릴 때부터 사업을 시작해서 일 자체가 그에게는 놀이다. 특히 긍정적인 사람들과 일하고 있어 일을 즐긴다고 말한다. 또 럭스테이를 하는 이유 중 하나는 여행을 좋아하기 때문이다. 경험 많은 스타트업 창업자로서 사업을 시작하려는 사람에게 그는 다음과 같은 이야기를 들려준다.

"그냥 하세요. 문제가 있으면 극복하세요. 생각을 많이 하지 마세요. 두려우면 하지 못하거든요. 새로운 기업은 매일 걱정과 문제가 생깁니다. 그래서 긍정적인 태도를 가지는 것이 매우 중요합니다."

2~3성 호텔의
브랜드화

#**경험** #통합 #편리 #커뮤니티

아하 룸즈

베트남 여행시장은 도입기에 있다. 베트남 사람들의 소득 수준이 높아지고 저가 항공이 우후죽순 생기면서 난생처음 비행기를 타는 사람들이 늘어나고 있다. 베트남에는 가성비가 뛰어난 호텔들도 많아서 한화로 3만 원대 2~3성급 호텔도 품질이 괜찮고 5~8만 원대면 4성급 호텔 숙박이 가능하다. 이러한 요인들이 여행산업을 빠르게 성장시키고 있다.

호텔 예약의 경우 많은 사람들이 여행을 떠나기 전 페이스북, 인스타그램, 구글 등에서 후기를 검색해본 다음 호텔스닷컴과 같은 온라인 여행 에이전시OTA에서 예약한다. 브랜드가 있는 5성급 호텔이라면 어느 정도 호텔 수준을 예측하고 예약할 수 있지만 2~3성급 호텔은 후기를 보고 선택해도 기대와 다른 경우가 있다.

아하룸즈^{AHA Rooms}는 이러한 숙박업계의 공급과 수요 측면에서 시장 기회를 발견했다. 베트남의 2~3성급 호텔 중 좋은 호텔을 선택해 아하 룸즈라는 브랜딩을 해주는 것이다. 소비자들에게는 호텔 품질을 보증해주고 호텔에는 표준화된 관리 툴을 제공할 뿐만 아니라 고객 확보에도 도움을 준다.

주먹구구로 운영되던 호텔에 브랜딩을 시도하다

아하룸즈를 설립한 응오응우옌^{Ngo Nguyen}은 인테리어를 전공했다. 아하룸즈 사업을 시작하기 전 8년 동안 상태가 좋지 않은 호텔을 매입해 리모델링해 재판매하는 일을 했다. 그러면서 프랜차이즈 호텔을 만들고 싶다는 꿈을 꾸었다. 5성급 호텔들의 프랜차이즈를 봐왔고 숙박 예약 서비스를 제공하는 인도의 OYO룸즈^{OYO Rooms}를 보면서 아하룸즈의 사업 아이디어를 얻게 되었다.

베트남에서 카페를 브랜딩해 프랜차이즈 사업으로 생각하는 사람은 많지만 호텔의 프랜차이즈화를 생각하는 사람은 거의 없다. 그래서 대부분의 베트남 호텔들은 간판만 있을 뿐 제대로 된 브랜딩을 하는 곳이 없다.

대부분의 호텔 주인들은 호텔을 오픈하면 고객이 저절로 올 것으로 기대하고, 객실이나 리셉션 등과 같은 호텔 관리를 누군가가 해주기를 바랄 뿐이다. 심지어 어떻게 운영해 매출을 최적화해야 할지도 모른다. 따라서 예약 시점에 따라 변동 가격으로 운영하면 되는 간단한 요령조차 없어 무조건 고정 가격으로 운영해온 호텔들이 너무 많았다.

응우옌은 2017년부터 호텔 매니지먼트 기술을 활용해 규모의 경제를 만들고 호텔 운영 및 매출 관리를 지원해주며 아하룸즈 브랜드를 붙인 프랜차이징 사업을 시작했다. 와이파이, 화장실, 매트리스, 룸 사이즈, 주차장 등 100개 이상의 체크리스트를 가지고 호텔을 선정했고 뷔페가 있는 호텔의 경우 아하 룸즈 프리미엄으로 구분했다.

호텔·여행자·환경까지 생각하는 서비스

응우옌은 2~3성급 호텔들이 더 많은 매출을 올리고 운영비는 줄여 수익이 발생하면 다시 호텔에 투자할 수 있고 결과적으로 베트남 호텔 전체 품질을 올리는 데 기여할 수 있다고 생각한다. 이를 위해 아하룸즈는 호텔과 1~5년의 파트너십을 맺는다. 호텔을 대신해 호텔 가격관리, 수익 관리를 지원하는 등의 세일즈 매니저 역할을 한다. 경쟁 호텔의 사진, 리뷰 등 홍보 활동을 계속 모니터링하고 변동 가격제를 적용해 언제 가격을 올릴지 내릴지를 알려준다. 호텔들은 편리하게 모객부터 결제까지 아하룸즈를 통해 관리할 수 있다. 이에 대한 수수료는 총 매출의 5%다.

아하룸즈는 1박에 30~35달러로 서비스와 품질이 보증되는 호텔을 발굴해 저예산 여행자들을 지원해주고 있다. 또한 아하룸즈 호텔 체인을 계속 이용할 경우 할인 쿠폰을 제공하는 등 다양한 로열티 프로그램도 운영하고 있다.

아하룸즈는 최종 소비자들에게 직접 커뮤니케이션하지 않고 아고다 같은 온라인 여행 에이전시에 일괄적으로 아하룸즈 호텔들을 리스팅하거나 20명 이하의 작은 회사를 상대로 출장 시 이용할 수 있는 멤버십을 제공한다. 예산이 넉넉해 4~5성급 호텔을 이용하는 회사는 아하룸즈의 타깃 고객이 아니다.

현재 아하룸즈 브랜드를 가진 호텔은 120개다. '아하[AHA]'는 놀람을 나타내는 감탄사인데 짧고 기억하기 쉬운 이름으로 선택했다고 한다. 아하룸즈는 앞으로 200~300개까지 그 규모를 확대한다면 기발한 환경보호 아이템을 호텔에 추가할 예정이라고 한다. 카페에서 더 이상 플라스틱 빨대를 사용하지 않는 것처럼 호텔 운영자 및 이용객에게 환경에 대한 인사이트를 주고자 한다. 그래서 브랜드 이미지에도 녹색을 사용했다.

1,000개 호텔이 원스톱 여행 플랫폼이 되도록

5년 후 계획은 아하룸즈 이름 아래 1,000개의 호텔을 확보하는 것이다. 베트남에는 현재 약 3만 개의 호텔이 있다. 이 중 시설과 위치가 좋은 호텔 1,000개를 선정하고 최신 기술, 표준화, 트레이닝 프로그램을 적용해 좋은 호텔을 만들 예정이다. 만약 한 호텔에 방이 20개 있다면 1,000개 호텔을 확보하면 2만 개의 방이 있는 것이고 그 방을 매일 꽉 차게 만드는 것이다. 이렇게 규모가 커지면 최종 소비자를 기반으로 호텔 어메니티도 판매할 수 있고 커피숍, 레스토랑과 협업도 가능하다.

또 다른 계획은 이 1,000개 호텔을 기반으로 직원 고용을 대행해 서비스 교육을 한 후 호텔에 인력을 배치해주는 것이다. 개인 호텔들은 채용을 진행해도 직원들의 업무 스타일, 역량, 성과를 잘 모른다. 판매, 서비스, 인력 소싱 등은 호텔 주인들에게는 어려운 분야다. 급여는 호텔에서 지급하지만 아하룸즈의 서비스는 호텔의 안정적 인력 운영 및 고용 증대에 기여할 수 있다.

궁극적으로 아하룸즈는 여행의 원스톱 플랫폼이 되는 것을 목표로 한다. 베트남 여행의 액티비티 역시 매우 파편화되어 있다. 통계에 따르면 70%의 여행객이 새로운 관광지에서 할 액티비티를 호텔 체크인 후 결정한다. 따라서 아하룸즈는 호텔을 일일 투어, 관광

응오응우옌(좌)은 향후 아하룸즈의 이름으로 된 호텔 1,000개를 확보하고자 한다.

지 티켓 등의 관광 상품을 판매하는 채널로 만들 계획이다. 이는 호텔이 더 많은 수익을 낼 수 있도록 해줄 뿐만 아니라 여행 생태계를 함께 발전시키는 구조를 만들 수 있다.

응우옌은 스타트업을 희망하는 사람들에게 다음과 같이 조언한다.

"가장 힘들었던 것은 옳은 일을 선택해서 집중하는 것이었습니다. 매일같이 무수한 선택지가 주어지기 때문에 '아니'라고 말할 수 있어야 해요. 정보가 쏟아지고 사공이 많아지면 늘 올바른 방향을 선택하는 것이 어렵습니다. 대부분의 스타트업들은 자원이 제한적이기 때문에 아주 신중히 생각해서 어떤 방향으로 어떤 가치에 집중해야 할지 결정해야 합니다."

'삼시 세끼' 체험하기

베트남 사람들은 보통 아침을 먹지 않거나 아주 가볍게 먹는다. 우유 한 잔 또는 과일 주스를 마시거나 출근길이나 등굣길에 반미^{Bánh mì} 같은 간단한 먹거리를 사 회사나 학교에 가서 먹는다.

아침을 든든히 챙겨 먹을 사람들은 집에서 해결하는 대신 식당에 간다. 베트남에서 가장 대표적인 아침 메뉴는 한국인들도 좋아하는 쌀국수^{Phở}다. 쌀국수는 하노이 음식이긴 하지만 베트남을 대표하는 음식이자 아침 식사 단골 메뉴이다. 쌀국수뿐 아니라 다양한 면 요리를 아침으로 즐긴다.

면 이외에도 쏘이^{Xôi}라는 차진 밥이 있는데 바나나 잎에 싸놓아 마치 삼각

출처 : hungryhuy.com

바나나 잎에 싼 찰밥인 쏘이.

김밥 같은 모양이다. 물론 바나나 잎을 벗겨내고 먹지만 바나나 잎 향이 밥에 배어들어 달달한 맛이 난다. 그리고 한국에도 많이 소개된 반미 샌드위치와 스프링롤로 알려진 퍼꾸온$^{Phở Cuốn}$ 등도 대표적인 아침 메뉴다.

점심 메뉴는 어떨까? 베트남 회사원들의 점심시간은 한국과 거의 비슷한 풍경이다. 다만 소득 수준에 따라 식사 장소, 음식 종류 등이 다른데 중상층은 에어컨이 있는 곳에서 식사를 하고 중산층 이하는 길거리 목욕탕 의자에 앉아서 먹거나 에어컨이 없는 서민 식당에서 해결한다. 또는 도시락을 싸 오거나 집에 가서 식사를 하고 온다. 최근에는 편의점이 늘어나면서 간단하게 편의점을 이용하거나 배달 앱으로 음식을 시켜 먹기도 한다.

점심은 주로 밥을 먹는데 베트남어로 밥은 껌^{Cơm}이라 하며 안남미로 만든다. 에어컨이 있는 식당과 없는 식당의 밥값은 거의 두 배 정도 차이가 나지만 위생이나 식사 환경이 그 값을 한다고 보면 된다. 에어컨이 없는 일반 식당의 평균 점심 식대는 한화로 1,500~2,500원 수준이다.

회사원들이 주로 이용하는 일반 식당의 점심 풍경은 뷔페와 비슷하다. 동그란 접시에 밥을 담고 닭고기나 돼지고기, 채소 등을 밥에 얹어 먹는다. 또

중상층의 점심 풍경(좌)과 중산층 이하의 점심 풍경(중간), 일반적인 점심 플레이팅(우).

일반 반쎄오.

크기가 작은 중부 지방 반쎄오.

는 볶음밥을 간장에 비벼 먹기도 한다. 보통은 점심으로 밥을 먹지만 쌀국수나 매콤한 쌀국수인 분보후에$^{Bún Bò Huế}$처럼 다양한 재료를 곁들인 따뜻한 국물이 있는 국수를 먹는다. 분짜$^{Bún Chả}$나 월남쌈은 점심때도 즐겨 먹는다.

오바마 전 대통령이 하노이에서 먹어 유명해진 분짜$^{Bún chả}$는 잔치국수 면처럼 생긴 쌀 면을 숯불 고기와 채소 그리고 피시소스인 느억맘$^{nước mắm}$과 함께 먹는 음식이다. 베트남에서 느억맘은 한국 음식에서 김치와 같이 빼놓을 수 없는 존재다.

베트남 음식은 무척 다양해 그 종류만도 2,000가지가 넘는다. 앞에서 말한 음식들은 베트남 사람들이 일상생활에서 즐겨 먹는 대표 메뉴다. 베트남 사람들은 저녁 식사를 대부분 집에서 가족과 함께 하지만 특별한 날이나 가족 모임 또는 회식을 할 때에는 집 밖에서 다양한 음식을 즐긴다.

호찌민 같은 대도시에는 베트남 각 지역의 대표 메뉴를 취급하는 레스토랑이 많다. 지역마다 지역 대표 음식이 있으니 베트남 각 지역을 여행하며 음식

유랑을 떠나보는 것도 의미 있는 일일 것이다. 특히 분보후에로 잘 알려져 있는 중부 지방의 후에는 실은 궁중 요리로 더 유명하다. 다낭에서 차로 네 시간 이동하면 후에에 갈 수 있으니 이곳에 들러 베트남 마지막 왕조의 궁중 요리를 음미해보는 것도 추천한다.

반쎄오^{BÁNH XÈO}는 대표적인 남부 지방 요리로 한국의 빈대떡처럼 생겼다. 중부 지방에는 같은 반쎄오라도 한입에 먹을 수 있는 작은 사이즈도 있다.

브이팝, 케이팝을 꿈꾸다

"베트남도 한류와 같은 트렌드를 만들 수 있을까?" 2015년 사업 협력 미팅차 한국을 방문한 베트남 파트너사 대표는 이렇게 말하며 한국 아이돌이 글로벌 시장을 휩쓸고 베트남 젊은이들도 이에 열광하는 것을 보고 부러움을 표현했다.

사실 30년 전만 해도 누가 한국이 지금처럼 한류로 세계시장을 휩쓸 것이라 생각했겠는가? 1980년대 한국 청소년들이 미국의 뉴키즈온더블록의 음악을 들을 때만 해도 누구도 한류를 상상하지 못했다. 그랬던 한국이 현재 BTS라는 아이돌 그룹으로 전 세계를 케이팝^K-pop으로 강타하고 있는 것처럼 언젠가는 '베류^Vietnam wave'가 전 세계에 전파될지도 모른다.

베트남과 한국은 유전학적으로 비슷할 뿐만 아니라 역사적 흐름 역시 유사하다. 2002년 한일 월드컵 때 우리가 느꼈던 열기는 박항서 감독이 베트남에 부임한 2019년 베트남 전역을 붉은 물결로 물들이며 생생하게 재현되었다. 한국의 X세대가 문화의 중심일 때 한류의 원조라 할 수 있는 H.O.T, S.E.S, 핑클 등이 데뷔한 것처럼 베트남의 찐 엑스에서 베류의 원조가 탄생할지도 모를 일이다. X세대와 찐 엑스는 이전 세대와 구분되는 변곡점을 만든다는 점에서 비슷하기 때문이다.

베트남 음악은 역사 속에서 다양한 문화의 영향을 받아왔다. 고대 1,000년을 지배한 중국의 영향 외에도 54개 소수민족을 통합하는 과정에서 보존된 소수민족 음악의 영향, 근대 베트남 전쟁 때 미국의 영향, 다양한 나라에 살고 있는 비엣끼우를 통해 전파된 각 국가의 영향 그리고 지금은 케이팝의 영향까지 받아들이며 베트남 음악은 빠르게 변화하고 있다.

2013년만 해도 팝송, 재즈, 케이팝 등을 제외하고 택시, 카페 등에서 흘러나오는 베트남 음악은 대부분 구슬픈 멜로디였다. 당시 주변 베트남 친구들이 듣는 음악은 대부분 한이 담긴 구슬픈 스타일이었다.

하지만 최근에는 베트남 음악이 많이 변했다. 젊은 층이 중심이 되어 여러 장르를 빠르게 받아들이면서 음악이 다채로워지고 있다. 베트남에서 랩 중심의 힙합 문화는 케이팝의 영향을 받아 하노이의 한 랩클럽^{Rap club}에서 태동했다. 베트남은 공산당의 문화 억압 정책 등으로 처음부터 대중문화가 유행처럼 등장하기보다는 언더그라운드에서 점차 대중에게로 확산되는 경향을 보이기 때문이다. 그리고 호찌민까지 확산되었는데 호찌민의 포디보 등 젊은이들이 자주 찾는 곳에 가보면 힙합 스타일을 한 20대 전후의 사람들이 쉽게 눈에 띈다. 이들에게 이 같은 스타일이 쿨하다고 받아들여지고 있는데 마치 우리나라 X세대가 늘어진 청바지를 입고 모자를 거꾸로 쓰고 다니던 때가 연상되는 풍경이다.

최근에는 인디 음악이 붐이다. 특히 젊은이들 사이에서 인기를 끌고 있는데 음악 공유 플랫폼이 활성화되면서 베트남의 인디 음악이 꽃피기 시작했다. 유튜브^{Youtube}, 사운드클라우드^{Soundcloud}, 스포티파이^{Spotify} 등에서 쉽게 인디 음악을 찾아 즐길 수 있으며 이 같은 플랫폼을 활용해 인디 뮤지션들도 큰 투자를 하지 않고도 쉽게 음악 팬들에게 다가가고 있다.

인디 뮤지션은 쉽게 말해 음악계의 1인기업과도 같다. 작곡자이자 연주자이자 가수로서 독립적으로 활동한다. 이들의 작품은 기존의 형식을 따르지 않고 자신만의 감정과 생각을 자유롭게 표현한다. 이들은 자비로 작품을 만들어 작은 규모로 라이브 공연을 하거나 앨범을 판매해 수익을 창출한다.

베트남 인디 음악을 리드한 가수는 레깟쫑리Lê Cát Trọng Lý와 함께 밴드 응옷Ngot, 까호이호앙Cá hồi hoang, 부Vu, 하이삼Hai Sam, 짱Trang 등이 대표적이다.

레깟쫑리는 베트남 인디 음악 초창기를 이끈 가장 유명한 뮤지션 중 한 명이다. 기타 연주와 감미로운 목소리로 완벽하게 팬들을 사로잡는다. 밴드 응옷은 온라인 플랫폼이나 작은 라이브 공연 외에도 대중 가수들과 함께 대형 무대에 서기도 했다. 부Vu의 유튜브 채널은 20만 명 이상의 팬을 가지고 있고 그의 라이브 공연은 항상 한 시간 만에 매진될 정도로 인기다. 짱Trang은 대중 가수들을 위해 많은 곡을 작곡한 유명 인디 가수다.

최근 더 많은 인디 뮤지션들이 대중 가수들과 음악 활동을 하거나 영화음악을 작곡하거나 다른 가수들에게 자신들의 곡을 판매하면서 사업 모델을 확장하고 있다. 이들은 대중적으로 이름을 알리면서도 그들만의 창의적인 방식으로 특별한 음악적 취향을 유지한다.

베트남 인디 음악의 매력은 담백한 가사와 멜로디에 있다. 인디 뮤지션들은 단순한 가사를 통해 가장 솔직한 방법으로 자신의 감정을 표현한다. 삶의 경험에서 얻은 영감을 음악에 담는다. 대단하거나 복잡한 내용이 아니다. 그저 살아가면서 누구나 겪을 수 있는 이야기다. 하지만 자신만의 시각으로 통

부의 라이브 공연 티켓을 구매하기 위해 줄을 선 모습.

찰을 얻은 메시지를 철학적으로 풀어내어 모든 노래에 의미가 담겨 있다. 그래서 인디 음악을 들으면 마치 내 이야기를 노래하는 것 같은 느낌이 든다. 이러한 이유로 베트남 젊은이들은 점점 인디 음악에 열광하고 있다.

인디 음악에 매료된 사람들은 친구들과 가사를 음미하고 소셜 네트워크에 포스팅하며 바이럴을 이끌고 있다. 인디 뮤지션이 새로운 음악을 만들면 페이스북에서 순식간에 번져나간다.

동영상 플랫폼이 인기를 끌면서 몇몇 인디 뮤지션들은 고품질 뮤직비디오를 만들어 화제를 모으기도 했다. 스마트폰으로 영상을 소비하는 젊은 층이 늘어나면서 발라드부터 EDM$^{Electronic\ Dance\ Music}$까지 장르를 가리지 않고 기발한 콘텐츠를 담은 뮤직비디오를 출시했다.

이로 인해 오랜 기간 동안 얼굴이 알려지지 않은 뮤지션들이 수많은 팬들에게 자신을 노출할 수 있게 되었다. 대표적인 예가 밴드 응옷의 '넌 요즘^{Em}

출처: 징MP3 공식 홈페이지

베트남 음원 스트리밍 방송 플랫폼인 징MP3.

Dạo Này', 까호이호앙의 '비어 토크Beer talks' 등이다. 뮤직비디오에 영어 자막을 넣어 서정적인 가사를 전달하며 동영상 사이트를 통해 전 세계로 빠르게 확산되고 있다.

베트남은 특히 무료 음원시장이 발달해 있는데 베트남 사람들은 주로 징MP3mp3.zing.vn 외에도 '나의 음악'이라는 뜻의 냑꾸어뚜이nhaccuatui.com, '음악 즐거움'이라는 뜻의 냑부이nhac.vui.vn, 킹라이브King Live, 브이라이브V Live 등 다양한 베트남 음원 스트리밍 방송 플랫폼에서 무료로 음악을 다운받아 언제 어디서나 음악을 즐긴다. 이 중 징MP3는 베트남 최대 음원 사이트로 베트남의 유일한 유니콘인 VNG가 만들었다. 2007년 사업 시작부터 고품질의 음악을 듣고 싶은 사람을 대상으로 프리미엄 멤버십을 운영하며 베트남 최초로 유료 음원 서비스를 시작했다. 그럼에도 음악 청취 앱 중 1위를 차지하고 있고 매월 6,000만 명 이상이 방문하는 최대 사이트가 되었다.

SM타운 베트남 1호점.

　전 세계 1억 6,000만 명의 음악 팬을 가지고 있는 세계 최대 음원 사이트 스포티파이도 2018년 3월 베트남 음원 스트리밍 서비스 시장에 진출했다. 베트남은 스마트폰 보급율이 높을뿐더러 이미 다양한 음원 스트리밍 플랫폼들이 존재한다는 데 따른 결정이었다.

　뿐만 아니라 케이팝 시장을 연 SM엔터테인먼트의 이수만 대표도 베트남 음악시장을 노크했다. 2018년 9월 베트남을 방문해 젊은 층이 많은 베트남을 글로벌 시장 공략의 전진기지로 삼고 베트남 아이돌을 발굴하고 육성하겠다는 계획을 밝혔다. 지속적인 성장 동력이 필요했던 SM엔터테인먼트도 젊은 인구가 많은 베트남과 동남아시장에서 유튜브와 음원 사이트를 통한 베트남 음악의 확산 가능성을 읽은 것이다. SM엔터테인먼트는 2020년 7월, 호찌민 7군의 크레센드 몰에 SM타운 베트남점을 오픈하였다. 한류 팬들이 SM 소속 아티스트들의 MD 상품을 구매할 수 있는 공간과 함께 SM타운 카페를 두고 있다. SM엔터테인먼트가 케이팝을 글로벌시장으로 확장한 경험과 노하우가 브이팝[v-pop]에도 통할지 앞으로의 행보가 기대된다.

CHAPTER 7

혁신

베트남의 성장 과정을 지켜보노라면 과거 MBA에서 배운 경영전략이나 한국에서 경험한 선형적 성장 단계와는 맞지 않는다는 것을 알 수 있다. 베트남이 시장 개방과 동시에 빠르게 외국 자본과 기술력을 받아들인데다 베트남의 젊은 인력이 온·오프라인으로 세계와 연결되어 트렌드를 스펀지처럼 빨아들이고 있기 때문이다. 국가와 국민 모두 앞다투어 혁신을 보여주고 있는 셈이다.

예를 들어 선형적 성장 이론에 비추어봤을 때 베트남의 화장품 주요 구매 채널인 핸드캐리숍은 한국 유통시장 초기 화장품 수입 상가와 유사한 면이 있다. 과거 남대문시장에서는 다양한 수입 화장품들이 유통되었다. 백화점을 가기에는 부담스럽지만 한국에 없는 상품들을 합리적인 가격에 사용해보고 싶은 소비자들의 니즈를 충족해준 것이다. 그러다 유통 채널이 현대화되고 상품별 전문 매장이 등장해 수입 상가를 대체했다.

하지만 이러한 한국의 사례를 베트남에 적용해 베트남의 핸드캐리숍을 현대적인 '뷰티 전문 스토어'가 대체할 것이라 예상하면 오류가 생긴다. 초연결사회라는 변수를 고려하지 않았기 때문이다. 남대문 수입 상가가 호황을 누리던 시절은 인터넷이 상용화되기 전이었고, 한국인들의 해외여행도 많지 않던 시대였다. 당시 한국 소비자들은 비싼 백화점 대신에 동일 상품을 좀 더 저렴하게 판매하는 수입 상가를 이용하면서도, 혹시 모를 품질 이상이나 가짜 상품에 대한 부담을 안고 있어야 했다. 그러다 믿을 수 있는 기업이 운영하는 카테고리 킬러 매장에서 수입 상품을 합리적인 가격으로 판매를 하니, 이 신규 채널이 수입 상가를 대체했던 것이다.

연결사회 이전 유통시장의 진화는 보통 다음과 같은 단계로 이루어진다. 먼저 1단계는 전통시장 중심이다. 2단계에는 백화점이나 슈퍼마켓 같은 현대 유통 채널인 잡화점이 등장한다. 3단계는 소비자의 편의를 위한 카테고리 전문점, 이어 4단계는 라이프스타일 중심의 큐레이션 모델이 생긴다. 1~2단계가 상품 중심 시장이라면 3단계는 플랫폼 중심 시장, 마지막 4단계는 취향 중심 시장이다.

현재 한국은 3단계에서 4단계로 넘어가고 있고 일본은 츠타야 같은 라이프스타일 큐레이션 모델이 이미 보편화된 4단계에 있다. 그럼 베트남은 어느 단계에 있을까? 대표적으로는 2단계로 보이지만 베트남 시장에는 3단계와 4단계가 공존하고 있다. 즉, 슈퍼마켓, 백화점 이후 카테고리 전문점이 자리 잡기도 전에 개인 맞춤형 서비스와 상품을 제공하는 형태의 모델들이 동시다발로 유입되고 있다. 이러한 관점에서 지금 베트남의 핸드캐리업체는 한국의 수입 상가 모델보다는 글로벌 시장에서 보편적 인기를 누리는 직구 모델과 더 유사하다.

과거, 현재, 미래가 혼재해 있고 베트남 고유의 특징과 글로벌 보편성이 한데 어우러진 이러한 시장에서는 얼리어답터의 역할이 특히 중요하다. 인터넷의 발달로 유튜브나 블로그를 통해 얼리어답터들은 KOL이 된다. 이들이 공유하는 정보는 대중들의 삶에 새로운 방향을 제시하고 삶의 기준을 설정한다. 또한 구매 의사결정에도 영향을 미친다. 얼리어답터가 세팅한 방향을 트렌드 팔로워들이 좇아가며 시장의 트렌드가 형성되고 확산되어간다.

베트남에서 SNS가 한국보다 더 일찍 활성화된 이유가 여기에 있다. 베트남에서는 2013년에도 유튜브나 브이로그^{Vlog}가 유학생 등의 인플루언서를 중심으로 영향력을 행사하고 있었다. 한국에서는 2016년쯤에야 본격적으로 유튜브의 영향력이 시작된 것과 비교해보면 베트남이 한발 더 앞서가고 있었던 셈이다. 페이스북도 한국보다 베트남에서 더 일찍 수용됐고 페이스북과 인스타그램을 이용한 전자상거래 역시 이미 상용화되어 있다.

외자 유치와 탈중국화 현상이 만들어낸 성장 속도

베트남은 2019년 GDP 성장률 7.02%를 기록했다. 이는 베트남 정부의 목표치였던 6.6~6.8%를 뛰어넘은 것이고, 국제신용평가사 피치솔루션^{Fitch Solutions}이 글로벌 경제 성장 둔화를 감안해 2019년 베트남의 경제 성장률이 2018년 7.08%에서 6.5%~6.9%로 하락할 것으로 전망한 것을 초과 달성한 수치다. 금융 위기가 있었던 2008년 이래 최고 수준의 성장률을 보인 2018년보다 2019년은 경제지표에서 성장세가 소폭 둔화되었지만, 경제의 질이 개선되었다는 평가다.

베트남 통계청에 따르면 노동 생산성뿐 아니라 근로자의 업무 능력, 자본투자금액, 기술도 등을 복합적으로 반영한 생산 수치인 총 요소 생산성^{TFP, Total Factor Productivity}의 GDP 성장 기여도는 46.11%로 2016~2018년 평균인 44.06%보다 높은 수치를 보였다.

2019년 1인당 노동 생산성은 2018년 대비 272달러 증가한 4,791달러였다. 또 68억 달러의 최대 무역 흑자를 기록했던 2018년보다 47% 증가한 100억 달러의 무역 흑자를 달성했다. 베트남 세관총국에 따르면 수출을 견인한 품목은 휴대폰, 전자제품 및 부품, 기계류, 섬유 및 봉제제품으로 2019년 1월에 발효된 환태평양경제동반자협정^{CPTPP}*가 수출 확대에 긍정적으로 작용한 것으로 분석되었다.

웅우옌쑤언푹 총리는 국민소득을 더욱 높이기 위해 외자 유치에 총력을 기울이고 베트남을 수출 중심 국가로 성장시켜 2045년까지 선진국 반열에 올리겠다는 '2045 비전'을 제시했다. 주요 내용은 2030년까지 1인당 GDP 1만 8,000달러를 달성하고 공업과 서비스가 GDP의 90%에 도달해 2045년 선진국으로 도약한다는 것이다.**

이러한 정책은 탈중국화로 글로벌 기업들이 베트남으로 생산기지를 옮기고 있고 CPTPP 외 EVFTA(EU-베트남 FTA)가 2020년 8월 발효됨에 따라 더욱 현실성이 높아질 것으로 보인다.

베트남에 진출하는 기업은 제조업 이외에 소매업과 서비스업으로도 확대되고 있다. 특히 젊은 소비자들의 소득 수준 상승과 함께 글로벌 트렌드에 부합하는 옴니채널의 투자와 경쟁이 매우 치열해졌다. 또 베트남의 성장 가능성이 고평가되어 베트남 주식시장과 부동산시장에도 외국인의 자금이 몰리고 있다.

---

* 일본 주도로 호주, 뉴질랜드, 캐나다, 칠레, 페루, 멕시코, 브루나이, 말레이시아, 싱가포르, 베트남 등 11개국이 참여하는 메가 자유무역협정으로 전 세계 GDP의 14%, 무역량의 15.2%를 차지한다.
** 출처: 문예성, '포스트 차이나' 선두주자, 베트남에 가다…2045년 선진국 도약 '자신만만' 〈뉴시스〉, 2019년 7월 14일.

베트남 정부가 더욱 주도적으로 외국인 투자 유치에 총력을 기울인다면 베트남의 도약과 혁신 속도는 더 빨라질 것이다. 1986년 쇄신을 뜻하는 도이머이 정책 이후 베트남 경제 규모가 급속도로 성장해 열다섯 배 이상 커졌던 것처럼 지금 다시 개혁과 변혁을 위해 정부와 기업이 합심하고 있고, 여기에 황금 인구를 가진 내수시장과 생산 기지로서의 역할이 만나 효율이 극대화되고 있다.

누구나 사업을 시작할 수 있는 스타트업의 성지

베트남 사람들의 DNA에는 기업가정신이 이미 심어져 있는 듯하다. 도시에서 일하는 사람의 경우 평균 1.67개의 수입원을 가지고 있다. 대부분이 페이스북에서 개인 판매를 하거나 네트워크 마케팅 등으로 투잡을 하는 식이다. 또한 인터넷과 모바일 이용자가 많아지면서 최신 IT 기술에 능숙한 젊은이들을 중심으로 스타트업 바람이 불고 있다.

베트남 정부는 스타트업을 적극 지원하기 위해 2015년 1월 중소기업지원법을 시행했고, 2016년 5월에는 '2025 베트남 혁신 스타트업 생태계 지원 제도'를 내놓았다. 이 제도에는 은행 대출 완화, 신용보증 제공, 법인세 감면, 전국적인 지원 프로그램 구축, 근로자

연도별 베트남 신생 기업 수

(단위: 개)

2011년	7만 7,548
2012년	6만 9,874
2013년	7만 6,955
2014년	7만 4,842
2015년	9만 4,754
2016년	11만 100
2017년	12만 6,859
2018년	13만 1,275
2019년	(추정) 13만 8,100

출처: 베트남 통계청

베트남 ICT 기업 수

(단위: 개)

분야	기업 수
하드웨어	3,404 (588억 3,800만)
소프트웨어	7,433 (30억 3,800만)
디지털 콘텐츠	2,700 (7억 3,900만)
IT서비스	1만 965 (50억 7,800만)

*2018년 기준, ( ) 안은 매출(달러)

출처: 베트남 정보통신부

베트남은 정부 규제가 심하지 않기 때문에 창업을 원하면 누구나 쉽게 사업을 시작할 수 있다. 특히 베트남 스타트업은 IT 부분이 강세다.

기본 훈련 과정 지원 등의 혜택이 담겨 있다.*

 그 결과 베트남 통계청은 2017년 베트남의 신규 등록 기업은 12만 6,859개로 전년 대비 15.2%가 늘었고, 2019년에는 13만 8,100개로 추정했다. 또 호찌민 무역관 윤보나 현지 조사관에 따르면 2017년 스타트업에는 2억 9,100만 달러의 투자가 성사되었는데 이는 2년 만에 투자 규모가 두 배 이상 증가한 것이다. 베트남의 온라인 매체 〈VN 익스프레스^{VN Express}〉가 선정한 '스타트

* 출처: 최현주, [동남아 유니콘] "고삐 풀린 용 같다" 구글도 놀란 베트남 스타트업 붐, 〈중앙일보〉, 2019년 1월 14일.

회사명	특징
Công ty CP Chung Xe(CP 공유 자동차)	차량 공유 서비스
Giải pháp bảo mật CyStack (사이스택 보안 솔루션)	사이버 안전망 구축 서비스
Công ty TNHH Chatbot Việt Nam (챗봇 베트남 주식회사)	가상 어시스턴트 세일즈 봇
Mr Farm Agriculture(미스터 팜 농업)	첨단 기술을 농업에 적용하는 서비스
Công ty TNHH Shaca Việt Nam (샤카 베트남 주식회사)	직불카드, 신용카드, 전자 지갑에 쓰이는 공유 응용 프로그램
Công ty TNHH Lavite(라바이트 주식회사)	동충하초에서 추출한 물질을 개발하는 회사
Công ty TNHH Datamart Việt Nam (데이터 마트 베트남 주식회사)	빅데이터와 AI를 사용한 자동 멀티채널 판매 솔루션
Giải pháp quản lý phòng cho thuê Ami (아미 방 임대 관리 솔루션)	임대 부동산 관리 앱
Ứng dụng kết nối điểm bán Gannha.com (간냐 판매처 연결 응용프로그램)	소비자와 구매자를 연결해주는 서비스
Dịch vụ kiểm tra pháp lý Bất động sản sạch(투명한 부동산 법률 서비스)	부동산과 연계된 플랫폼
Ứng dụng sàn đấu trí tuệ Jingo (징고 스마트 응용 플랫폼)	엔터테인먼트 및 디지털 마케팅 플랫폼
Loglag Technology(로그랙 테크놀로지)	트럭 및 컨테이너 주문 신청 서비스
Nền tảng kết nối cơ hội việc làm TopCV (톱CV 채용 플랫폼)	구직자와 회사를 연결해주는 플랫폼
Hệ thống tìm kiếm cơ sở lưu trú ManMo (만모 숙박 시설 검색 시스템)	호텔 등 숙박 시설 검색 정보를 제공하는 플랫폼
Công ty CP Ella Study Việt Nam (CP 엘라 스터디 베트남)	유학생과 대학을 연결해주는 온라인 플랫폼

출처: VN 익스프레스

업 베트남 2018' 리스트를 보면 다양한 테크 스타트업이 등장했다. 또 앤드루 로완^{Andrew Rowan}의 《Startup Vietnam: Innovation and Entrepreneurship in the Socialist Republic(스타트업 베트남: 사회주의 국가에서 개혁과 기업가정신)》에 따르면 베트남은 아시아에서 세 번째로 큰 스타트업 생태계를 갖추고 있으며 특히 전자상거래, 핀테크, 온라인 서비스 등 테크 스타트업으로 빠르게 성장하고 있다.

베트남 IT기업 시드컴^{Seedcom}의 딘아인후언^{Dinh Ahn Huân} 대표는 "베트남의 기업 규제는 아주 단순하다. IT와 관련된 것은 그보다도 더 단순하고 특별한 규제가 없어 마음껏 개척할 수 있다"고 말한다. 베트남 정부는 우선 자영업자들이 자율적으로 사업을 할 수 있게 하지만 국민의 안전과 이익을 해치는 등의 문제가 생길 때는 엄하게 규제한다.

옴니채널로 연결되는 베트남

베트남에서 옴니채널은 선택이 아닌 필수다. 정보를 주고받을 때는 온라인으로 연결되지만 상품을 구매할 때에는 직접 눈으로 확인하는 소비 관행 때문이다. 그래서 온라인으로 먼저 진출한 기업들도 결국에는 오프라인 매장을 병행한다. 반면 오프라인으로 먼저 진출한 기업들은 온라인 홈페이지가 필수다. 페이스북 페이지는 접근성은 쉽지만 브랜드의 신뢰도를 얻기 위해서는 브랜드 공식 홈페이지가 있어야 한다.

베트남 소비자들이 온라인으로 구매하는 상품은 대부분 이미 사용해본 상품이거나 신상품이라면 유명 브랜드일 때만 가능하다. 따라서 지속적으로 신상품을 출시하는 브랜드라면 오프라인 매장이 없어서는 안 된다. 매장에서는 고객들이 직접 상품을 경험할 수 있어야 하고 판매원을 통해 전문적인 서비스를 제공해야 한다. 동시에 이러한 경험이 다시 온라인으로 연결되어 고객과 커뮤니케이션을 하며 계속해서 구매를 유도해야 한다.

구글 통계에 따르면 베트남은 온라인 소매상 수가 세계에서 두 번째로 많은 나라다. 옴니채널을 지원하는 글로벌 소프트웨어 회사 빈큘럼^{Vinculum}은 '심리스 베트남 2018$^{Seamless Vietnam 2018}$' 세미나에서 옴니채널 전략을 선택한 회사의 고객 유보율은 89%인 반면 그렇지 않은 기업은 33%라고 말했다.

베트남의 옴니채널은 개인 소상공인들이 페이스북에서 상품을 홍보하고 오프라인으로 고객을 유치하면서 시작되었다. 베트남의 페이스북 이커머스 매출은 동남아 1위를 차지할 정도로 활성화되어 있다. 잘로도 잘로숍을 론칭했지만 베트남 소비자와 소상공인들은 페이스북을 통한 옴니채널에 이미 익숙해서 잘로숍은 잘 이용하지 않는다. 소비자들에게 잘로는 메신저를 주고받는 수단으로 포지셔닝되어 현재까지는 전자상거래를 위한 좋은 채널이 아니다.

여기에 라자다, 소피, 티키 등의 이커머스 플랫폼은 외국계 자본의 투자를 받아 치열한 경쟁을 펼치고 있다. 이들은 오프라인 매장을 가진 사업자들을 브랜드관으로 유치해 온·오프라인 연결을 지원해주고 있다. 아직 본격적으로 자사의 온라인 플랫폼을 갖추지 않는 회사들도 온라인 마켓 테스트를 위한 이커머스 플랫폼으로 이들을 이용하기도 한다.

이렇게 이커머스 플랫폼에 입점하면 오프라인에서 쌓은 브랜드 인지도를 기반으로 고객과의 접점을 빠르게 넓힐 수 있다. 베트남은 호찌민, 하노이 등 주요 도시 외 시골 지역에는 현대 유통 채널의 침투율이 낮기 때문에 온라인 채널은 이곳의 소비자들에게까지 닿을 수 있는 급행열차가 될 수 있다. 특히 시골 지역의 Z세대 소비자들도 온라인으로 연결되어 있으므로 오프라인 유통망이 포함하지 못하는 잠재고객에게 다가갈 수 있는 채널로서 온라인 채널은 점점 더 필수가 되어가고 있다.

2020년 10월 기준 487개의 매장을 가진 베트남의 약국 체인 파머시티Pharmacity는 엑스트라케어Extra care라는 카드와 함께 모바일 앱과 이커머스 플랫폼을 도입했다. 이를 기반으로 110만 명 이상의 엑스트라케어 회원을 모집해 의약품뿐만 아니라 생활용품까지 판매 상

파머시티 드러그스토어의 엑스트라 케어 카드.

품을 넓혀 고객에게 편의를 제공하고 있다.

　베트남 제1의 유제품기업인 비나밀크는 전국 430개 이상의 매장과 온라인 웹사이트를 연결했다. 고객이 온라인으로 주문하면 매장에서 반경 1~2킬로미터 이내 거리에 있는 고객에게는 24시간 안에 우유를 배송해주는 서비스를 개발해 매출을 10% 이상 올렸다. 비나밀크의 시스템을 개발한 하라반Haravan은 신발 브랜드인 비티스Biti's와 주노Juno, 커피 체인인 더커피하우스, 의류 브랜드 커플 TXCouple TX 등 6만 개 이상의 중소기업들에 옴니채널을 운영할 수 있는 시스템을 제공해 좋은 성과를 거두고 있다.

핀테크 스타트업을 장려하는 베트남 정부의 혁신

베트남 정부는 베트남을 세계경제로 통합하고 투명하게 세수를 확보하기 위해 현금 거래보다는 신용카드, 은행 송금을 활성화하고 핀테크 스타트업을 장려하려는 다양한 법안을 추진해왔다. 먼저 2016년 테크놀로지 이전법^{The Law on Technology Transfer}으로 베트남 스타트업들이 좀더 쉽게 해외 기술에 접근할 수 있도록 지원했다. 또 2018년 3월 11일에 발효된 법령인 Decree 38-ND-CP*를 통해 스타트업을 합법적으로 보호하고 국가보조금을 투자 금액의 30%까지 지원받을 수 있도록 하고 있다.

그 결과 베트남에는 다양한 핀테크 스타트업이 탄생했다. 〈핀테크 베트남 스타트업 지도 2019〉에는 약 120개 회사와 브랜드가 디지털 결제부터 자산관리와 블록체인까지 다양한 범위에서 서비스를 제공하고 있다.

핀테크 중에서 가장 인기가 높은 디지털 결제 분야에는 35개 스타트업이 활동하고 있다. 이 중 모바일 결제 앱은 엠서비스^{M_Service}가 개발한 모모^{MoMo}, 베트남에서 가장 펀딩을 잘 받은 모카^{Moca}, 지온^{ZION}이 운영하는 잘로페이^{Zalo Pay}가 유명하다. 이 중 잘로페이는 베트남의 카카오톡인 잘로에 통합되어 있는 서비스로 개인 간 거래, NFC와 QR코드를 통한 결제도 지원한다. 스태티스타에 따르면 베트남 모바일 결제는 2020년 3억 1,100만 달러 규모로 전년 대비 42.6%

---

* 출처: Start-ups to be given 30% of investment from State budget, 〈베트남뉴스〉, 2018년 3월 21일.

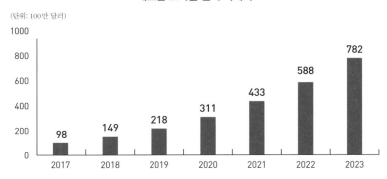

베트남 모바일 결제 거래액

(단위: 100만 달러)

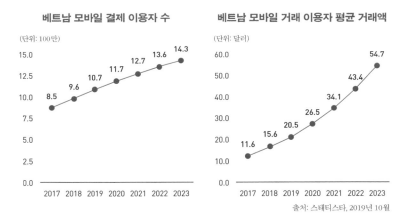

베트남 모바일 결제 이용자 수

(단위: 100만)

베트남 모바일 거래 이용자 평균 거래액

(단위: 달러)

출처: 스태티스타, 2019년 10월

상승했다. 2023년까지 연평균 35.9% 성장해 2023년 7억 8,200만 달러가 될 것으로 예상하고 있다. 2020년 모바일 결제 이용자 수는 1,170만 명으로 전년 대비 9.9% 상승했으며, 2023년에는 1,430만 명이 이용할 것으로 예상된다. 인당 평균 거래액은 2020년 26.5달러에서 2023년 54.7달러에 달할 것으로 예측하고 있다.

개인 간 대출 분야는 20개 스타트업이 있는 두 번째로 큰 핀테크 영역이다. 티마^{Tima}는 소비자금융 마켓 플레이스이자 P2P 대출 플랫폼이고, 그로스웰스^{Growth Wealth}는 베트남 중소기업을 위한 P2P 대출 플랫폼이며 그 외에 트러스트서클^{TrustCircle}과 페이웨이^{Payway} 등이 있다.

블록체인과 암호화폐 역시 성장하고 있다. 2014년 비트코인 베트남^{Bitcoin Vietnam}이 출범했고 더 빠르고 더 저렴한 거래를 촉진하는 공공 블록체인인 토모체인^{TomoChain} 등도 있다.

그 외에 비교 플랫폼인 더뱅크^{TheBank}와 e보험^{ebaohiem}이 있고 보험 기술 영역에는 앞서 보았던 파파야, 인소^{Inso}, 위케어^{Wicare}가 있다. POS 시스템 공급자에는 비포스^{bePOS}, 자산관리 플랫폼에는 핀서파이^{Finsify}, 디지털 뱅킹 플랫폼에는 티모^{Timo}, 신용등급 스타트업에는 트러스팅소셜^{TrustingSocial} 등이 대표적이다.

응우옌쑤언푹 총리는 QR코드 같은 디지털 결제 시스템을 베트남 국민들이 더 많이 사용할 수 있도록 중앙은행에 지시해 2020년부터 병원, 학교와 같은 공공서비스 기관에서는 현금을 받지 못하도록 하는 신규 법안을 2019년 1월에 통과시켰다.* 베트남 정부는 은

---

* 출처: John Boudreau, Nguyen Dieu Tu Uyen, You Can Still Buy a House With Gold Bars in Vietnam, 〈블룸버그〉, 2019년 5월 28일.

베트남 온라인 쇼핑 주 결제 수단

	응답률
현금결제(COD)	82%
계좌 이체	48%
카드	19%
전자결제	7%
스크래치 카드	4%

출처: 스태티스타, 2019년

행들에도 2020년 말까지 현금 거래를 10% 미만까지 줄이고 15세 이상 베트남인의 70% 이상이 은행 계좌를 갖도록 하는 가이드라인을 제공했다. 베트남 국영 은행의 응이엠타인선^{Nghiêm Thanh Sơn} 정책관은 QR코드, 무인결제, 카드 정보의 토큰화 같은 기술 발달로 모바일 결제가 새로운 트렌드로 떠오르고 있다고 말했다.

하지만 정부의 드라이브와 핀테크 스타트업의 발전 속도를 소비자들이 아직 따라가지 못하는 실정이다. 베트남 정부에 따르면 베트남에서 신용카드 보유자는 2019년 전체 인구의 4.1%뿐이며 성인 베트남 인구의 31%만이 은행계좌를 가지고 있다. QR코드도 18개 대형 은행*에서 서비스를 지원하고 다양한 매장에서 이용할

---

* BIDV, 비엣콤은행(Vietcombank), 비에틴은행(VietinBank)과 같은 국영 은행도 있고 VP은행(VP Bank), 마리타임은행(Maritime Bank), SCB, SHB와 같은 대형 은행도 있다.

수 있지만 현재 이용자 수는 약 800만 명으로 전체 인구의 10%도 되지 않는다. QR코드는 모바일 결제 수단보다는 모바일 친구 찾기에 사용하기 시작한 단계다. 그것도 호찌민에 살면서 최신 스마트폰을 가진 18~29세의 젊은 층을 중심으로 사용되는 정도다.

디지털 결제를 리드하고 있는 전자상거래 사이트도 다양한 결제 방법을 제공하고 있지만 여전히 COD의 비중이 가장 높다. 국립 시민 은행National Citizen Bank의 시니어고문이자 경제전문가인 응우옌찌히에우Nguyễn Tri Hiếu도 "베트남 사람들이 현금 중심으로 결제하는 것은 문화 때문이다"라고 말하면서 "이러한 문화가 베트남의 성장을 지연시키고 있다"고 했다.

스태티스타의 보고서에 따르면 2020년 베트남 전자상거래 시장 규모는 60억 달러이고 연 평균 10% 성장해 2024년에는 85억 달러가 될 것으로 전망된다.

과연 베트남은 이러한 전자상거래시장의 성장에 힘입어 현금 중심 사회에서 현금 없는 사회로 나아갈 수 있을까? 핀테크는 결국 신용과 편리, 안전이 담보된다면 현금 이용을 대체하게 될 것이다.

인플루언서의 SNS를 활용한
소셜 셀링 플랫폼

#**혁신** #고객중심 #융합 #거인의_어깨에_올라타기

ECOMOBI
★
에코모비

베트남 온라인시장의 성장 잠재력을 본 중국, 싱가포르, 한국, 일본 등 외국계 자본들이 베트남 현지 온라인기업에 잇따라 투자하고 있다. 알리바바는 2016년 4월 라자다를 인수하며 베트남에 진출했고, 알리바바의 경쟁자인 징둥닷컴^{JD.com}은 2017년 베트남의 티키에 4,400만 달러를 투자해 최대 주주가 되었다. 중국 텐센트 그룹은 소피의 모회사인 싱가포르 SEA의 지분을 소유하고 있다.

최근에는 일본의 소프트뱅크 그룹과 SBI 홀딩스가 베트남의 센도에 투자했다. 한국의 롯데 그룹은 롯데닷브이엔^{Lotte.vn}으로 베트남에 진출했고 일본의 이온 그룹은 이온숍닷컴^{aeonshop.com}을 통해 온라인시장에 뛰어들었다.

고객을 불러들이는 대신 고객이 있는 곳으로 간다

거대한 골리앗들이 베트남 온라인시장을 선점하기 위해 엄청난 자본을 쏟아붓고 있는 가운데 고객 입장에서 발 빠르게 움직이는 다윗, 에코모비^{Ecomobi}가 나타났다. 라자다, 쇼피, 티키 등 이커머스 플랫폼은 물류, 결제, 상품 등 모든 것을 갖춘 인하우스 방식의 규모의 경제를 이루려 한다. 하지만 에코모비는 물류, 결제, 상품을 취급하는 각 업체들과 생태계를 만들어 더 쉽고 빠르게 고객에게 다가가는 새로운 솔루션을 제안하고 있다.

소비자들을 끌어모으려는 이커머스 플랫폼과는 달리 에코모비는 그저 소비자들이 있는 곳을 찾아간다. 에코모비는 이커머스 플랫폼을 고객이 모이는 곳으로 재정의했다. 그래서 에코모비의 혁신으로 기존 이커머스 플랫폼을 해체시켰고 분산시켰다. 고객의 트래픽은 과거 PC의 웹사이트에서 모바일 앱으로 이동했고 이제는 소셜 미디어에 있다. 따라서 에코모비는 기존의 이커머스 플랫폼이 해왔던 것처럼 고객을 끌어모으는 마케팅이 아니라 고객이 있는 소셜 네트워크로 브랜드들을 끌어모으는 마케팅을 한다.

에코모비는 소셜 커머스 플랫폼과 온라인 마케팅 회사를 창업한 적이 있는 다섯 명이 모여 공동 설립했다. 이들은 에코모비를 동남아 최초의 소셜 셀링 플랫폼^{Social Selling Platform}으로 정의한다.

에코모비 공동 설립자 중 한 명인 응우옌쑤언동 부사장과의 인터뷰.

　다섯 명의 창업자 중 베트남과 태국에서 사업 개발 총괄 업무를 맡고 있는 응우옌쑤언동Nguyễn Xuân Đông 부사장을 만났다. 에코모비 창업자들은 과거 경험을 통해 브랜드들의 고충을 알고 있었다. 브랜드들은 다양한 이커머스채널이 등장함에 따라 온라인으로 영역을 넓히고자 했지만 자신들의 브랜드를 효과적으로 알리고 매출을 일으킬 수 있는 채널을 찾기 힘들었고 온라인 광고료에 비해 고객을 끌어모으는 데 한계가 있었다.

　에코모비 창업자들은 소비자들의 온라인 구매 패턴도 잘 알고 있었다. 대부분의 소비자들은 쇼핑을 하는 데 친구나 인플루언서의

에코모비의 사업 모델

소셜 미디어에서
에코모비를 활용해
고객에게 직접 상품 판매

실시간 트래킹
시스템을 통해
판매 현황 모니터링

ECOMOBI
소셜 셀링 플랫폼
(SSP)

인플루언서 ←

소셜미디어
판매 위해
인플루언서와
연결

→

브랜드 &
판매자

마케팅 활동
결과 보고

인플루언서와 가장
어울리는 상품을
에코모비에서 추천받음

마케팅 예산 최적화
방안을 에코모비에서
추천받음

출처: 에코모비 제공

추천을 신뢰한다. 상품 구매 전 온라인에서 인플루언서의 상품평
또는 사용자들의 리뷰를 꼼꼼히 확인한다. 그 후 최저가나 프로모
션을 제공하는 사이트를 찾아 비교 검색 후 최종 구매 의사결정을
한다.

온라인시장에서 공급자와 소비자를 잘 알고 있는 에코모비 창업
자들은 브랜드와 인플루언서를 연결하는 새로운 사업 모델인 소셜
셀링 플랫폼을 기획했다.

에코모비의 차별점은 챗봇 솔루션, 인플루언서 마케팅, 매출 관
리 서비스가 통합되어 있는 것으로 이러한 모델은 현재 동남아에서
에코모비가 유일하다. 많은 회사들이 챗봇을 사용하고 있지만 일반
상품과 서비스, 프로모션 정보만 제공하고 판매 활동은 하지 못하고

있다. 인플루언서들도 유명한 브랜드와만 일하려 하기 때문에 언더독 브랜드들은 인플루언서를 활용하기 힘들다. 또 인플루언서를 통한 브랜드 빌딩과 판매 활동을 동시에 할 수 있는 솔루션도 없다.

에코모비를 이용하면 브랜드는 인플루언서를 통해 브랜드를 효과적으로 알려 매출을 일으킬 수 있고 인플루언서는 광고비 외에 판매 성과에 따른 추가 수수료를 받을 수 있다. 또 소비자들은 인플루언서의 상품평을 들은 후 다른 사이트에서 가격을 비교 검색하는 수고로움 없이 최적의 프로모션을 제공받아 쉽고 편리하게 쇼핑할 수 있다.

에코모비를 활용한 편리한 쇼핑

소비자

KOL/
인플루언서의
리뷰 비디오 신청

비디오 설명
박스의
구매 링크 클릭

에코모비 챗봇 지원
1. 상세 상품 정보
2. 고객 정보
3. 주문 및 거래 종료

배송 및 결제
(COD)

출처: 에코모비 제공

에코모비만의 소셜 셀링 플랫폼

인플루언서는 콘텐츠를 올릴 때 브랜드의 해시태그와 구매 링크를 함께 올리기만 하면 된다. 인플루언서의 콘텐츠를 보고 해당 상품 구입에 관심이 생긴 소비자는 구매 링크를 누르게 된다.

나머지는 에코모비의 챗봇이 메신저를 통해 상품에 대한 상세 소개를 해주고 고객의 질문에 응대하면서 판매 활동을 대신해준다. 챗봇은 고객의 가상 개인 비서가 되어 구매 과정을 처음부터 끝까지 도와준다. 주문이 끝나면 챗봇은 에코모비의 소셜 셀링 플랫폼을 통해 자동으로 브랜드에게 주문 상세 내역을 보내준다. 배송은 두 가지 옵션이 있는데 브랜드가 자체 지정한 제3의 배송업체를 이용할 수도 있고 에코모비의 풀필먼트fulfillment 서비스를 이용할 수도

브랜드들은 에코모비의 SSP 시스템에 접속해 판매량과 성과 추이를 모니터링할 수 있다.

에코모비와 연계된 소셜 플랫폼들

페이스북
페이지

유튜브

기타 Others

라이브스트림 Livestream

ECOMOBI
소셜셀링플랫폼

인스타그램

잘로 Zalo

왓츠앱 WhatsApp

Google AdWords 구글 어워즈

출처: 에코모비 제공

있다.

브랜드 입장에서 에코모비는 온라인 판매 솔루션이다. 이커머스 플랫폼에서 상품을 판매하려면 상품을 등록해 노출해야 하지만 에코모비를 활용하면 브랜드에 최적화된 온라인 플랫폼을 운영할 수 있는 것이다. 브랜드는 에코모비를 통해 자신의 상품을 판매하고 스마트 챗봇과 상품 판매 트래킹 시스템을 이용할 수 있다. 또 타깃 고객에게 SMS를 보내 챗봇으로 바로 연결할 수도 있다.

이러한 서비스를 제공받은 대가로 브랜드들은 에코모비에 다음의 세 가지 비용을 지불한다. 에코모비의 매출 관리 플랫폼 이용 고정비, 챗봇 서비스 이용 변동비, 그리고 브랜드를 인플루언서와 연결해준 매니지먼트 비용이다.

에코모비는 고객 트래픽이 발생하는 곳이라면 어디로든 뻗어나갈 수 있다. 페이스북 페이지, 유튜브, 인스타그램은 기본이고 베트남에서는 트래픽이 가장 많은 페이스북 메신저, 인도네시아에서는 왓츠앱, 태국은 라인에 챗봇을 커스터마이징했다. 유튜브나 인스타그램, 페이스북 같은 소셜 네트워크는 고객 수가 계속 증가하고 있어 고객을 쉽게 끌어모을 수 있다. 일상에서 이미 자주 쓰는 앱들이기 때문에 별도의 앱을 다운로드할 필요도 없다.

동남아 최대의 인플루언서 풀

아마존도 인플루언서와 일하고 베트남의 라자다, 소피, 티키도 인플루언서와 일한다. 다만 이들은 고객을 자신들의 플랫폼으로 끌어들여야 한다. 그러기 위해서는 엄청난 마케팅 비용을 쏟아부어야만 한다.

에코모비는 2018년 2분기부터 사업을 시작해 현재 동남아 6개국에서 100개 이상의 브랜드, 600만 개 이상의 상품을 판매하고 있으며, 3만 명의 인플루언서 풀을 확보했고 계속 늘려나가고 있다. 브랜드에서 좋은 조건을 받아 에코모비 네트워크를 통해 고객에게 제

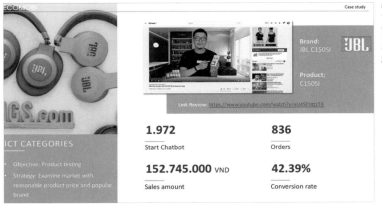

제품 판매 테스트를 위해 유튜브에서 JBL 헤드폰을 판매해보았다. 제품 리뷰 1,972건이 챗봇을 통해 퍼져나갔고 그중 836개가 판매되어 전환율은 42.39%였다.

안하고 있다.

소셜 플랫폼의 트래픽이 계속 증가하고 있고 브랜드에게는 새로운 판매 채널이 되기 때문에 매출은 30%씩 성장하고 있다. 인플루언서들은 자신의 콘텐츠로 더 많은 고객을 유치하기 위해 콘텐츠 최적화를 진행한다. 예를 들어 소비자들이 선호하는 유명한 화장품을 인플루언서가 판매하게 될 경우 인플루언서는 해당 화장품의 콘셉트를 이해하고 리뷰를 만든 후 판매한다. 에코모비는 구매 전환율을 측정할 수 있도록 지원하므로 각 인플루언서를 통한 주문량을 쉽게 관리할 수 있다.

에코모비의 5년 뒤 비전은 모든 브랜드가 소셜 셀링 플랫폼을 이용하는 것이다. 물류와 결제 시스템은 갖추고 있지만 에코모비는 페이스북, 유튜브 등 거인의 어깨에 올라타, 제3자 물류 및 결제 전문회사들과 파트너십을 강화해나갈 것이다.

페이스북과 인스타그램도 인플루언서를 통한 시장성을 깨닫고 현재 결제 시스템을 구축해나가고 있다. 이 역시 에코모비에게는 기회다. 더 많은 사람들이 소셜 플랫폼에서 쇼핑하는 문화가 형성될 뿐만 아니라 또 하나의 결제 옵션을 페이스북이나 인스타그램에서 제공받는 것이기 때문이다.

베트남 최초의
유니콘 기업

#혁신 #포용력 #편리

★

VNG

2004년 9월 9일 설립된 VNG는 2020년 현재 베트남 최초이자 유일의 유니콘 기업이다. 베트남 최초의 온라인 게임 퍼블리싱회사로 출발해 종합 IT회사로 진화해왔다. 창업 10년 만인 2014년 10억 달러 이상의 가치 평가를 받은 유니콘 스타트업이 되었고 2018년에는 〈포브스〉가 선정한 베트남에서 가장 가치 있는 브랜드 톱 40에 이름을 올렸다.

VNG CEO인 레홍민^{Lê Hồng Minh}은 호찌민 인민위원회가 수여하는 '성공한 젊은 기업가상'을, 호찌민 정보통신부에서 수여하는 'ICT 어워즈 2019'를 수상했다. 2019년 경영 실적은 매출 2,590억 원, 세후 이익 230억 원, 이익율 8.8%의 성과를 냈다.

베트남 스타트업 인터뷰를 준비하면서 베트남의 유니콘 기업을 창업한 레홍민을 꼭 만나고 싶었다. 하지만 VNG에는 대표 이메일이 나와 있지 않았다. 어쩔 수 없이 구글에서 'VNG 레홍민의 이메일'을 키워드로 검색해 열 개의 가능한 이메일 조합을 얻은 후 모든 주소로 메일을 보냈다. 보낸 메일 중 하나의 메일이 제대로 발송되어 곧바로 레홍민에게서 만나자는 답장이 왔다.

늘 새로운 기회의 문을 열어두는 기업

이렇게 이루어진 레홍민과의 첫 접촉을 통해 아주 큰 깨달음을 얻었다. 큰 기업을 운영하기 위해서는 새로운 기회의 문을 늘 열어놓는 여유가 필요하다는 것이다. 사실 레홍민에게 이메일을 보내면서 만남이 이루어지리라는 큰 기대는 하지 않았다. VNG는 이미 큰 기업이고 이곳의 수장은 다른 스타트업 대표들보다 훨씬 바쁠 것이라 생각했기 때문이다. 다른 스타트업 대표들에게 이메일을 보냈지만 회신은 절반밖에 오지 않았고 답이 온 것도 너무 바빠서 못 만날 것 같다는 내용이 많았기 때문이다.

레홍민이 왜 인터뷰를 수락했는지 무척이나 궁금했다. 바빠서 시간이 안 난다면 이동 시간 중 30분만 내달라고 썼는데 이 간절함 때문이었을까? 그는 내가 요청한 30분보다 더 많은 45분의 시간을 내주었다. 그리고 그의 비서를 통해 VNG 캠퍼스 투어 시간도 추가로 잡아주었다. 직접 만나기 전부터 이메일이라는 터치 포인트에서도 이 회사가 매우 열린 조직문화를 가지고 있음을 느낄 수 있었다.

VNG 캠퍼스는 VNG가 15주년을 맞이해 새롭게 오픈한 사옥이다. 마침 인터뷰 전날 VNG의 15주년 기념행사가 있어 전 사원이 모였던 장소에서 인터뷰를 진행했다. 첫 질문은 이메일 에피소드로 시작했다.

그는 나와의 인터뷰를 받아들인 이유에 대해 다음과 같이 말했다. "기회를 받아들이면 VNG에 어떤 좋은 일이 생길지 모릅니다. 하지만 우리 삶은 시간이 한정되어 있기 때문에 많은 일 중에서 무엇을 해야 할지 결정하는 것 역시 매우 중요하죠. 나의 원칙은 내가 도와줘야 한다고 느끼거나 긍정적인 에너지를 얻는 일을 선택하는 것인데 이번 인터뷰가 이 경우에 해당해요."

레홍민은 내가 이메일을 여러 주소로 보낸 것도 알고 있었다. 그는 원래 이메일을 빨리 처리하는데 내 이메일은 짧지만 요청이 분명했고 무엇보다 자신이 좋아하는 뚜레쥬르를 오픈한 사람을 만나보고 싶었다는 말로 아이스 브레이킹을 해주는 매너도 보였다.

그는 VNG가 창립 10주년에는 유니콘 기업이 되었고 15주년에는 VNG 캠퍼스를 설립한 것을 매우 뿌듯해했다. VNG 캠퍼스에는 식당, 카페, 피트니스 시설, 어린이집, 수영장이 갖춰져 있었고 천장

VNG 캠퍼스 내부. 널찍한 중앙 광장과 자연 친화적인 휴식 공간, 자유롭게 즐길 수 있는 직원 휴게실이 있다.

이 높고 자연 친화적 인테리어로 꾸며져 있었다. 캠퍼스라는 이름을 붙인 것도 4차 산업혁명 시대에는 끊임없이 배워야 하기 때문이라고 했다.

VNG의 15주년 행사 때 그는 전 직원들에게 새롭게 정립한 미션을 공유했다. 앞으로 VNG의 미션은 '테크놀로지 개발과 인재 육성을 통해 더 좋은 삶을 구축하는 것Build Technologies and Grow People. For a better life'이다. 직원들이 신규 테크놀로지 상품들을 개발하는 과정에서 함께 성장하기를 바라며 이를 통해 모두가 사랑하는 사람들과 좋은 삶을 살도록 만들기 위해 VNG는 존재한다고 강조했다.

이 미션을 위해 VNG는 세 가지 핵심가치를 지킨다. 첫째, 도전을 받아들이는 것^{Embracing challenges}이다. 이는 지난 15년간 변하지 않은 핵심가치다. VNG는 어렵지만 가치 있는 새로운 도전을 한결같이 추구해오고 있다. 단순히 도전을 받는 것이 아니라 도전을 껴안는 것이다. 둘째, 파트너십을 통한 성장^{Advancing Partnership}이다. 사내외에서 신뢰와 존중을 바탕으로 장기간 윈윈하는 파트너십을 구축하는 것이다. 이런 협력 모델이 VNG를 더 발전시킬 것이라는 신념이 있다. 셋째, 진실성^{Upholding Integrity}이다. 진실성은 하루하루를 살아가는 기준이 된다.

"삶은 내가 해온 것들의 결과"

레홍민은 1977년생이다. 그는 삶에서 어떤 선택을 하고 어떤 우연을 만나 성공한 CEO로서 지금의 성과를 이룬 것일까?

그는 어릴 때부터 컴퓨터게임에 매료되었다. 베트남에 닌텐도와 PC 게임이 도입된 1992년부터 컴퓨터게임을 접했다. 호주의 모내시 대학교^{Monash University}에서 회계금융학으로 학사 졸업 후 2001년 베

VNG의 CEO 레홍민.

트남으로 돌아왔다. 그 후 비나캐피털^{Vina Capital}에서 투자 업무를 했지만 그는 여전히 컴퓨터게임을 좋아해 2002년 한국에서 열린 월드 사이버게임 대회에 참가하기도 했다.

2003년 초에는 한국의 게임 대회에 함께 참가한 친구와 함께 PC방을 오픈했다. 낮에는 회사에 출근하고 밤에는 PC방 사장으로 일했다. 당시 PC방에서는 스타크래프트, 워크래프트, 카운터 스트라이크, 레드 알러트 같은 랜 게임^{LAN game}이 큰 인기를 끌었다. 동시에 MU 글로벌^{MU Global} 같은 웹 게임^{Web game}이 전 세계적으로 선풍을 일으켰다. 하지만 이런 게임들은 모두 영어로만 되어 있어서 레홍민은 베트남어로 된 웹 게임에 사업 기회가 있지 않을까 생각하게 되었다. 결국 2004년 VNG의 전신인 온라인 게임회사 비나게임^{Vinagame}을 창업했다.

"삶은 언제나 내가 해온 것들의 결과죠. 졸업 후 회사를 다니면서 저는 기업가가 되고 싶다는 것을 깨달았어요. 한국에 가서 게임 사업이 엄청나게 발전한 것을 목격하고 베트남으로 돌아와서 PC방을 열고 게임을 즐겼죠. 이때 많은 사람들이 온라인 게임을 좋아하는 것을 보고 사업 기회를 찾았고 진지하게 사업을 추진했습니다."

그는 하나의 기적과 같은 순간이 있었던 것이 아니라 하나의 점이 다른 점을 이끌어 수많은 순간들이 존재해왔다고 강조한다.

"영화 〈슬라이딩 도어즈〉를 보면 문이 닫히는 순간 열차를 타느냐 못 타느냐에 따라 완전히 다른 삶의 스토리가 전개되죠. 나에게도 그런 일이 있었어요. 호주에서 돌아왔을 때 저는 베트남 최고의 게이머였어요. 그런데 한 게임에서 저를 이긴 사람이 나타났어요. 그때 매우 당황했지만 그의 실력 덕분에 한국의 월드 사이버게임 대회에 함께 출전할 수 있었어요. 그와 한국에 함께 간 것을 계기로 우리는 친구가 되었고 함께 PC방을 열었고 VNG도 공동 창업을 하게 됐어요. 많은 순간들이 모여 전혀 다른 이야기가 된 거죠."

삶에는 많은 순간들이 존재하지만 우리는 그 모든 순간의 의미를 알지는 못한다. 만약 레홍민이 게임에서 지지 않았다면, 그 친구와 한국에 가지 않았다면, 그리고 PC방을 시작하지 않았다면 VNG를 창업할 수 있었을까?

"내가 게임에서 졌던 그 황당한 순간이 내 인생을 바꾼 최고의 순간이었던 거예요."

샤오미의 레이쥔을 5분 만에 설득하다

2004년 비나게임을 설립한 후 레홍민은 한국을 방문해 게임 라이선스를 받으려 했지만 거절당했다. 대안을 찾던 중 그는 중국을 떠올리게 되었다. 중국 소프트웨어 회사인 킹소프트Kingsoft는 당시 스워드맨 온라인Swordsman Online이라는 인기 게임을 가지고 있었다. 레홍민은 중국에 가서 레이쥔Lei Jun을 만나 라이선스를 얻게 되었다(샤오미의 CEO 레이쥔이다). 당시 레이쥔과 그의 팀은 레홍민의 회사가 작은 규모인 것을 알고 있었지만 많은 지원을 해주었다.

레이쥔도 이 당시에는 거인의 씨앗을 품은 보통 사람이었지만 결국 이 만남은 대인과 대인의 만남이 되었다. 레홍민에게 레이쥔과의 만남에 대해 물어보았다.

"당시 레이쥔은 베트남의 게임 시장을 하나도 몰랐어요. 그 때까지 한 번도 게임을 수출해본 적도 없었어요. 2004년이었죠. 그는 그냥 베트남에서 온 내가 괜찮아보여서 계약서에 사인하고 그의 게임을 베트남으로 수출한 것뿐이에요. 우리는 5분밖에 만나지 않았지만 레이쥔은 나를 물심양면으로 도와주었어요."

2004년부터 2005년은 사업 설립 및 사업 기반을 구축한 시기였다. 킹소프트에서 라이선스를 받고 6개월 뒤, 스워드맨 온라인을 무림전기^{Võ Lâm Truyền Kỳ}라는 이름의 베트남 버전으로 출시했다. 이 게임은 2005년 출시와 동시에 수백만 명의 이용자가 생겼다. 여기에 IDG 벤처스^{IDG Ventures}에서 최초의 자금 조달을 받아 사업 초창기부터 수익이 나는 행운을 얻게 되었다.

게임 회사에서 베트남 최고의 테크 기업이 되기까지

2006~2008년은 본격적으로 사업을 가속화한 시기다. 당시 레홍민은 젊은 혈기로 과감하게 많은 사업들을 론칭했다. 온라인 포털 징^{Zing}, 베트남 최대 음원 웹사이트인 징MP3, 이커머스 123무아^{123mua.com.vn} 등 웹 기반 사업도 시작했다. 포털 서비스 징을 통해 게임은 물론 음악, 뉴스, 이메일, 소셜 네트워크 등 다양한 온라인 엔터테인먼트 사업을 시작했다.

2009년부터 2012년은 IT기업으로의 위치를 강화한 시기다. 게임회사가 아닌 IT기업으로 사업을 확장하기 위해 사명을 비나게임

^{Vinagame}에서 VNG로 변경했다. 그리고 '베트남 사람들의 삶을 변화시킬 수 있는 온라인 서비스를 개발하는 것'에서 '베트남과 아시아에서 최고의 인터넷회사'가 되는 것으로 비전을 삼았다.

이에 게임 라이선싱 및 개발 외에도 징MP3, 징뉴스, 징챗, 징미^{Zing Mi} 등 사업을 집중적으로 확대했다. 징미는 2009년 시작하자마자 베트남 온라인 소셜 네트워킹을 장악했다. 또 VNG에서 직접 개발한 투언티엔끼엠^{Thuận Thiên Kiếm} 게임은 2010년 베트남의 소프트웨어 산업 및 IT 서비스의 권위 있는 상인 사오쿠에상^{Sao Khuê Awards}을 수상했다.

2013~2016년은 도약의 단계였다. 2013년 VNG는 잘로^{Zalo}라는 모바일 메신저 앱을 론칭했다. 데스크톱 중심의 사업 모델에서 모바일 중심으로 사업의 무게중심을 옮겼다. 레홍민은 중국 텐센트를 모델로 삼고 텐센트의 위챗처럼 잘로를 개발했으며 잘로는 현재 8,000만 명 이상이 사용하고 있다. 2015년 필리핀 마닐라에서 열린 세계경제포럼에서 VNG는 동아시아 톱 20 성장기업으로 선정되었다. 2016년에는 모바일 결제 앱인 잘로페이도 론칭했다.

2017년부터 현재까지는 통합 단계다. 2017년부터 VNG는 미국 증권거래소 나스닥에 상장을 준비하고 있고 2018년부터 금융 및 결제, 클라우드 서비스와 같은 새로운 전략적 사업 모델을 시작했다. 이로써 VNG는 현재 네 가지 사업 영역을 갖추고 온라인 생태계를 운영하고 있다.

VNG에서 직접 개발한 게임인 투언티엔끼엠.

첫 번째는 VNG 사업의 뿌리인 온라인 게임이다. 현재는 글로벌 시장을 겨냥해 게임을 개발하고 있고 또 베트남 사용자들을 위해 세계적으로 유명한 게임을 수입한다.

두 번째는 연결 플랫폼이다. VNG는 다양한 플랫폼과 서비스를 연결해 커뮤니케이션을 지원하고 엔터테인먼트와 검색 기능을 제공한다. OTT^{Over The Top} 플랫폼으로는 잘로와 징*이 있고 플랫폼 123고^{123Go}, 123핌^{123Phim}과 검색엔진 라반닷브이엔^{Laban.vn}이 있다.

세 번째는 금융 및 결제 서비스다. 결제 중재 서비스 및 플랫폼, 개인 금융과 관련된 서비스는 새로운 트렌드를 실시간으로 반영

---

* 징 TV는 비디오 플랫폼, 징MP3는 음악 플랫폼, 바오머이(BÁOMỚI)는 뉴스 제공 플랫폼이다.

VNG에서 제공하는 각종 플랫폼들

온라인 게임

멀티 플랫폼

클라우드
서비스

금융 및
결제

출처: VNG 공식 홈페이지

해 지원하고 있다. 상품으로는 지불 중개 게이트인 123페이[123Pay]와 전자 지갑인 잘로페이가 있다. 잘로페이는 월평균 100만 건 거래, 150억 원 상당의 25만 개 실이용 계좌를 보유하며 2017년보다 열 배 이상 증가했다.

네 번째는 클라우드 서비스다. VNG는 조직, 기업, 지역에 포괄적인 클라우드 서비스, 즉 인터넷 연결과 클라우드 기술을 기반으로 하는 지능형 기술 시스템 및 솔루션을 제공한다. VNG 클라우드 서비스[VNG Cloud Service]는 공식적으로 비나 데이터 클라우드 서비스[Vina Data Cloud Services]로 출시되어 1,000개 이상의 거래처가 이용하고 있다. 대역폭의 용량도 두 배 늘었고 2018년 매출은 2017년보다 세 배 더 늘었다.

VNG는 2004년 자본금 150억 동(약 7억 5,000만 원)에서 2018년 3,450억 동(약 170억 원)으로 23배 증가하며 빠르고 안정적인 성장을 보여주고 있다.

VNG의 5년 뒤 비전은 VNG에서 개발한 테크 상품으로 생태계를 만들어 글로벌 회사가 되는 것이다. 게임을 글로벌 비즈니스로 성장시켜 태국과 미얀마에 진출했다. 향후 AI 기술을 개발해 글로벌시장으로 사업을 확장해갈 계획이다. 최근 VNG는 인식 AI 기술을 기반으로 한 베트남 최초의 가상 개인 비서인 키키^{Kiki}를 개발 중이다.

포기하지 않는다면 모두가 기회를 얻는다

직원들에게 투자해 그들이 VNG의 차세대 리더가 되도록 육성하는 것도 꿈이라고 했다. 이를 위해 VNG는 세 가지 조직문화를 구축하고 있다. 첫째는 인내심을 가지고 장기 전략을 추구하는 것이다. 실패했다고 직원을 해고하지 않는다. 진실하게 일하지 않을 때 해고한다. 포기하지 않는다면 모두가 기회를 얻는다.

"사람들은 최근의 변화 속도가 너무 빨라 인내심을 유지하기 어렵다고 하지만 VNG에서는 의지를 가지고 계속 노력한다면 결국에는 목표를 달성하도록 지원하고 있습니다. 베트남에는 배우고 성장하고자 하는 많은 젊은이들이 있고 지금까지 VNG에서 만들어낸 모든 것들은 이러한 조직문화에서 만들어진 것입니다."

이와 관련해 페이스북 이커머스에 밀려 재미를 보지 못한 잘로숍과 베트남의 이커머스 시장에 대해 물었다.

"베트남의 이커머스 시장은 아주 빠르게 발전하고 있어요. 페이스북뿐만 아니라 라자다, 티키, 센도, 소피 등의 이커머스 플랫폼도 이미 대중화되어 성공을 거두고 있습니다. 5년 전만 해도 베트남에서 이커머스가 어떻게 될지 아무도 몰랐어요. 하지만 지금은 이 건물에 있는 모든 사람들이 온라인으로 상품을 구매하고 있죠. 잘로숍은 아직 원하는 만큼 성공하지 못한 많은 이유가 있지만 인내를 가지고 계속 배우며 성장하고 있어요. 어떻게 될지 아무도 모릅니다."

둘째, 언제나 큰 목표를 지니고, 하는 일의 의미를 깨닫고 일하는 것이다. "만약 삶의 의미와 목적을 제대로 이해한다면 일상에서 생기는 어렵고 도전적인 일들도 극복할 수 있습니다. 그래서 VNG에서는 직원들이 일의 의미를 제대로 이해할 수 있게 하고 큰 목표를 지향하도록 하고 있습니다."

셋째는 자부심을 느끼는 것이다. "VNG 캠퍼스의 직원들은 크고 많은 도전을 받고 있지만 함께하며 뭔가 자랑스러운 일들을 만들어내고 있습니다. VNG 캠퍼스에서 일하면서 직원들이 성장하고 성숙해가고 있어요."

전체 테크산업에서도 이처럼 모든 사람들과 모든 테크놀로지 기업이 함께 자부심을 만들어나가는 것이 레홍민의 꿈이기도 하다.

의미를 추구하고 재미를 찾기 위해

VNG는 환경, 사회와 공동체를 위해서도 매년 다양한 활동을 해오고 있다. 시골 지역에 학교를 만들고 시골 학생들에게 더 많은 기회를 제공해주는 프로젝트를 시행하며 장애 어린이에게 장학금을 전달해 공부할 수 있도록 지원한다. 불우 이웃을 위한 자선 모금 활동을 하는 비영리단체를 지원하고 베트남 청소년들이 도전적이며 창의적인 활동을 할 수 있도록 엔터테인먼트나 스포츠 이벤트를 마련하기도 한다. 이러한 공동체 활동을 통해 VNG는 인터넷 교육을 개발하고 베트남 젊은이들이 자유롭게 사회와 연결되어 창조하고 도전할 수 있는 환경을 조성함으로써 베트남의 지속 가능한 성장에 기여하고 있다.

레홍민에게 베트남 최초의 유니콘이 된 비결을 묻자 인생의 법칙을 깨우친 사람처럼 역시 운이 좋아서라고 답을 했다. 그러면서 운을 활용하는 방법을 언급했다.

출처: VNG 홍보팀 제공

소탈한 성공 비결을 알려주며 사업에만 매몰되지 말라고 말하는 레홍민.

"우리의 성과에 영향을 미치지만 컨트롤할 수 없는 많은 요소들이 있어요. 내가 겸손하게 대답하는 것이 아니라 성공을 만드는 공식을 이해하고 있는 것뿐입니다. 예를 들어 처음 다섯 명으로 시작했을 때 첫 게임이 매우 성공했어요. 단지 운이 좋았던 거예요. 나보다 일을 열심히 하고 똑똑한 사람이 많았지만 그들은 운이 없었던 거죠. 삶에서도 마찬가지예요. 좋은 배우자를 만나는 것도 운인 거죠. 하지만 다른 수준에서도 운을 바라볼 수 있어야 해요. 운을 얻고 유지하기 위해서는 계속 배우며 열심히 일해야 하거든요. 역량을 키워야 합니다. 첫째, 운과 기회를 최대로 활용하려면 계속 일할 준비가 되어 있어야 합니다. 둘째, 우리가 원하지 않는 결과가 나왔어도 괜찮다고 생각해야 해요. 최선을 다해 열심히 했기 때문이죠. 셋째로 우리가 컨트롤할 수 없는 영역은 심각하게 받아들이지 않으면 그뿐이에요. 그냥 행복을 느끼며 계속하세요. 오늘은 행운이 찾아오지 않았지만 내일은 행운이 가득할지도 모릅니다. 이게 나의 성공 비결입니다."

마지막으로 그는 스타트업을 시작하려는 사람들에게 다음과 같은 메시지를 남겼다.

"삶은 비즈니스로만 이루어지지 않습니다. 삶은 경험하는 것입니다. 각자의 일을 하는 것은 삶의 의미를 찾는 것이기도 합니다. 모든 사람은 의미 있는 삶을 살고 싶어 하면서도 동시에 재미를 느끼고 싶어 합니다. 의미만큼 재미를 찾는 것도 중요한 부분이라는 것이죠. 그러니 절대 사업이 내 삶의 모든 것이 되게 만들지 마십시오."

베트남에서 성공하는 방법

한국의 베트남 사랑이 나날이 증가하고 있다. 이를 증명이라도 하듯 베트남을 방문한 외국인 중 한국인은 2018년 전체의 26%에서 2019년 30%로 꾸준히 증가하며 중국과 1, 2위를 다투고 있다.* 2015년부터 외국인이 베트남 부동산을 구입할 수 있게 되면서 베트남 부동산에 투자하려는 사람들도 많아졌다. 또 한국인은 베트남의 젊은 층을 겨냥해 패션, 화장품, 유아용품, 교육, 생활용품 등 다양한 사업 아이템들을 가지고 베트남 진출을 준비하기도 한다. 베트남이 한국보다 몇십 년 뒤처져 있다는 생각에 그저 진출만 한다면 바로 성공하리라는 희망을 품고 말이다.

그러나 베트남에서 단기 성과를 기대해서는 안 된다. 많은 기업이 베트남에 진출했지만 규모의 경제를 일으켜 수익을 창출하는 데는 상당한 시간이 걸렸다. 이 시간 동안 시행착오를 견디며 현지인들이 좋아하는 것을 찾아낸 자만이 진정한 승리를 얻을 수 있다.

---

* 출처: 권지언, 한국인, 중국 제치고 베트남 관광산업 최대 고객 부상, 〈뉴스핌〉, 2019년 2월 5일.

성과를 거두기 시작한 롯데리아

롯데리아의 경우 1998년 베트남에 진출한 이래 2019년 3월 기준 247개 매장*(2020년 4월 기준 151개로 매장 수 축소)으로 베트남 1위 패스트푸드 브랜드로 자리매김하였지만 진출한 지 19년이 지난 2017년에야 최초의 수익이 발생했다. 롯데리아가 베트남 패스트푸드 시장에서 1위가 될 수 있었던 이유는 오랜 기간 현지 소비자를 이해해 현지화하려는 노력, 적자를 감내하더라도 시장을 선점하기 위한 공격적인 투자가 있었기 때문이다. 김동진 롯데 GRS 베트남 법인장은 〈머니투데이〉와의 인터뷰에서 "롯데리아가 베트남 1위 외

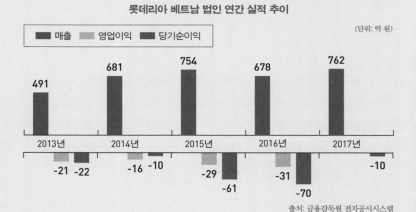

롯데리아 베트남 법인 연간 실적 추이

(단위: 억 원)

출처: 금융감독원 전자공시시스템

---

*　출처: 박준형, [Hello CEO] 초등생도 드나들게 가격 확 낮춰…롯데리아, 베트남 1위 비결, 〈매일경제〉, 2019년 4월 5일.

식업체로 올라서기까지 많은 시행착오가 있었다. 현지인들의 식문화와 식자재 소비 행태를 면밀히 조사해 특화 메뉴를 개발하고 전략적으로 매장을 확대해나간 것이 비결"이라고 말했다.*

롯데리아 외에도 KFC, 버커킹, 파파이스, 서브웨이, 맥도날드, 졸리비^{Jollibee} 등 유명 글로벌 브랜드들이 베트남에 진출해 있으나 이들 역시 고전하고 있다. 그럼에도 지속적으로 매장 확대를 하는 이유는 베트남 시장의 성장 잠재력을 믿기 때문이다.

글로벌 기업의 각축장이 된 베트남 유통시장

유통시장은 그야말로 글로벌 기업의 각축장이라고 해도 과언이 아니다. 한국 소매시장 규모는 2019년 480조 원인 데 반해 베트남은 220조 원 수준이다. 이 작은 시장에 한국의 롯데마트, 이마트뿐만 아니라 일본의 이온, 태국이 인수한 메트로와 빅시, 프랑스의 오샹 등 수많은 글로벌 기업들이 진출했고 현재는 매각과 인수를 통해 구조조정 절차를 밟고 있다.

베트남이 어려운 시장임을 알려주는 사례가 프랑스의 오샹이다. 후발 주자로 2015년 베트남에 진입해 2018년에는 4년 내 300개까지 매장 확장 계획을 발표**하기도 했다. 이를 증명이라도 하듯 2018년 11월 공격적으로 홍콩 데일리팜 그룹의 자이언트 슈퍼마켓^{Giant Supermarket}을 인수해 간판을 바꾸기까지

* 출처: 조성훈, 베트남 '국민 패스트푸드'된 롯데리아, 〈머니투데이〉, 2018년 6월 11일.
** 출처: Dang Hoa, French giant retailer to open 300 supermarkets in Vietnam, 〈리더 (The Leader)〉, 2018년 10월 19일.

했다. 그러나 지속적인 적자를 견디다 못한 본사의 결정으로 2019년 5월 베트남 철수를 결정*했고 베트남 사이공 쿱에 5,040만 달러에 팔렸다. 2019년 30주년을 맞이하는 사이공 쿱은 베트남 최초의 현대 유통 슈퍼마켓 채널임에도 불구하고 최근 이마트, 롯데마트 등 글로벌 유통기업의 진출로 경쟁이 치열해지자, 시장 지위 강화를 위한 투자를 한 것이다.

베트남 유통시장을 보면 한국 유통시장이 연상된다. 한국에도 테스코, 까르푸, 월마트 등 글로벌 유통기업이 진출했지만 결국에는 이마트, 롯데마트 등 한국 토종 기업에 밀려 모두 철수했다. 베트남 역시 많은 글로벌 기업들이 진출해 있으나 오샹 인수로 130여 개 매장을 갖게 된 쿱마트를 따라가려면 아직 멀었다. 한국, 일본, 태국계 유통기업 중 베트남의 쿱마트, 빈마트와의 경쟁에서 마지막에 웃는 자가 누가 될지는 좀 더 지켜볼 일이다.

세계적으로 온라인시장이 성장하면서 베트남의 온라인시장도 외국계 기업의 표적이 되었다. 온라인 소매 유통은 전체 유통시장에서 3% 비중으로 낮음에도 매년 20% 이상의 성장률을 보이며 빠르게 성장하는 매력적인 시장이다.

중국 알리바바와 텐센트는 거대 자본을 투자하며 베트남 온라인시장을 선점하고 장악하기 위해 출혈경쟁을 벌이고 있다. 알리바바는 독일계 라자다 온라인 플랫폼에 지분 투자 방식으로 베트남에 진입했다. 라자다는 2013년 베트남에 진출했는데 알리바바는 2016년 10억 달러(약 1조 2,000억 원),

---

* 출처: Nguyen Hoai, French retailer Auchan to retain three of 18 Vietnam stores, 〈VN 익스프레스 인터네셔널〉, 2019년 5월 22일.

베트남 전자상거래 기업의 치열한 경쟁

2019년 1분기

기업명	월 방문 수
1. 쇼피	40,771,200
2. 티키	35,697,300
3. 라자다	29,087,600
4. 테저이지동	28,872,500
5. 센도	25,364,800
6. 디엔마이싸인	9,510,000
7. FPT숍	9,110,200
8. 어더이로이	7,016,800
9. 셀폰S	6,987,400
10. 벗지아	3,789,100

2019년 2분기

기업명	월 방문 수
1. 쇼피	38,589,400
2. 티키	33,724,000
3. 라자다	28,306,700
4. 센도	28,047,300
5. 테저이지동	25,349,000
6. 디엔마이싸인	10,073,700
7. FPT숍	9,941,600
8. 어더이로이	7,011,200
9. 셀폰S	6,300,900
10. 퐁부	4,026,200

2019년 3분기

기업명	월 방문 수
1. 쇼피	34,569,900
2. 센도	30,929,800
3. 테저이지동	29,307,200
4. 티키	27,114,500
5. 라자다 베트남	24,364,700
6. 디엔마이싸인	10,696,300
7. FPT숍	8,252,100
8. 디엔마이쩌런	6,565,200
9. 어더이로이	6,414,200
10. 셀폰S	5,689,400

2019년 4분기

기업명	월 방문 수
1. 쇼피	37,983,300
2. 테저이지동	28,013,300
3. 센도	27,180,000
4. 라자다	27,030,000
5. 티키	24,506,700
6. 디엔마이싸인	10,310,000
7. FPT숍	7,186,700
8. 디엔마이쩌런	6,503,700
9. 셀폰S	5,288,300
10. 호앙화 모바일	4,207,000

출처: 베트남 이커머스 지도, 아이프라이스 인사이트(Iprice Insight)

2017년에 추가 10억 달러, 2018년 20억 달러(약 2조 4,000억 원)로 총 40억 달러(4조 8,000억 원)을 라자다에 투자하며 자동으로 베트남 라자다의 주인이 되었다.

2016년 싱가포르 기반의 쇼피도 베트남에 진출했다. 쇼피의 모회사는 게임 플랫폼인 시 그룹^{SEA Group}으로 텐센트와 파트너십을 맺고 있다. 쇼피는 베트남 진출 초기 공격적인 마케팅 활동으로 라자다를 제치고 1위 자리에 오른다.

그리고 텐센트의 지분을 가진 징둥닷컴이 베트남의 아마존으로 알려진 티키에 2018년 4,400만 달러(약 530억 원)를 투자하고 아마존의 인재들을 등용하면서 티키가 다시 라자다를 제치고 2위로 등극한다. 그리고 2019년, 쇼피는 1위를 지키고 있지만 티키와 라자다는 4위와 5위로 처진 상태다. 전문가들에 따르면 베트남의 온라인시장은 결국 물류와 전자결제를 장악한 승자가 독식하게 될 것으로 내다보고 있다. 잠재시장인 베트남의 온라인시장은 도입기 단계이지만 경쟁이 심한 레드오션이 되어버렸다.

지금까지 식품과 유통 영역의 베트남 진출 사례를 간단히 살펴보았다. 대기업 중심의 대규모 투자 사례를 든 이유는 대기업이 운영해도 쉽지 않은 시장이 베트남임을 강조하기 위해서다.

현지를 이해하려는 노력

그럼에도 오래 버티면서 끊임없이 현지 소비자를 만족시키기 위해 노력해온 회사들은 결국 베트남에서 좋은 성과를 얻고 있다. 삼성전자는 매출액 기준으로 베트남 1위 기업이 되었고, LG생활건강은 베트남 소비자에게 적합한 상품을 현지 생산을 통해 합리적인 가격에 제공하는 브랜드로, 락앤락은 프리미엄 라이프스타일 기업으로 자리를 잡았다. 삼성전자는 1995년, LG생활건강은 1997년, 락앤락은 2008년 베트남에 진입해 모두 오랜 기간 베트남 시장의 특수성을 이해하려는 노력과 함께 인간이 가진 보편적 욕구인 편리성, 가치, 경험 추구에 주목하며 현지 시장에서 성공적인 브랜드로 자리매김했다.

성장하는 베트남에서 동반 성장의 기회를 얻기 위해 우리는 베트남을 잘 이해해야 한다. 4차 산업혁명의 연결사회에서는 기존의 프레임으로 베트남 시장에 접근해서는 안 된다. 현지 시장이 가진 고유한 특수성과 인류가 공통적으로 가진 보편성을 잘 이해해 그 안에서 마켓 키워드에 맞게 사업 모델을 제시할 수 있어야 한다.

이 책이 성장하는 시장에서 기다리는 시간을 줄이고 적정한 타깃 소비자를 공략하여 그들의 요구에 맞는 적기에 기회를 잡는 데 도움이 되었으면 한다.

베트남, '아시아의 용'으로 부상할까?

베트남에서의 한류는 1991년 드라마 〈사랑이 뭐길래〉로 시작되었다. 그 후 〈대장금〉, 〈겨울연가〉에 이어 〈태양의 후예〉에 이르기까지 한국 드라마 속의 로맨틱한 정서, 근면 성실하게 일해 빠르게 경제성장을 일궈낸 모습은 베트남 젊은 층의 마음을 사로잡았다. 드라마 속에 등장한 패션 아이템은 실시간으로 베트남 젊은이들 사이에서 유행이 되었다. 케이드라마K-drama에 이어 케이팝도 베트남 젊은 층의 인기를 얻었다. 한국 가수의 콘서트를 보기 위해 한 달치 월급을 탕진하는 젊은이도 많다.

2017년 베트남 축구 국가대표팀을 맡은 박항서 감독은 베트남과 한국을 더욱 가깝게 연결하는 결정적 역할을 한다. 우즈베키스탄과 치른 2018 AFC U-23 챔피언십 결승전에서 첫 우승을 시작으로 박항서 매직을 지속적으로 만들어내면서 베트남 사람들이 가진 한국의 이미지는 더 좋아졌다.

한국도 베트남에 대한 관심이 더 높아졌다. 박항서 감독은 히딩크 감독이 한국 축구에 일으킨 기적을 연상시켰고 베트남 거리 응원의 열기는 2002년 한일 월드컵 때 붉은 악마들의 거리 응원과 흡사했다. 한국과 베트남 사이에 평행이론이 있는 것처럼 말이다. 2002년 한일 월드컵의 열기는 대한민국 국민 모두에게 '우리도 할 수 있다'는 자신감을 심어주었다. 그리고 그 에너지는 2002년 1만 2,800달러였던 1인당 GDP를 2006년 2만 달러로 끌어올리는 불씨가 되었다. 박항서 매직이 이 같은 불씨를 베트남 국민들에게 심어주면서 베트남의 무더위는 '할 수 있다'는 열기로 더욱더 뜨거워지고 있다.

자세히 들여다보면 한국과 베트남은 역사적, 문화적, 유전적 측면에서 유사한 점이 많다. 유구한 역사 속에서 지정학적 위치로 인해 수많은 외세의 침략에 저항해온 시간, 중국의 유교 문화 영향, 몽고반점으로 증명되는 유전적 유사성 등이 그것이다.

이러한 유사성은 베트남의 성장 가능성을 더 확신하게 만들어준다. 한국이 '아시아의 용'이란 별명을 얻으며 경제적으로 급성장했고 이제는 한류라는 문화적 코드로 세계 트렌드를 이끌고 있는 것처럼 베트남도 그렇게 될 저력이 충분하다.

새로운 먹거리를 찾는 사람들에게

《손자병법》은 '지피지기 백전불태知彼知己 百戰不殆'라고 했다. 나를 안다는 것은 나를 통제할 수 있다는 뜻이고 상대를 안다는 것은 예측 가능하기 때문에 100번 싸워도 위기관리가 가능하다는 뜻이다. 지금과 같은 초연결사회에서 지피지기는 점점 더 쉬워지고 있다. '지피'의 '피'에는 상대의 특수성뿐만 아니라 우리 모두가 체감하고 있는 보편적인 부분도 포함되어 있기 때문에 상대를 이미 절반은 알고 있는 셈이다.

대부분의 베트남 스타트업 창업자들은 유학파다. 이들은 베트남 사람에 대한 이해를 바탕으로 유학 생활에서 경험한 글로벌 시장의 보편적 가치를 접목해 베트남 소비자들이 직면한 불편함과 문제를 해결해주려 한다. 우리에게 부족한 것은 베트남 소비자에 대한 이해이니 이 부분만 높인다면 우리의 강점을 베트남에 필요한 콘텐츠로 다듬어 현지 시장에 맞게 제공할 수 있을 것이다. 특히 우리에겐 베트남 사람들이 열광하는 한류 콘텐츠가 있지 않은가?

베트남 사람들을 이해하기 위한 일곱 가지 키워드를 정리하면서 스타트업 대표들을 만난 경험은 비단 베트남 시장에 대한 인사이트를 제공했을 뿐만 아니라 더 많은 기업가정신이 필요한 한국 사회에도 큰 시사점을 준다. 많은 사람들이 우리는 지금 4차 산업혁명 시대의 변곡점에 놓여 있다고 한다. 이 같은 엄청난 변화의 시기에는 기존 방식을 고수하기보다는 새로운 가능성에 문을 열어두어야 한다. '글로벌 시대'라는 표현은 클리셰가 된 지 오래다. 이제 우리는 지구상의 모든 것이 연결된 '초연결시대'에 살고 있다. 다시 말해 우리는 2% 이하의 저성장 국가에 살고 있어도 6~7%대의 고성장 국가인 베트남과 함께 동반 성장이 가능한 시대라는 것이다.

1995년생 헬리처럼 자기 자신을 아는 것이 시작이다. 내가 왜 사는지, 나에게 가장 중요한 것은 무엇인지, 내가 존재하는 이유를 알면 거기에서 사업 철학이 생긴다. 그럼 고객도 보이게 될 것이다.

아이템으로 접근하지 말자. '지기'에서 출발해 '지피'를 더하면 시장 진출에 필요한 아이템이 자연스럽게 나타나게 되어 있다.

나는 베트남을 통해 성장했다. 특히 베트남에서 활동하면서 나의 잠재의식에는 '무엇이든 가능하다'는 자신감이 생겼다. 2005년부터 뚜레쥬르 프로젝트를 진행하고 2013년 지역전문가 활동을 하면서 원하는 것들을 모두 이루어냈다. 40대인 나는 앞으로도 다양한 프로젝트를 시작할 계획이다.

베트남의 젊은이들처럼 새로운 먹거리를 찾고 있는 한국의 사자 같은 젊은이들도 청춘의 아름답고 소중한 시기를 자신의 일에 열정적으로 도전하며 보냈으면 좋겠다.

베트남 비즈니스 디자이너

이지연

글로벌 마켓에서 새로운 기회를 찾는
도전자들을 위한 안내서

베트남 비즈니스 수업

초판 발행 | 2020년 12월 15일

지은이 · 이지연
발행인 · 이종원
발행처 · (주) 도서출판 길벗
브랜드 · 더퀘스트
주소 · 서울시 마포구 월드컵로 10길 56 (서교동)
대표전화 · 02) 332-0931 | **팩스** · 02) 322-0586
출판사 등록일 · 1990년 12월 24일
홈페이지 · www.gilbut.co.kr | **이메일** · gilbut@gilbut.co.kr

기획 및 책임편집 · 송은경(eun3850@gilbut.co.kr), 김세원, 유예진, 오수영 | **제작** · 이준호, 손일순, 이진혁
영업마케팅 · 정경원, 최명주, 전예진 | **웹마케팅** · 이정, 김선영 | **영업관리** · 김명자 | **독자지원** · 송혜란

교정교열 · 강설빔, 정은아 | **CTP 출력 및 인쇄** · 북토리 | **제본** · 신정문화사 | **조판** · 비버상회

ISBN 979-11-6521-370-1 03320
(길벗 도서번호 090154)

정가 : 18,800원

독자의 1초까지 아껴주는 정성 **길벗출판사**

길벗 | IT실용서, IT/일반수험서, IT전문서, 경제실용서, 취미실용서, 건강실용서, 자녀교육서
더퀘스트 | 인문교양서, 비즈니스서
길벗이지톡 | 어학단행본, 어학수험서
길벗스쿨 | 국어학습서, 수학학습서, 유아학습서, 어학학습서, 어린이교양서, 교과서

페이스북 www.facebook.com/market4.0
네이버 포스트 post.naver.com/thequestbook